RHWNG CALFIN A BÖHME

Golwg ar Syniadaeth Morgan Llwyd

RHWNG CALFIN A BÖHME

GOLWG AR SYNIADAETH MORGAN LLWYD

gan

GORONWY WYN OWEN

CAERDYDD
GWASG PRIFYSGOL CYMRU
2001

Manylion Catalogio Cyhoeddi'r Llyfrgell Brydeinig
Mae cofnod catalogio'r gyfrol hon ar gael gan y Llyfrgell Brydeinig.

ISBN 0-7083-1702-2

Cyhoeddwyd â chymorth Pwyllgor Iaith a Llên Bwrdd Gwybodau Celtaidd Prifysgol Cymru a Chyfundeb Lerpwl a'r Cylch

Dyluniwyd y clawr gan Chris Lee
Cysodwyd yng Ngwasg Prifysgol Cymru
Argraffwyd yng Nghymru gan Wasg Dinefwr, Llandybïe

I'M TEULU

CYNNWYS

RHAGAIR

Bu'r gyfrol hon yn eplesu am rai blynyddoedd bellach, ac ni fuasai wedi gweld golau dydd o gwbl oni bai am aeddfedrwydd barn a chefnogaeth barod yr Athro R. M. Jones a'r Athro R. Geraint Gruffydd. Dymunaf ddiolch iddynt am eu parodrwydd bob amser i gynnal a chalonogi, ac y mae arnaf faich o ddyled iddynt ill dau, nid yn unig am ddarllen y gwaith drwyddo, ond am iddynt hefyd awgrymu nifer o welliannau a'm harbed yr un pryd rhag cymylu ystyr lle'r oedd mawr angen crisialu mewn mannau. Fy nghyfrifoldeb i yw pob gwall a erys. Y mae'n sicr gennyf y buasai'r gyfrol wedi bod ar ei hennill yn ddirfawr o gael barn yr Athro R. Tudur Jones, ein pennaf awdurdod ar Biwritaniaeth yng Nghymru. Yr oedd wedi addo y buasai'n ei ddarllen ond ysywaeth bu farw cyn cael cyfle i wneud hynny. Y mae'r golled, mewn sawl ystyr, yn un anfesuradwy. Dymunaf ddiolch i Susan Jenkins, Cyfarwyddwraig Gwasg Prifysgol Cymru, am ei hynawsedd yn derbyn y gyfrol i'w chyhoeddi, a hefyd i Ruth Dennis-Jones am ei diwydrwydd a'i thrylwyredd wrth lywio'r gyfrol drwy'r wasg. Y mae arnaf ddyled hefyd i staff y llyfrgelloedd canlynol am bob cymorth: Llyfrgell Genedlaethol Cymru, Aberystwyth; Llyfrgell Prifysgol Cymru, Aberystwyth; Llyfrgell Prifysgol Cymru, Bangor; a'r Llyfrgell Brydeinig yn Llundain. Cyflwynaf y gyfrol i'm teulu fel arwydd bychan o'm gwerthfawrogiad o'u cefnogaeth ar adeg pryd yr ymddangosai na ddeuai fyth eto haul ar fryn.

Goronwy Wyn Owen
2001

BYRFODDAU

I   T. E. Ellis, *Gweithiau Morgan Llwyd o Wynedd*, Cyfrol I, Bangor, 1899.

II   J. H. Davies, *Gweithiau Morgan Llwyd o Wynedd*, Cyfrol II, Bangor, 1908.

III   J. Graham Jones a Goronwy Wyn Owen, *Gweithiau Morgan Llwyd o Wynedd* Cyfrol III, Caerdydd, 1994.

Bannau (*Bannau'r Grefydd Gristnogol*) Henry Beveridge (trans.), *Institutes of the Christian Religion by John Calvin*, 2 vols. (Grand Rapids, Michigan, 1979).

Gweithiau Jacob Böhme

A   *The Aurora*, 1656, J. M. Watkins, London, 1914.

C   *The Clavis, or Key*, 1647, J. M. Watkins, London, 1911.

CES   *Consideration Upon Esaiah Stiefel his little Book of the Threefold State of Man and of his new birth*, 1653, 1661 (Llyfrgell Genedlaethol Cymru).

ChT   *Of Christ's Testaments*, London, 1652 (Llyfrgell Brydeinig).

DEG *De Electionae Gratiae*, 1655, London, 1930.

DSR   *De Signatura Rerum*, 1651, London, 1912.

EJB   *The Epistles of Jacob Behmen*, London, 1649 (LlB).

FQS   *Forty Questions of the Soul*, 1647, J. M. Watkins, London, 1911.

FTDR *The Four Tables of Divine Revelation*, 1654 (LlB).

IJCh   *Of the Incarnation of Jesus Christ*, London, 1934.

MM   *Mysterium Magnum*, 2 vols., J. M. Watkins, London, 1924.

SThP *Six Theosophic Points and other writings*, London, 1919.

ThFC *Of the Four Complexions*, 1654, 1661 (LlGC).

ThLM *The Threefold Life of Man*, London, 1650 (LlGC).

ThPDE *Concerning the Three Principles of the Divine Essence*, 1658, J. M. Watkins, London, 1911.

RHAGYMADRODD

Gwelir wrth y penodau a ganlyn fy mod yn tueddu i ystyried profiad ysbrydol Morgan Llwyd, yn sylfaenol, yn rhan o gyddestun Calfiniaeth gymedrol Piwritan fel Walter Cradoc dyweder. Dyna'i hanfod yn hytrach na'i ystyried yn ymdrech fwriadus i ymryddhau o 'hualau' honedig dogma Calfinaidd y cyfnod dan sylw gyda chymorth theosoffi dyfaliadol Jakob Böhme. Wedi dweud hynny yn blwmp ac yn blaen ar y cychwyn cyntaf fel hyn nid y bwriad, o bell ffordd, yw anwybyddu dyled amlwg Morgan Llwyd i'r Almaenwr o safbwynt rhai agweddau dyrys ar ei feddwl. Ond yn wahanol i rai beirniaid, uchel iawn eu parch, yr wyf o'r farn fod angen amodi'r ddyled amlwg hon. Gwneir hynny yng ngoleuni'r hyn a wyddys am rychwant ysbrydolrwydd y Piwritaniaid fel cyfangorff, o'r aden dde geidwadol hyd at yr aden chwith radicalaidd. Bernir felly fod Llwyd yn cyfranogi o dueddiadau diwinyddol ac eglwysyddol a oedd megis yn ymhlyg mewn Piwritaniaeth o'r cychwyn, ac a ddaeth, maes o law, i olau dydd gyda'r radicaliaid hynny o fewn y mudiad a oedd megis pont rhwng y Calfiniaid clasurol ar y naill law a'r sectau Pelagaidd ar y llaw arall. Golygai hyn, yn anorfod braidd, fod dau lif syniadol yn gorgyffwrdd, onid yn wir yn gwrthdaro, ym meddwl Piwritan fel Llwyd, sef Calfiniaeth gymedrol a'r pwyslais hanfodol Ailfedyddiol hwnnw ar brofi adenedigaeth.

Dyna'r cwestiwn a wynebir. A ddarfu i'r pwyslais mawr a chanolog hwnnw ar brofiad ysbrydol dirfodol ddiddymu, neu'n wir ddileu, yr ymwybod Calfinaidd ag athrawiaeth. Gwyddys yn burion fod mynegiant cyfoethog Llwyd yn arddangos yn eglur nodweddion y *dueddi* mewn Piwritaniaeth yn ei chyflawnder i bwysleisio – a chanolbwyntio yn achos y radicaliaid – ar waith yr Ysbryd Glân mewn ailenedigaeth. Ond tybed, at ei gilydd, a oedd pwyslais personol Llwyd ar ddyn a'i brofiad wedi'i arwain ar ei ben heibio i'r Groes fel man cymodi dyn a Duw nes coleddu ohono heresi gyfarwydd y sectau, a meddyliwr estron megis Böhme, am iachawdwriaeth gyffredinol drwy oleuni mewnfodol y Logos? Onid wyf yn camsynied yn ddybryd, newid pwyslais o fewn y cyd-destun Calfinaidd sylfaenol ac ar ei sail a ddarfu Morgan Llwyd, gan ganolbwyntio – yn ei bregethu parthed iachawdwriaeth yn fwyaf arbennig – ar un agwedd a ystyrid ganddo ef yn bersonol yn un holl bwysig, yn gymaint felly â'i bod uwchlaw athrawiaeth foel, er yn sicr iawn yn ymhlyg ynddi drwy'r adeg, sef gwaith adenedigol yr Ysbryd Glân, achubiaeth y medrid ei phrofi yn ddirfodol a mesur ei dilysrwydd hefyd. Ys gwir ddarfod i Morgan Llwyd seilio llawer iawn o'i ysgrifennu ar ei brofiad personol ef ei hun o'r adenedigaeth; yn wir, dylid cadw mewn cof mai tröedigaeth Galfinaidd a gawsai'n wreiddiol a phrin na adawsai honno ei hôl ar ei ymwybyddiaeth grefyddol wedi hynny.

Ond cyn mynd ati i dremio'n ofalus ar ei bererindod ysbrydol personol yng ngoleuni'r dystiolaeth a edy ef inni hwnt ac yma yn ei Weithiau, tystiolaeth a brawf mor ysgrythurol mewn gwirionedd oedd ei brofiad Cristnogol Efengylaidd, nid hwyrach mai da o beth fyddai aros am ennyd gyda dyled Morgan Llwyd i Jakob Böhme. Cydnebydd y Cymro ei ddyled i'r meddyliwr hwn yn *Where is Christ?* (I 301–2) lle y mae'n aralleirio'r adran hir hon o *The Threefold Life of Man* (iv, 68) o eiddo'r Almaenwr:

Therefore now, the meekness is the Son of God, which dwelleth in the still eternity, and *mitigateth* the wrath, and is therefore called the Son, because he is generated out of the Father's nature; and is called the Word of the Father, because he is, with the glance of the eternal liberty, [proceeding] out of the eternal liberty (out of the wheel of the essences, out of the form of nature, as the life of nature) expressed in the liberty of the Father, and is called a Person, because he is self-subsisting essence, which doth not belong to the birth of nature, but is the life and understanding of nature; and is called the Heart of the Father, because he is the virtue and power in the centre of nature; and he is in nature as the heart in the body, which giveth strength and understanding to its members; and is called the light of God, because the light is *kindled* in him, and taketh its original in him; and is called the glance [or brightnesse] because, in the eternal still liberty, he maketh a glance [or lustre] which taketh its original out of the *sharpness* of the eternal nature, as is mentioned before. And he is called the *love* of the Father, to the *genetrix* of nature, desireth only this his most beloved Heart, and this (in the will of the Father) is the best beloved above nature, and yet is its essence: And is called *wonder*, because he is the creator of all things, out of the centre of the essences of the Father, are brought to light, and being, so that the nature of the Father standeth in great wonders.

Y mae'n arwyddocaol hwyrach mai Crist neu'r Gair tragwyddol yw'r testun dan sylw, yr Hwn a ddeuai'n Achubwr maes o law. Ond wrth geisio chwilio sylfeini anthropoleg, Cristoleg neu soterioleg Morgan Llwyd y mae'n rhaid cydnabod ar y cychwyn cyntaf fel hyn fod cymhlethdod gwead y dylanwadau Bemenaidd a Chalfinaidd yn peri ei bod yn anodd dirnad yn gwbl foddhaol ar dro pa beth yn union yw cynnwys diwinyddol cenadwri angerddol ac iasol Morgan Llwyd. Y mae un garfan feirniadol yn gwyro fwy tuag at y dehongliad Calfinaidd cymedrol ohono tra bo carfan feirniadol arall (fwy niferus) yn pwysleisio'r dehongliad Pelagaidd neu Arminaidd o ganlyniad i'w dealltwriaeth o'r dylanwad Bemenaidd yn ogystal â dylanwadau tybiedig eraill yn ddiau. Hwyrach fod a wnelo rhagdybiau syniadol anymwybodol neu ymwybodol y carfanau gwrthwyneb hyn gryn lawer â'r tueddfryd beirniadol yn y pen draw. Eithr ymddengys i mi mai rhyw gymysgedd digon 'gogleisiol' o'r ddau ddylanwad, Calfin-aidd a Bemenaidd, yw meddwl Morgan Llwyd drwyddo draw.

Erbyn hyn, ac ar sail y feirniadaeth ddiweddaraf (ddadleuol yn ddiau),[1] prin y gallai neb yn rhyw rwydd iawn anwybyddu yr elfennau Calfinaidd cymedrol a ganfyddir yn cyniwair ym meddwl Morgan Llwyd. A hwyrach mai'r dasg feirniadol mwy-ach yw ceisio gweld sut yn union y mae Llwyd yn *cyfuno'r* ddau ddylanwad, ac a ddarfu iddo lwyddo, megis yn yr adran hir honno yn *Llyfr y Tri Aderyn*[2] lle y mae Llwyd yn aralleirio'r athrawiaeth Galfinaidd am etholedigaeth yn nhermau metaffiseg Böhme. Serch y ffansi Bemenaidd, da yw medru cydnabod, gyda W. J. Gruffydd, mai pwnc difrifol etholedigaeth ddiamodol sydd dan sylw gan Llwyd,[3] ac nid yw'r dehongliad dyrys onid astrus hwn, ar yr olwg gyntaf, yn anghyson o gwbl â'r athrawiaeth Galfinaidd hon. O ran hynny, da yw dwyn i gof fel yr oedd Peter Sterry, caplan Oliver Cromwell, a chyfoeswr a chyfaill i Morgan Llwyd, cyfrinydd ac Uchel-Galfinydd yn ychwanegol at hynny, hyd yn oed yn mentro aralleirio'i safbwynt parthed uwch-gwympedigaeth yn nhermau Rheidiolaeth athronyddol.[4] Felly

[1] R. M. Jones, *Cyfriniaeth Gymraeg* (Caerdydd, 1994), 39–77.
[2] I 173–4.
[3] Goronwy Wyn Owen, *Morgan Llwyd*, Llên y Llenor (Caernarfon, 1992), 41–5; W. J. Gruffydd, 'Morgan Llwyd a *Llyfr y Tri Aderyn*', *Y Cofiadur*, 3 (1925), 20.
[4] Vivian de Sola Pinto, *Peter Sterry, Platonist and Puritan* (Cambridge, 1934); M. Wynn Thomas, *Morgan Llwyd: Ei Gyfeillion a'i Gyfnod* (Caerdydd, 1991), 120–39; Goronwy Wyn Owen, 'Morgan Llwyd a Peter Sterry', *Y Traethodydd*, 141 (1986), 128–32.

nid yw'r deongliadau syniadol mwy anghyfarwydd ac annisgwyl hyn yn achos y ddeuwr yn bethau i ryfeddu atynt nac yn anghyson o gwbl â safbwynt Calfinaidd arferol eu dydd, serch fod y ddau ohonynt yn Biwritaniaid radicalaidd a'u hysbryd-oliaeth syniadol yn tarddu mewn ffynonellau amgenach na'r Beibl a Chalfiniaeth ronc aden dde y mudiad Piwritanaidd.

Dichon fod yr agweddau Calfinaidd cymedrol ar feddwl cymhleth Morgan Llwyd yn dra arwyddocaol, yn gymaint felly nes eu bod yn cynnig rhyw fath o ffrâm athrawiaethol wrth-rychol y mynegasai ei genadwri am fewnfodaeth o'i mewn; a dyma'r angor diwinyddol a'i harbedodd rhag cael ei longddryllio ar greigiau geirwon Pelagiaeth ac anarchiaeth antinomaidd boblogaidd a llwyr rhai o'r sectau mân yn y cyfnod,[5] angor a'i harbedodd hefyd, yn y pen draw, rhag bwrw ei goelbren gyda'r Crynwyr, a hynny cofier, er agosed ydoedd at eu safbwynt diwinyddol hwy (ond nid yn eglwysyddol ychwaith)[6] ynghylch iachawdwriaeth drwy oleuni mewnol, ynghyd â'u pwyslais mawr a llywodraethol (sy'n bwysicach o bosibl cyn belled ag y mae a wnelo â Llwyd) ar feithrin iaith ysbrydol rhagor na chnawdol wrth gyhoeddi eu neges.[7]

Radical diwinyddol oedd Llwyd heb amheuaeth, eithr yr oedd ei safbwyntiau parthed awdurdod yr Ysgrythur, llwyredd y Cwymp a chyffredinolrwydd pechod gwreiddiol, digonolrwydd yr Iawn, trefn eglwysig ac agosrwydd y Farn, oll yn agosach at safbwyntiau Piwritaniaid radicalaidd eraill megis Cradoc a Powell nag oeddynt at Arminiaeth ronc a chyfundrefn fewn-welediadol Femenaidd drwyadl a chyflawn dwf. Ys gwir fod yr elfennau metaffisegol Bemenaidd yn cyniwair yn dalog drwy'r Gweithiau, ond yn gyfochrog â hwy ceir hanfodion athrawi-aethau Calfinaidd cymedrol, a digon anesmwyth ar dro yw'r berthynas syniadol rhyngddynt fel y sylwodd y Parchedig William Hobley a'r Parchedig R. S. Rogers,[8] ond serch hynny, ni wiw i'r beirniaid wgu ar bresenoldeb yr athrawiaethau

[5] Christopher Hill, *The World Turned Upside Down* (Penguin, 1976); A. L. Morton, *The World of the Ranters* (London, 1970); J. F. MacGregor, B. Reay (eds.), *Radical Religion in the English Revolution* (Oxford, 1984); F. MacGregor, 'The Ranters 1649–1660', traethawd B.Litt. anghyhoeddedig Prifysgol Rhydychen, 1968; R. J. Acheson, *Radical Puritans in England 1550–1660* (London, 1990).

[6] Goronwy Wyn Owen, ' "Eglwys" Morgan Llwyd', *Y Traethodydd*, 141 (1995).

[7] M. Wynn Thomas, *Morgan Llwyd: Ei Gyfeillion a'i Gyfnod*, pennod 7.

[8] William Hobley, 'Jacob Boehme', *Y Traethodydd* (1902); R. S. Rogers, *Athrawiaeth y Diwedd* (Lerpwl, 1934).

Calfinaidd, ac yn waeth fyth, gwadu eu bodolaeth, er mor annymunol yw eu sawyr yn ffroen uchel ambell un.

Yr ydys yn cydnabod ar unwaith fod myfyrdod mawr a mynych Morgan Llwyd ar fewnfodaeth wedi'i swcro gan ei ddarganfyddiad o weithiau astrus Jakob Böhme yn y 1650au: yn wir, cyfrifai ei ddarganfyddiad ohonynt yn rhyw fath o ail fendith.[9] Ac y mae'n dra arwyddocaol, hwyrach, fod y ddwy adran a gyfieithwyd ganddo o fersiwn Saesneg y *Ffordd at Grist*[10] (*Der Weg zu Christo*) o waith John Sparrow, yn rhoi llai o lawer o bwyslais ar theosoffi nag ar y profiad cyfriniol o adenedigaeth a'r ffordd i'w sicrhau nes ymgnawdoli o Grist yn yr enaid. Yr ydys yn cydnabod i Llwyd ganfod yn Jakob Böhme enaid hoff gytûn parthed dysgeidiaeth yr olaf am dywyllwch yr hunan cnawdol (pechod) a'r angen beunyddiol an hunanymwadiad a throi'r ewyllys ar ôl llewyrch goleuni mewnol y Gair yn y gydwybod. Ni wedid hyn o gwbl gan y Calfiniaid sobraf, megis Richard Sibbes neu Thomas Goodwin, dyweder; eithr go brin fod Llwyd, serch ei ganolbwyntio mawr ar gyflyrau dirfodol mewnol tywyllwch a goleuni, wedi pwysleisio'r agweddau goddrychol hyn ar iachawdwriaeth ar draul rhyw drefn ddiwinyddol wrthrychol. Coleddai gredo syniadol a roddai gyfeiriad a chyd-destun i'w neges drwyadl Biwritanaidd radicalaidd am yr angen tynged-fennol i ddyn fod wedi profi tröedigaeth ac adenedigaeth *cyn* y gallai fod yn gwbl sicr fod y Cyfiawnhad, y soniasai'r Ysgrythur amdano, wedi dyfod yn ddirwedd ym mhrofiad ysbrydol y crediniwr. Yr oedd cynnydd mewn sancteiddhad fel petai'n cadarnhau'r digwyddiad gwrthrychol ym mhrofiad dyn. Math o ddilechdid parhaus rhwng y mewnol a'r allanol, y gwrthrychol a'r goddrychol, yw meddwl beiddgar Morgan Llwyd. Megis yr hyn a nodweddai'r radicaliaid eraill cyfoes ag ef, eu mynych ogordroi uwchben yr agweddau mwy mewnol na'i gilydd ar y ffydd Biwritanaidd oedd eu dull (unochrog ac anghyflawn) o gadarnhau'r athrawiaeth am y Cyfiawnhad gwrthrychol, ond serch hynny rhaid cydnabod hefyd fod y duedd lywodraethol hon, yn achos rhai unigolion, wedi'u harwain i gilio'n llwyr oddi wrth wrthrychedd o unrhyw fath wrth deithio ymhellach, fe dybient, i'r mewndir eneidegol i chwilio am ragor o Ras, rhai

---

[9] E. Wyn James (gol.), *Cwmwl o Dystion* (Abertawe, 1977).
[10] II *Yr Ymroddiad*, 1657; *Y Discybl ai Athraw o Newydd*, 1657.

megis William Erbery, ac yn ddiweddarach George Fox a'i ddilynwyr.

Agweddau goddrychol ar y Ffydd, neu sancteiddhad a defnyddio'r term diwinyddol, ynghyd â thrafod euogrwydd a'i darddiad, dyfod i gyflwr o argyhoeddiad neu dröedigaeth, gwaith adfywiol y gydwybod ochr yn ochr â'r Gair, merwino'r hunan cnawdol drwy gatharsis, nithio drwg a da, cofleidio nos yr enaid a dyfodiad mewnol yr Ysbryd yn y goleuo a'r uno; dyna uchafbwyntiau diwinyddiaeth oddrychol Llwyd.[11] Eithr prin fod y nodweddion goddrychol hyn yn digwydd yn annibynnol ar awdurdod allanol o unrhyw fath ychwaith. Yr oedd parch Llwyd at y Beibl fel awdurdod yn ddigon diogel a'i farnu wrth safonau ei oes. Hwnt ac yma yn ei Weithiau y mae'n cydio yn dynn yn rhaffau praff athrawiaethau Calfinaidd cymedrol rhag cael ei sugno i ferddwr diwaelod goddrychaeth rempus aden chwith eithaf Piwritaniaeth ei ddyddiau ef.[12] Ond yn ogystal â chydnabod awdurdod y Gair ys gwir ddarfod iddo ddyrchafu ei brofiad ef ei hun o adenedigaeth yn rhyw fath o ffon fesur ddiwinyddol wrth bregethu am Dduw, dyn a'i gyflwr, Crist a gras ac iachawdwriaeth. Aeth dros ben llestri yn fynych gyda'r pwyslais personol hwn, eithr digon diogel oedd ei brofiad personol o ras a'i farnu wrth safonau Calfinaidd ei oes. Gellir gweld ei gyffes ffydd uniongred ar ddu-a-gwyn tua therfyn *Llyfr y Tri Aderyn*,[13] a thrown ati yn y man.

Cawsai Morgan Llwyd fod sôn mynych Böhme am gyflyrau metaffisegol a dirfodol tywyllwch a goleuni yn rhyw fath o symbolau neu ddelweddau goddrychol cyforiog eu harwyddocâd diwinyddol, delweddau a drawai i'r dim â'i brofiad ef ei hun o fod wedi bod mewn cyflwr o dywyllwch cyn cael ei oleuo mewn adenedigaeth. Fel Böhme, credai Llwyd yn gydwybodol fod dyn naill ai yn aros yn y tywyllwch yng nghyndynrwydd ei ewyllys ar y naill law neu'n rhodio yn anhunanol yn y goleuni goruwchnaturiol ar y llall.[14] Dyma'r ddau begwn diwinyddol sydd megis *raison d'être* ei ddelweddau diwinyddol campus.[15] Manylu ar yr amgylchiadau a'i gwnâi'n bosibl i symud dyn o'r naill gyflwr i'r

[11] Goronwy Wyn Owen, *Morgan Llwyd*, 48–64.
[12] Ibid., 24–47.
[13] I 261–2.
[14] I 224; cf. II 215.
[15] Goronwy Wyn Owen, *Morgan Llwyd*, 24–47.

llall yw llawer o gynnwys llyfrau Llwyd.[16] Ac ar ôl canolbwyntio ar gyflwr dyn a'i angen am adenedigaeth a'r modd y daw i'w phrofi, try Llwyd at sancteiddhad, sef prif faes myfyrdod a gweithgarwch rhai o'r Piwritaniaid radicalaidd, a hynny, cofier, ar draul *ymddangosiadol* gwrthrychedd y Ffydd, fel y dangosodd G. F. Nuttall yn ei orchestwaith yn 1946.[17] Bu Böhme yn ddiau o gymorth mawr i Llwyd wrth iddo archwilio mewndir yr enaid. Yn y fan yma ceid y rhyfel cartref parhaus hwnnw rhwng goleuni a thywyllwch, rhwng cnawd ac ysbryd, yr angen beunyddiol am ferwino'r hunan cnawdol pechadurus a gwadu'r ewyllys hunanol er mwyn rhoi lle i ewyllys drawsffurfiedig a blygai i arweiniad mewnol goleuni'r Gair sy'n llewyrchu yn y gydwybod. Troes y Cymro ddeuoliaeth hermetaidd Böhme am dywyllwch a goleuni yn symbolau metaffisegol cyffredinol cyfoethog tu hwnt, a phregethai'n ddiflino mai dyma'r cyflyrau dirfodol cynddelwaidd sy'n wynebu dyn, nid yn unig yn y byd, ond o'i flaen mewn tragwyddoldeb hefyd.

Awgrymodd y Parchedig William Hobley ar droad yr ugeinfed ganrif nad yw pwyslais Llwyd ar sancteiddhad o angenrheidrwydd yn golygu ei fod yn ceisio tanseilio'r hanfodion Calfinaidd a erys yn ei bregeth huawdl estynedig, hynny yw nid yw o fwriad yn anwybyddu'r Cyfiawnhad, serch nad yw'n sôn amdano yn rhyw fynych iawn fel tarddiad llwyr achubiaeth neb.[18] Yr oedd Llwyd wedi gweld drwy'i brofiad mai ofer oedd pregethu am Gyfiawnhad onid oedd pregethwr wedi profi'r ail gam mewn iachawdwriaeth, sef ei fod wedi profi adenedigaeth o'r Ysbryd; y pryd hynny y deuai'r gwaith gwrthrychol ar y Groes yn realiti ym mhrofiad crediniwr. Pan gyhuddwyd Llwyd o heresi gan ei hen gyfaill mawr a'i gyd-weithiwr ysbrydol Vavasor Powell[19] fe'i clwyfwyd yn ddwfn. Ond yr oedd Llwyd, *cyn* cyhuddiad Powell *wedi* syrthio ar ei fai, *wedi* gweld a chydnabod y perygl o ogordroi yn ormodol gyda'r mewnol a'i wneud yn unig faes ei bregethu, a hynny ar draul agweddau gwrthrychol ar y ffydd. Pan fentrodd y Crynwyr ddysgu yn gwbl agored y *duedd* – a dyna'n unig ydoedd – a oedd yn ymhlyg yn nysgeidiaeth oddrychol Llwyd, tynnodd ef

[16] Am seiliau diwinyddol arddull Morgan Llwyd gw. erthygl hydeiml R. Tudur Jones yn R. Buick Knox (ed.), *Reformation, Conformity and Dissent* (London, 1977).
[17] G. F. Nuttall, *The Holy Spirit in Puritan Faith and Experience* (Oxford, 1947).
[18] William Hobley, 'Jacob Boehme'.
[19] III 146.

yn ôl ac ailgadarnhau seiliau gwrthrychol ei brofiad o ras yn *Where is Christ?* A dyma'r drws y dylid ei agor os mynnir deall syniadaeth Llwyd; darllen y pamffledyn hwn yw'r man cychwyn canys yma y ceir ei faniffesto ysbrydol.

Un agwedd lywodraethol a thra phwysig ar theosoffi trawiadol iawn Jakob Böhme yw'r pwyslais canolog cryf hwnnw a rydd ar hanfod cudd yr adenedigaeth ysbrydol. Yn wir, nid yw ei gyfundrefn feddyliol ddyrys yn ddim yn y gwraidd namyn myfyrdod seicolegol ddwfn ar natur yr ailenedigaeth, boed honno *wedi* digwydd eisoes yn nhragwyddoldeb cynoesol yn sylwedd Natur Dragwyddol, y sylwedd y ganed y Cread ohono. Dyma sylwedd a darddai yn Nuw *(ex deo* felly), neu yng nghyrff sidanog yr angylion ar y naill law neu ar y ddaear syrthiedig yng nghalon, corff a meddwl y credadun ar y llall. Ei bwyslais mawr a mynych ar y ffenomen ysbrydol hon sy'n ei gysylltu yn weddol ddiamwys (ym marn rhai[20]) â thraddodiad cyfriniaeth Gristnogol Gatholig cyfoethog yr Almaen ar drothwy cyfnod y Diwygiad Protestannaidd yn ogystal ag yn y Cyfnod Canol, traddodiad cyfriniol sy'n hoelio sylw'r enaid ar 'eni' neu 'ymgnawdoli' o'r Crist yng nghorff y crediniwr.

Yn ddiau felly yr oedd Böhme yn ddyledwr i'r hyn a'i rhagflaenasai yn ogystal â bod yn arloeswr meddyliol cwbl esoterig a go fodern ei olygiadau hefyd. (Hyn sy'n esbonio ei atyniad i athronwyr Rhamantaidd yr Almaen yn y cyfnod a ddilynodd.) A hwyrach mai'r wedd gyfriniol hon ar feddwl cnotiog Böhme a lygatynnai gymaint ar y Morgan Llwyd angerddol a chwilfrydig hwnnw a barnu'n unig, wrth gwrs, ar sail yr adleisiau croyw, os nad dieithr hynny, o brif-fannau cyfundrefn yr Almaenwr a ganfyddir yn cyniwair mor dalog a digon od yng ngwead meddyliol cymhleth-braff a llathraidd ogoneddus y Cymro cadarn hwn. Heb os, bu Morgan Llwyd am yn hir yn hidlo drwy gruglwyth syniadau a dychmygion astrus a chwyrlïol o ailadroddus Böhme; yn wir, ar ôl nithio'r cynhaeaf cyfriniol Bemenaidd, bu wrthi'n ddygn a chydwybodol gysact yn cywain i ysguboriau ei feddwl ei hun yr union ffrwythau melys hynny a oedd agosed, o'r braidd, at ei ddant diwinyddol Piwritanaidd radical a greddfol ef ei hun.

---

[20]   Pierre Deghaye, *La Naissance de Dieu ou La Doctrine de Jacob Boehme* (Paris, 1985), 11–13.

Prif ddyled Morgan Llwyd i Jakob Böhme yw'r ffaith iddo fabwysiadu i'w ddibenion diwinyddol ei hun y cyferbyniad Bemenaidd a hermetaidd sylfaenol rhwng goleuni a thywyllwch yn Nuw, yn yr angylion ac mewn dyn a'i impio wedyn ar gyff ei Galfiniaeth gymedrol etifeddol. Yn Nuw yr oedd y gwrthdaro posibl rhwng egwyddorion (dyna'r term a ddefnyddiai Böhme amdanynt), goleuni a thywyllwch mewn cytgord nefol. Y mae'r gwreiddyn tywyll sy'n sylwedd corff dyn (Adda) yn golygu ei fod yn bosibl iddo gael ei gaethiwo yn y tywyllwch onid ildia'i ewyllys i anogaeth fewnol y goleuni tragwyddol sydd yn ei ysbryd. Ond cwympodd Adda ac y mae gelyniaeth mwyach rhwng tywyllwch a goleuni yn ei ddisgynyddion. Hanes dyn byth oddi ar hynny yw ei fod wedi'i garcharu yng ngwreiddyn tywyll ei gnawd. Dyma a ddeallai Llwyd oedd achos pechod a phechodau. Cytunai â'r Calfiniaid parthed cyffredinolrwydd y pechod gwreiddiol hwn, a dysgai fod y gynghanedd nefol gynoesol a oedd yn Adda rhwng ei gnawd a'i ysbryd wedi'i dryllio'n ddarnau a bod sylwedd ei gorff wedi'i droi yn groeselfennau sydd o dan ddylanwad y sêr a'r planedau. Er y Cwymp y mae gwreichionen o oleuni'r Mab tragwyddol neu'r Gair yn aros yng nghydwybod dyn. Swyddogaeth y goleuni hwn yw bod yn anogaeth fewnol ar i ddyn gydnabod Duw a'i hawl arno fel Crëwr. Yr oedd cytundeb felly rhwng Llwyd a'r Crynwyr, yn ddiweddarach, parthed hyn. A chytunai Calfin hyd yn oed fod Duw wedi gadael tystiolaeth gyffredinol fel hon mewn dyn i'w fodolaeth fel Crëwr. Dysgai hyn yn y *Bannau* a hwnt ac yma yn ei esboniadau. Credai fod rhyw *sensus divinitatis* yng nghydwybod pawb a dyma yw'r *semen religionis* mewn dyn. Bydd yr etholedigion yn gwrando ar y dystiolaeth fewnol hon, a thrwy wrando ar anogiadau'r Ysbryd yn y gydwybod câi dyn ei aileni yng Nghrist. Ond dim ond y rhai a elwir wrth eu henwau, yn ôl Llwyd, a fydd yn ufuddhau i'r ysgogiad mewnol yn y gydwybod a thrwy hynny yn ffoi o'r tywyllwch pechadurus i'r goleuni sydd wedi'i daenu yn yr enaid. Duw yw Awdur yr iachawdwriaeth hon ond bod gofyn i ddyn gydweithio ag Ef drwy ymateb i'r alwad gyffredinol mewn hunanymwadiad ac ymwacâd. Dywed Llwyd fod 'gallu yn yr ewyllys i yscog, ond nid oes mor ewyllys gyda gallu i ddychwelyd' (I 174) ac mai Duw sy'n 'plygu'r' ewyllys at ddaioni (I 219). Er bod goleuni mewnol y Gair tragwyddol yn ysgogiad mewnol goruwchnaturiol yn y gydwybod ar i ddyn geisio Duw nes ei gael, ac ymroi iddo yn wastad, dim ond yr etholedigion fydd yn ufuddhau i'r alwad a throi at Dduw yng ngwreiddyn yr enaid. Y mae'r colledigion a wrthododd wrando ar anogaeth Duw yn y gydwybod wedi'u carcharu o'u gwaith eu hunain yn y tywyllwch sy'n wreiddyn i'r corff; y maent wedi ymgolli yn nwndr y byd a'i bethau darfodedig. Y maent wedi eu caethiwo mewn cylch caeedig ac nid oes waredigaeth rhag y bendro a ddilyn yr olwyn danllyd honno. Wrth farw bydd y rhai cyfrifol yn mynd i mewn i'w gwreiddyn golau yn nhragwyddoldeb i fwynhau undeb a gwynfyd â Duw tra bo'r rhai anufudd yn cael eu bwrw i Uffern dragwyddol i ganol y llid.

Gwnaeth Llwyd ddefnydd delweddol diwinyddol trawiadol o symboliaeth tywyllwch/goleuni Böhme; a barnai, fel yr olaf, fod dyn yn aros yn y cyflyrau ysbrydol cynoesol a chynddelwaidd hyn onid achubid ef gan Dduw. Cais daflunio'r ddrama am y gwrthdrawiad trosgynnol a mewnfodol rhwng y grymusterau gwrthwynebus hyn ar lwyfan calonnau dynion yn y presennol. Fe wna hyn am fod tynged dragwyddol dyn yn dibynnu ar ba gyflwr y câi ei hun ynddo cyn marw. Ceir bod dylanwad Böhme yn amlwg ar syniadaeth Llwyd am Dduw a'r Creu, Dyn a'r Cwymp, a Pherson a Gwaith Crist fel y ceir gweld. Ond pan ddown at ei syniadau am iachawdwriaeth nid yw'r patrwm mor eglur; yn wir, y mae'n cymhlethu oherwydd gwau hanfodion edafedd Calfinaidd ym mrethynwaith ei syniadau. Gwelir wedyn fod ei syniadaeth am yr Eglwys, er yn drwyadl radicalaidd, yn Gynulleidfaolaidd drwodd a thro, tra bo'i syniadau eschatolegol wedyn yn gwbl nodweddiadol o'r mudiad Pumed Freniniaethol yr ymwnâi ag ef ar un cyfnod yn ei fywyd. Ond cyn troi at y penodau a neilltuir i drafod y pynciau hyn, nid hwyrach mai da o beth fydd sôn ychydig am brofiad ysbrydol digon uniongred Morgan Llwyd.

O graffu ar bererindod ysbrydol Morgan Llwyd synhwyrir pa mor Biwritanaidd ddisgwyliadwy ydoedd mewn gwirionedd. Cawsai ei argyhoeddi o bechod yn gynnar iawn ('dan fellt y gyfraith bûm yn hir', meddai mewn cerdd), cawsai dröedigaeth, ond nid tan ei ddarganfyddiad o weithiau Böhme y sylwedd-olodd pa mor ganolog i'w brofiad fyddai bod wedi ymwacáu, wedi ymsancteiddio a chyda'r olaf hwn y try ei fyfyrdodau hyd ddiwedd ei oes.

Mewn nodyn Lladin a ysgrifennodd Llwyd tua 1654 dywedodd (yng nghyfieithiad R. Geraint Gruffydd): 'Bûm yn byw am un mlynedd ar bymtheg mewn gwahanol raddau o dywyllwch ac am un mlynedd ar bymtheg wedi hynny mewn gwahanol raddau o oleuni.'[21] Fel y gwyddys yn burion daeth y cyfnod cyntaf o fyw mewn 'gwahanol raddau o dywyllwch' i ben yn Wrecsam yn 1635 gyda thröedigaeth Llwyd yn cael ei chadarnhau o dan ddylanwad pregethu nerthol Walter Cradoc. Derbyniodd oleuni Calfinaidd ar ei gyflwr gan Cradoc. Gwyddai ddarfod i Grist dalu ei ddyled yn llawn ar Galfaria a hefyd nad oedd damnedigaeth dragwyddol yn ei aros mwyach. Ond a ddarfu iddo wedyn gychwyn ar gyfnod maith o ymwacáu gan brofi pyliau aml o ddigalondid ac anobaith oherwydd ei bechodau, serch i bregethau Cradoc ei sicrhau nad oedd damnedigaeth i'r rhai a oedd yng Nghrist Iesu? Mewn geiriau eraill dechreuodd chwilio yn ei galon ei hun am arwyddion ei fod wedi'i achub, chwilio am sicrwydd galwad effeithiol drwy ddadansoddi mewndir ei enaid ei hun. Golygai hyn ei fod yn symud y pwyslais oddi ar agweddau gwrthrychol y Ffydd ac yn canolbwyntio'n hytrach ar oddrychaeth. Yr oedd wedi dweud yn *Llyfr y Tri Aderyn* air o'i brofiad ef ei hun ym mhig y Golomen wirion, gair a olrheiniai ei adfyd ysbrydol pan lethwyd ef gan anobaith parthed sicrwydd mewnol am ei gadwedigaeth:

Fe fywhaodd y pechod ac am lladdodd i, Roedd Duw wedi digio ac yn gwgu ynghadair fynghydwybod, a diafol yn gwenu ac yn chwerthin am fymhen i, ac yn gweiddi or tu fewn. Ho Ho myfi piau'r aderyn. Mae fo'n siwr yn y fagl. Mae ei feddwl ef mewn tair o gadwyni heŷrn, yn ffast yn ei ewyllys ei hunan, ac yn ysbryd y bŷd mawr, ac yn nigofaint y brenin mawr gydam fi. Mi ofnais hefyd na ellid byth dorri mor tair cadwyn hynny i'm gollwng i yn rhydd. Heb law hyn hefyd fe ddaeth Bytheiaid Satan ar fy ôl i dan olrhain: Gwatwarwyr y wlâd am gwawdiasont. A phan welodd yr Heliwr nad oedd gennif fatter beth a ddywede'r bŷd ai fytheiaid, fe gynhyrfodd blant y deyrnas a rhai (megis) o blant y Brenin im ceryddu im digalonni, im rhwystro, ac im hoeri. Pan ballodd hyn hefyd, fe ddeffrôdd y gelyn holl wreiddiau vffern o'r tu fewn i mi fy hunan, i fôd yn ddigllon, yn aflan, yn greulon, yn benwyllt, ac yn llawn o wreichion drwg, yn fydol, yn sarrig, yn suddo, yn oferfeddwl, ac yno'r oedd yn flin gennif fyw ac yn

---

[21] E. Wyn James, *Cwmwl o Dystion*, 54. Ceir y Lladin yn III 209, 65v: *16 Annis vixi in teneb. varijs, 16 postea in lucibus varijs.*

ofnus gennif farw, am nad oedd bechod yn y dyn gwaethaf ac a welwn,
nad oedd ef yn ceisio codi i ben i fynu yn fynghalon i. Roedd y nef wedi
ymadel, ac vffern yn neshau, Angelion Duw yn ymddieithrio, a delwau
anifeiliaidd yn ymddangos . . . A hyn oll yr wyf yn i ddywedyd er dy fwyn
di, fel os doi dithau byth i'r gwasgfêydd ymma am y pechod, na ymollwng
mewn anobaith a thristwch bydol, ac nag ymgura fel dafad yn y mieri, ond
disgwil yn llonydd wrth fîn y ffordd. Fe ddaw'r prynwr heibio, ac ath
ollwng di yn rhydd.[22]

Nodweddion paentiad baróc sydd i'r paragraff hir hwn, yn
enwedig yr ail ran iddo. Y mae'n enghraifft eglur o fewnblyg-
rwydd y meddwl Piwritanaidd ar ei orau. Yr ofn mawr o fod
wedi mynd yn brae i'r Diafol oherwydd parhad pechod yn y
bywyd Cristnogol a'r anobaith a gyfyd oblegid hynny. Dyma'r
math o argyhoeddiad mewnblyg a elwir yn 'athrawiaeth
paratoad' am ras gan R. T. Kendall yn ei lyfr dadleuol *Calvin and
English Calvinism to 1649* (Oxford, 1979). Golygai fod y crediniwr
yn chwilio am arwyddion cadwedigaeth yn ei enaid ei hun yn
hytrach na syllu ar ddigonolrwydd y Groes fel mangre cymodi
pechaduriaid a Duw. Dyma'r cyfnod o fyw mewn 'gwahanol
raddau o oleuni', cyfnod o ymwacáu yn ddiau, ond cyfnod hefyd
o brofi digalondid ac anobaith mewnol.

Gwyddai Llwyd o'i brofiad ef ei hun beryglon cydsynio deallol
â dogma a'i adwaith i hynny oedd rhoi'r pwyslais yn gyfan gwbl
ar y profiad Cristnogol goddrychol; dyna oedd ei fan cychwyn
wrth bregethu i'r Cymry. Ac roedd a wnelo'r adwaith hwn yn
bendant â'r goleuni a ddaeth iddo o ganlyniad i ddarllen
gweithiau Böhme. Ni wnaeth hynny namyn cadarnhau tuedd
Galfinaidd a oedd eisoes yn bresennol yn ei feddwl. Cadarn-
haodd hyn y tueddiadau a oedd yn cyniwair ym meddwl Llwyd –
diwinyddiaeth naturiol ac ysbrydoli bywyd a marwolaeth ac
atgyfodiad Crist fel digwyddiadau a ddigwyddai yn enaid y dyn
ailanedig, er nad oedd yn fwriad ganddo wadu gwrthrychedd y
Ffydd Biwritanaidd fel y dengys *Where is Christ?*

Oddeutu 1651 darganfu Llwyd yr hyn a ystyrid ganddo yn
oleuni 'llawn'. Barn un ysgolhaig ydyw mai yn syniad Böhme, sef
fod goleuni'r Gair tragwyddol yn fewnfodol ym mhob dyn ac yn
ei dywys i iachawdwriaeth dim ond iddo wrando ar ei anogiadau

---

[22]   I 259.

yn y gydwybod a dewis ohono'i hun wadu'r hunan cnawdol
a throi'r ewyllys rydd ar ôl pethau Duw, y cawsai Llwyd
ddatguddiad newydd. Dyma ffordd gwaredigaeth ac yr oedd yn
agored i bawb yn ddiwahân. Y mae peth gwirionedd yn y farn
hon gan fod Llwyd yn dysgu bod goleuni'r Gair tragwyddol yn
aros ym mhob dyn a bod tro'r ewyllys hithau yn allweddol i
waredigaeth neb. Eithr ni ddywedai Llwyd ei hun fod y goleuni
cyffredinol hwn (gras cyffredin) yn ddigonol i iachawdwriaeth.[23]
Y mae'n gychwyn ac yn dystiolaeth fewnol i fodolaeth Duw; y
mae'n datguddio Duw i bawb ond yr etholedigion yn unig a fydd
yn gwrando ar anogiadau mewnol Duw yn y gydwybod. Y mae
Duw *yn* galw ar bob un i ddychwelyd ato ond y rhai cyfrifol yn
unig a fydd yn ymateb.[24]

Awgrymodd R. Geraint Gruffydd y gallai mai cyfeiriad an-
uniongyrchol at ddatguddiad 1651 sydd yn *Lazarus and his Sisters*
(1655):

> I found my self full of thoughts, but very quiet, having no lust, or will, or
> motion of my own, but my mind breathed in Gods own will all the while; I
> waited only for his pleasure in the quiet region of holy Angels, hearing (by
> an inward ear) the heavenly melody, and seeing (with the spirit of my
> mind) the unutterable wonders of the God-head.[25]

Nid oes unrhyw amheuaeth nad oedd y profiad y cyfeiriasai
Llwyd ato uchod yn brofiad cyfriniol, a bron na ellir mentro
haeru ddarfod iddo dderbyn 'ail fendith' os oes bendith o'r fath
yn bod. Ceisiodd Saunders Lewis wneuthur cyfrinydd clasurol
Catholig ohono gan gymharu Llwyd â chyfrinwyr megis Sant
Ieuan y Groes, Santes Teresa a Sant Bernard ar sail y dystiolaeth
uchod ac adrannau pwysig ddadlennol o *Llyfr y Tri Aderyn*. Eithr
cydnebydd ar yr un gwynt fod y cymal cyntaf o'r dyfyniad yn

---

[23] I 224: 'Pan bechodd Adda fe ddywedodd wrth yr Arglwydd (Iehovah) mi a
glywais dy lais yn y gydwybod, ac a ofnais, ac a ymguddiais. Dymma fynydd Sinai a
dirgelwch y daran, Dymma gydwybod ledradaidd yn ceisio (pe bai bossibl) ddiangc o'r tu
cefn i Dduw allan oi olwg. Ac am fod y goleuni cyhuddgar ymma mewn dyn . . .'
[24] II 215: 'God manifests his will to meer men one way, and to true Christian men
another way. Christ hath but two wayes of manifestation, viz. To men by the light of the
God of Nature; and, To the Believers by the light of the new Creation. The Rule of the
Christian within, is the Law of the Spirit of Life in Christ Jesus: But the Rule of the
outward man, is the Law of Nature.'
[25] I 274.

peri peth penbleth iddo.[26] Y mae rhai elfennau o gyfriniaeth Gatholig glasurol i'w canfod ym mhrofiad ysbrydol Morgan Llwyd,[27] ond rhaid cofio na ddarfu iddo dderbyn profiad o ymgolli yn Nuw; ni chollodd o gwbl ei ymwybod â'i hunaniaeth fel y gwnâi cyfrinwyr clasurol y traddodiad Pabyddol a enwir gan Saunders Lewis. Y mae'n amlwg wrth y geiriau uchod o eiddo Llwyd ei fod wedi profi presenoldeb Bod trosgynnol yn ei enaid ac y mae'n dra phosibl mai gweld yn drosiadol a wnâi 'ogoniannau anhraethadwy'r Duwdod' Bemenaidd.

Y mae dwy wedd ar y traddodiad cyfriniol Cristnogol i'w cael ym meddwl Morgan Llwyd. Y naill yw'r un a berthyn i'r ysgol honno sy'n defnyddio delweddaeth ac iaith erotig i esbonio'r cyfarfod personol â Christ ar ôl profi tröedigaeth ac adenedigaeth, y cyfiawnhad a'r sancteiddhad (dilynwyr Sant Bernard o Clairvaux a'i bregethau ar Gân y Caniadau). Mewn geiriau eraill cyfriniaeth 'briodas' yw hon. Y wedd arall yw'r un a berthyn i'r ysgol honno o gyfrinwyr sy'n sôn am y cyfarfod â Duw yn nhermau profi tywyllwch cyn y goleuo goruwchnaturiol a bod y broses hon yn un ddeallol, Neo-Blatonaidd, yn yr ystyr o 'wybod' ac 'adnabod' yn y meddwl fod yr enaid wedi'i ddwyn i undeb â Duw ei Hun ar ôl ei ddinoethi gan waith yr Ysbryd mewn catharsis a sancteiddhad (sef dilynwyr y Pseudo-Dionysiws). Yn y cyntaf drwy brofi *cariad* Duw y deuir i undeb ag Ef. Yn yr ail, drwy ennill *gwybodaeth* gadwedigol o Dduw drwy ddatguddiad mewnol yr Ysbryd i'r deall y mae sicrhau undeb â Duw.[28] Y wedd olaf hon sy'n bresennol yn y dyfyniad uchod, ond y mae'r wedd arall hefyd i'w chanfod ym meddwl Morgan Llwyd; yn wir, cyfunir y ddwy wedd yn daclus yn *Gair o'r Gair.*

Yr oedd Llwyd wedi datgan wrth William Erbery y mynnai fod yn 'ymchwilydd' neu'n 'geisiwr' preifat yn y 1650au. Soniasai Walter Thimelton a William Rider ill dau mewn llythyr at Llwyd iddynt glywed ei fod ' yn mynd i mewn i'r byd mewnol'.[29] Dyma felly ddigon o dystiolaeth fod Llwyd, ar droad y pumdegau, hwyrach o ganlyniad i brofiad cyfriniol 1651, yn mynd i bwysleisio o hyn ymlaen agweddau goddrychol ar y ffydd a'u

[26]   R. Geraint Gruffydd (gol.), *Meistri'r Canrifoedd* (Caerdydd, 1973), 163; cf. 153–63.

[27]   Goronwy Wyn Owen, *Morgan Llwyd*, 48–64.

[28]   Bernard McGinn, *The Foundations of Mysticism* (London, 1992); Oliver Davies, *God Within: The Mystical Tradition of Northern Europe* (London, 1988); Andrew Louth, *The Origins of the Christian Mystical Tradition From Plato to Denys* (Oxford, 1987).

[29]   III 181.

gwneud yn *raison d'être* i'w holl genhadaeth ymhlith y Cymry o 1653 ymlaen. Erbyn 1655 byddai'n sylweddoli yn *Where is Christ?* fod cyfeillion yn camddeall ei bwyslais ar y goddrychol ac yn ei gyhuddo o heresi oherwydd debyced oedd ei ddysgeidiaeth am oleuni mewnol i eiddo'r Crynwyr cynnar a ddaethai'n ffocws erbyn hynny i'r sectau ar aden chwith eithaf y mudiad Piwritanaidd. Y mae'r pamffled hwn yn rhyw fath o ymgais gan Llwyd i gyhoeddi maniffesto crefyddol. Ynddo cais ddadlau fod i'w neges oddrychol seiliau gwrthrychol fel y'u hadroddir yn y Beibl. Y mae'n amlwg fod y gweddau gwrthrychol a ailgadarnheir gan Llwyd yn y pamffled yn gyson yng nghefn ei feddwl tra teithiai fewndir yr enaid yn ei lyfrau eraill. Ac wrth gwrs, cydnebydd mai Böhme a'i rhoes ar ben y ffordd gyda'r pwyslais goddrychol.

Yn wir, y mae'r bywgraffiad ysbrydol a rydd Llwyd yn *Llyfr y Tri Aderyn* (1653) yn cyd-daro i'r dim â'r agweddau mwy gwrthrychol a ailbwysleisir ganddo ddwy flynedd yn ddiweddarach yn y pamffled uchod. Closia at ei gyffes ffydd o gyfeiriad lluosog i gychwyn, a hynny ym mhig y Golomen:

ymhellach, mae rhai o honynt [yr ailenedigion] a allant ddywedyd (drwy râs) i bôd nhwy yn marw i'r byd yma, ac er hynny yn byw byth, yn llai na dim ynddynt ei hunain ac yn fwy nar byd yn ei gwreiddyn, Ar y dibin beynydd, ac er hynny yn sefyll, heb wybod dim ynddynt ei hunain ac yn deall pôb peth yn nuw, yn llawn tristwch [edifeirwch], ond yn mwynhau canwyll llawenydd digymmar, yn ymdaflu mewn tonnau, ond yn sicr wrth yr angor, yn gwrando ar bawb heb gredu vn dyn, ond yn chwilio pôb peth, yn edrych ar y canghennau, ond yn byw yn y gwreiddyn, yn rhodio yn heol y byd yn yr enaid, ond yn ymgadw ymhlâs Duw yn yr ysbryd, yn llafurio yn wastadol, ac er hynny yn gorphwys, yn ddistaw ar y ddayar . . . yn chwilio gwaelod crefydd ac yn ymddangos ar yr wyneb yn ddiragrith mewn daioni, yn ymbriodi a Doethineb Duw ond etto heb i mwynhau yn hollhawl. Ac er amled ei pechodau, yn dyner ei cydwybodau, yn waeth nar gwaethaf yn ei golwg ei hunain, ac yn gystal ar gorau ymmantell yr Oen, ac yn debig i'r gwynt anolrheinadwy, ydynt yr hyn ydynt drwy ffafr y Goruchaf.[30]

Sylwn mai 'drwy ras' a 'ffafr' Duw y daeth y Colomennod i'r cyflwr gwynfydedig uchod ond nid ydynt yn honni perffeithrwydd gan 'amled' eu pechodau. Er hynny yr oedd tuedd yn Llwyd i ddysgu antinomiaeth athrawiaethol megis Cradoc o'i flaen. Y ffaith bwysig i'w chofio yw nad oedd yn antinomydd ymarferol fel llawer o'r sectyddion yn y cyfnod. Â'r Golomen rhagddi wedyn i sôn am ei hargyhoeddiad Calfinaidd dwfn o aruthredd pechod a'i hanallu gerbron Duw Penarglwyddiaethol fel na allai ond gorfoleddu yn nhrugaredd gras:

Wrth naturiaeth marw oeddwn, a phan welais i hynny mi a geisiais fyw, ond nis gallwn nes i bob peth ynof ac om hamgylch farw i mi, Ac yno y collodd y creadur ei afael arnaf, ar munud hwnnw y cefais afael ar y creawdr, neu yn hytrach efe a ymaflodd ynof fi.[31]

Dyma eiliad ei gyfiawnhau ac nid ystyriai Llwyd mai gwaith graddol oedd hwn megis sancteiddhad, fel y dysgai Böhme. Teifl ei hun yn llwyr ar drugaredd Duw yng Nghrist:

Roeddwn i yn gweled fy mod i wedi cwympo ymysg lladron ysbrydol anhrugarog rhwng *Caersalem* a *Iericho*, ac yn ceisio gweiddi am help ond yn methu gweddio, Nes i'r *Samaritan* bendigedig, sef yr Achubwr nefol, ddyfod attaf am codi i fynu.[32]

O Dduw y daw iachawdwriaeth ac nid o ddyn. Daw hanes pererindod ysbrydol digon uniongred Morgan Llwyd i uchafbwynt wedyn gyda chyffes sydd o'r pwysigrwydd pennaf parthed y penodau sy'n dilyn a'r ymgais i amlinellu ei syniadau Calfinaidd cymedrol:

Byr yw fy helynt i o'r dechrau i'r diwedd. fy enioes sydd fel afon chwyrn yn rhedeg i'r môr. fe am ganwyd ymmysg creigiau, fe am magwyd mewn opiniwnau, fe am maglwyd dros amserau, fe am rhyddhawyd mewn amser cymmeradwy, fe am carwyd cyn dechrau amser [etholedigaeth], a minnau byth a gâf garu yr hwn am carodd, ai lawn hoffi pan fo amser wedi terfynu. Canys yr wyf dan gariad Duw er fy môd dan gerydd pawb, Gwael yn y tûr, llwyd gan môr [Morgan Llwyd], llawn o brofedigaethau, ond llawen mewn gobaith gogoniant nefol . . . fynhasg i yw bôd yn ddiniwed ymmysg dynion. Ac oni allai lês i bawb, gochelyd gwneuthur afles i nêb: A cheisio byw allan o Hunan, yn yr ysbryd glân, ar Ghrist, i Dduw, yn ôl yr yscrythurau, etto dan ordinhadau, vwchlaw'r bŷd, islaw'r groes, yn erbyn pechod, ac ar dŷ

---

[31] Ibid. 258.
[32] Ibid. 259.

sancteiddrwydd, ymmonwes craig yr oesoedd . . . ac yn gweddio . . . i minnau
gael cyfran o'r rhandir nefol ymmysg y rhai cywir mewn Duwioldeb . . .[33]

Yn rhan gyntaf y dyfyniad hwn ceir awgrym o'i bererindod
daearol, ac yn yr ail ran y mae'n sôn am y frwydr hir mewn
ymsancteiddio. Y mae elfennau'r ffydd Galfinaidd yn bresennol
ar hyd y gyffes. Cyffes drwyadl Biwritanaidd ydyw. Dywed ei fod
yn ceisio byw allan o'r hunan fel y'i hanogwyd gan Böhme, ond
eto yn yr Ysbryd Glân ac, yn bwysicach, yn ôl yr Ysgrythurau, sef
yr awdurdod a orweddai y tu cefn i'w brofiad dirfodol o ras. Ac o
safbwynt ei syniad am Eglwys mynnai gadw at ordinhadau'r
Bedydd a'r Swper, peth a brawf pa mor wrthrychol mewn gwir-
ionedd oedd ei syniadau eglwysig o'u cymharu â diffygion difrifol
syniadau'r Crynwyr am Eglwys yn y dyddiau hynny.

Yr oedd Llwyd yn y cyfnod c.1635–52 wedi bod yn brae i
ffurfioldeb defodol wrth grefydda a dim ond Piwritan o ar-
gyhoeddiad iasol a allai gydnabod ffurfioldeb credo cyn dyfod at
wir grefydd brofiadol:

> Or blaen mi a glywais bregethau ond nid oeddwn i yn gwrando, mi
> ddywedais weddiau ond nid oeddwn i yn gweddio. Mi genais Psalmau ond
> mûd oedd fynghalon. Mi Sacramentais ond ni welais gorph yr Arglwydd.
> Mi ymddiddenais ac a ddywedais lawer peth nid om calon mewn
> gwirionedd, nes i'r rhossyn darddu ynof.[34]

Y mae'r berfau negyddol yn dweud y cwbl wrthym a hynny yng
ngoleuni profiad cyfriniol mawr 1651 a arwyddir gan symbol y
rhosyn, symbol a saif am yr *unio mystica*.

Yr oedd Morgan Llwyd erbyn 1653 fan bellaf wedi mynd
drwy'r broses boenus o ddadansoddi a dadelfennu ei brofiad ef ei
hun o adenedigaeth. Adnabu gyflwr ei enaid ei hun ac ar sail yr
adnabyddiaeth brofiadol ddofn honno yr aeth ati yn ei lyfrau i
bregethu wrth yr annychweledig a bugeilio y dychweledigion.
Aeth drwy fwlch yr argyhoeddiad pan oedd yn llanc yng
Nghynfal Fawr. Cwblhawyd ei dröedigaeth (Galfinaidd) wedyn
yn 1635 gan bregethu nerthol Walter Cradoc yn Wrecsam.
Derbyniasai brofiad o gymundeb agos â Duw yn 1651 ac yr oedd

---

[33] Ibid. 261–2.
[34] Ibid. 258.

y profiad cyfriniol hwn yn gysylltiedig â darganfyddiad Llwyd o lyfrau Jakob Böhme a fu'n ysbrydoliaeth iddo fyth wedyn. Ar sail y pen-llad hwn yn ei bererindod ysbrydol y mynnai Llwyd bregethu ond cyn hyn yr oedd wedi bod yn euog, yn ei eiriau ei hun, o 'fyned drwy fosiwns' crefydda cyfundrefnol, farwaidd, ddiffaith. Nid nes y daeth iddo brofiad ysgytwol 1651 – 'nes i'r rhossyn darddu ynof', yn ei eiriau ei hun – y cychwynnodd gredu o'r galon. Ar sail ei brofiad o ollyngdod y pryd hwnnw mewn *unio mystica* yr ymrôdd Llwyd wedyn i annog y Cymry i'w ddilyn drwy ildio'n llwyrach i arweiniad mewnol goleuni'r Gair a oedd yn tywynnu yng nghydwybod pawb, a hefyd i chwilio am sicrwydd galwad effeithiol mewn sancteiddhad.

Dyma oedd pwnc mawr ei bregeth estynedig huawdl yn ei lyfrau Cymraeg a Saesneg rhwng 1653 a 1657. A thrown yn awr i edrych ar nifer o agweddau ar y bregeth honno yn y penodau sy'n dilyn.

1

YR YSGRYTHURAU A'R YSBRYD

Rhaid yw dilyn yr Ysgrŷthur, ond ar bwy, neu ar ba fath o bobl y rhown ni ein Pwŷs ar iddynt hwy agorŷd y Bibl i ni? Mae pob un yn haeru, Dymma Feddwl yr Ysgrŷthur, er na wŷr ef pam y mae'r Gwelltyn yn lâs, ac nid yn gôch, ond fe gymmer arno wybod yr holl Fibl. Er hynny y Gŵir yw nad Dŷn, ond DUW a'i Air mewn Dŷn syn deall pob Peth.[1]

Yr oedd agwedd Morgan Llwyd tuag at yr Ysgrythurau, fel awdurdod dwyfol datguddiedig, yn unfarn â'r Calfiniaid a eisteddasai yng Nghymanfa Westminster.[2] Ond cyn dyfod yn union at ddaliadau Llwyd ar y pwnc hwn, hwyrach mai buddiol o safbwynt esboniadaeth fyddai sôn ychydig am gefndir cwestiwn pwysig a oedd yn gwbl ganolog i'r mudiad Piwritanaidd yn ystod y 1640au a'r 1650au, sef beth oedd natur y cysylltiad a oedd rhwng tystiolaeth yr Ysbryd Glân yn yr Ysgrythurau a'i swydd-ogaeth yn goleuo'r galon, ac a oedd y gweithgarwch olaf hwn, tybed, yn digwydd yn annibynnol ar y Gair. Y mae hwn yn gwestiwn pwysig gan fod Llwyd yn tueddu i roi lle blaenllaw iawn i waith yr Ysbryd yn ei lyfrau, a hynny ar draul awdurdod y geiriau yn aml, ond tuedd yn unig ydoedd gan na fynnai ddibrisio lle canolog y Beibl yn iachawdwriaeth neb.

Nodweddid y Diwygiad Protestannaidd gan ymgais i adfer y Beibl i safle o awdurdod fel datguddiad anffaeledig Duw yn Grëwr ac yn Waredwr. Haerid darfod ysbrydoli'r ysgrifenwyr yn uniongyrchol a bod yn rhaid i ddarllenwyr yr Ysgrythur hefyd wrth oleuni'r Ysbryd Glân cyn y medrid nesáu at y dystiolaeth am y Gwirionedd gydag argyhoeddiad a deall ysbrydol. Ym Mhiwritaniaeth yr ail ganrif ar bymtheg cafwyd pwyslais yr un mor hanfodol ar y cysylltiad annatod a oedd rhwng tystiolaeth yr Ysbryd yn llefaru drwy'r Ysgrythurau a'i swyddogaeth yn goleuo'r meddwl a'i darllenai. Maes o law bu'n rhaid ymgodymu â'r cwestiwn, tybed a oedd yr Ysbryd weithiau yn achub dyn yn

---

[1]   II 198.
[2]   A. A. Hodge, *The Westminster Confession of Faith* (Edinburgh, 1978), 25–43.

annibynnol ar yr Ysgrythur? Yn bendant iawn, 'nac ydoedd', ebe'r Presbyteriaid ar yr aden dde eithaf, tra oedd y Cynulleid-faolwyr mwy radical megis Oliver Cromwell, Walter Cradoc, Samuel Petto a Morgan Llwyd yntau, yn barotach i ystyried y posibilrwydd y gallai'r Ysbryd argyhoeddi pechadur o'i angen ar wahân i gyfryngdod y Beibl; ond pe digwyddai hynny mewn achosion dilys o argyhoeddi, gellid, meddent, fod yn sicr na ddigwyddai hynny yn wrthwyneb i'r datguddiad a roes yr Ysbryd drwy'r Ysgrythurau. Honnai'r Crynwyr ar yr aden chwith eithaf, ar y llaw arall, fod gwaith yr Ysbryd Glân yn achub unigolyn nid yn unig yn swyddogaeth ddigyfrwng ac annibynnol ar yr Ysgrythurau, ond hefyd fod presenoldeb goddrychol yr Ysbryd gyn gyflawned yn y gŵr ailanedig ag ydoedd yn yr Apostolion gynt. Adweithiodd y Piwritaniaid Calfinaidd clasurol yn chwyrn yn erbyn y fath honiad, a hyd yn oed rai o'r Cynulleidfaolwyr mwy radical megis Morgan Llwyd,[3] er mai digon tawel oeddynt hwy, at ei gilydd, yn ystod y dadlau diddiwedd rhwng y Crynwyr a'r Calfiniaid ar aden dde'r mudiad Piwritanaidd. Mynnai'r Presbyteriaid, a'r mwyafrif llethol o'r Cynulleidfaolwyr, y dylid darostwng gwaith achubol yr Ysbryd Glân i awdurdod di-ffael y Beibl a rhaid ydoedd hyd yn oed brofi dilysrwydd pob ymweliad mewnol a thröedigaeth honedig yn ôl pren mesur y Gair. Ym-ddengys mai troedio'r ffordd ganol a wnâi Piwritan fel Morgan Llwyd, a fynnai fod yr Ysbryd yn goleuo pechaduriaid a achubid yn ôl tystiolaeth yr Ysgrythur ond fe *allai'r* swyddogaeth achubol fod yn ddigyfrwng yn achos y cenhedloedd na wyddent ddim am y Beibl; y pryd hynny hefyd gweithredai'r Ysbryd yn ôl yr Ysgrythurau, er yn annibynnol arnynt.[4]

Yr allwedd symlaf i'r ymdroi canolog hwn â chwestiwn perthynas y Gair a'r Ysbryd yw'r pwyslais hollbwysig a roddid gan y Mudiad Piwritanaidd yn gyffredinol ar *brofi* awelon byw-iocaol gras. Tuedd y Piwritaniaid mwy radical, gan gynnwys Llwyd, oedd colli cydbwysedd rhwng agweddau gwrthrychol y ffydd a'r tro goddrychol cwbl hanfodol i iachawdwriaeth neb, wrth ganolbwyntio yn ormodol ar y dyn mewnol. Serch hynny, yr oedd y pwyslais ar brofi gras yn achub yr un mor

---

[3]   I 306.
[4]   II 173–4, par. 8–9; cf. G. F. Nuttall, *The Holy Spirit in Puritan Faith and Experience* (Oxford, 1946), 20–33; Ralph P. Bohn, 'The Controversy between Quakers and Puritans to 1660', traethawd Ph.D. anghyhoeddedig Prifysgol Caeredin, 1955.

nodweddiadol o'r Crynwr a'r Calfinydd fel ei gilydd. Nid oedd
mor wahanol â hynny ychwaith i'r lle mawr a roddai'r Diwygiad
Efengylaidd yn y ddeunawfed ganrif i brofi gras yn gweithio ar y
galon.[5] Ac yn wir, ymddengys na pheidiodd pwyslais o'r fath yn y
cyfnod o eplesu rhwng 1662 a chychwyn y Diwygiad yn y ganrif
ddilynol.[6] Yr oedd hefyd yn gymaint nodwedd â'r un arall o'r
Hen Ymneilltuwyr, a buont hwy yn ddolen gyswllt bwysig rhwng
pwyslais goddrychol pregethwyr megis Walter Cradoc a Morgan
Llwyd ar brofi gwaith achubol gras a phwyslais cyfatebol y
Tadau Methodistaidd ar yr un pwnc maes o law.[7]

Nid oedd Morgan Llwyd o bell, bell ffordd yn annodwedd-
iadol wrth bwysleisio swyddogaeth allweddol ac uniongyrchol yr
Ysbryd Glân yn goleuo'r galon unigol a bod profi'r gwaith
hwnnw yn gyfan gwbl hanfodol i sicrhau dyn o'i achubiaeth. Yr
oedd angerdd yn nodwedd lywodraethol ar ei ddefosiwn a'i
dduwioldeb, a dichon nad oedd y fath angerdd yn ddieithr o
gwbl i Biwritaniaeth yn ei chyfanrwydd mwy nag i Fethodistiaeth
hithau yn ddiweddarach.

Pa le bynnag y bo tarddiad y llifeiriant Ailfedyddiol a ysgub-
odd Loegr yng nghyfnod cyflawn oedran Morgan Llwyd, cyfnod
a welodd dwf rhyfeddol yn y pwyslais goddrychol ar brofi gras yn
achub,[8] dichon ei bod yr un mor allweddol cofio bwysiced oedd
pwysleisio elfennau goddrychol y ffydd eisoes ym Mhiwritaniaeth
glasurol y blynyddoedd hyn. Er gwaethaf amryfal heresïau
diwinyddol y sectau ar aden chwith eithaf y mudiad Piwritanaidd
y mae'n deg dal na wnaethant ond canolbwyntio fwyfwy ar y
'profiadol' a mynd â'r duedd i ogordroi â'r dyn mewnol a gan-
fyddir mewn Piwritan fel Morgan Llwyd ymhellach i'r chwith a'i
throi'n rhyddid personol diawdurdod a di-Air. Cyn belled ag y

    [5]   Derec Llwyd Morgan, *Y Diwygiad Mawr* (Llandysul, 1981); idem, *Pobl Pantycelyn*
(Llandysul, 1986); idem, *Williams Pantycelyn* (Caernarfon, 1983); idem (gol.), *Meddwl a
Dychymyg Williams Pantycelyn* (Llandysul, 1991); Elfed ap Nefydd Roberts (gol.), *Corff ac
Ysbryd: Ysgrifau ar Fethodistiaeth* (Caernarfon, 1988).
    [6]   Geraint H. Jenkins, *Literature, Religion and Society in Wales, 1660–1730* (Cardiff,
1978).
    [7]   Cf. R. Tudur Jones: 'Cysylltai'r elfen oddrychol hon y mudiad â'r gorffennol ac
â'r dyfodol. Ar y naill law, dyma linyn cyswllt â'r ffurf ar biwritaniaeth a gysylltir ag
enwau Morgan Llwyd, William Erbury, John ap John (y Crynwr) ac (i raddau llai) Walter
Cradoc. Ar y llaw arall, esbonia'r elfen hon pam yr oedd yr Hen Ymneilltuaeth at ei
gilydd yn ei chael yn amhosibl gwrthsefyll cyfaredd y Diwygiad Methodistaidd, canys
un o effeithiau amlycaf y chwyldro hwnnw oedd dwysáu ac angerddoli'r elfennau
goddrychol mewn Cristionogaeth'; yn Gomer M. Roberts (gol.), *Hanes Methodistiaeth
Calfinaidd Cymru*, I (Caernarfon, 1973), 22.
    [8]   Nuttall, *The Holy Spirit in Puritan Faith*, 8.

mae a wnelo'r duedd hon â Morgan Llwyd y mae'n orfod arnom barchu ffeithiau hanesyddol a chydnabod fod dogma Calfinaidd a'r lle canolog cynyddol a roddid i *theologia pectoris* ymhlith y Cynulleidfaolwyr – yn enwedig ymhlith yr unigolion hynny a ogwyddai fwy tuag at y chwith mewn materion eglwysig ac addoliad, pregethwyr megis Walter Cradoc – yn nodweddu meddwl Morgan Llwyd yntau.

Yn wir, nid yw'n rhyfedd o gwbl gweld gŵr fel efe, a oedd yn ddi-os yn gymaint cynnyrch Calfiniaeth gymedrol ei oes ag ydoedd yn gynnyrch y pwyslais hanfodol Ailfedyddiol ar brofi adenedigaeth, yn medru cytuno â Phiwritan sgolasticaidd iawn fel Dr John Owen, dyweder, neu enaid cyn addfwyned â Richard Sibbes neu hyd yn oed Dr Thomas Goodwin, ar bwysigrwydd hanfodol yr Ysbryd Glân a'i waith allweddol yn impio'r dyn goddrychol yng nghorff cyfriniol Crist.[9] Nid yw'r ffaith amlwg – ac ni ellir ei gorbwysleisio – fod Morgan Llwyd yn canolbwyntio ar agweddau mwyaf angerddol y ffydd ynddi ei hunan yn brawf y mynnai ef ddyrchafu'i brofiad a'i wneuthur yn unig benconglfaen i'w neges am iachawdwriaeth, er iddo ddyfod yn agos iawn at wneud hynny weithiau! I'r gwrthwyneb yn wir, sonia Llwyd yn fynych yn *Gair o'r Gair* am y cytundeb hanfodol hwnnw a ddylai fod rhwng y datguddiad ysgrythurol awdurdodol a goleuni'r Ysbryd Glân yn y galon, peth sydd ynddo'i hun yn awgrymu y byddai'n amheus o unrhyw brofiad ysbrydol honedig a oedd yn wrthwyneb i'r datguddiad ysgrythurol. Fel y Piwritaniaid clasurol, dysg fod tystiolaeth fewnol gwbl angenrheidiol yr Ysbryd wedi'i chyplysu â datguddiad Duw ohono'i Hun yn yr Ysgrythur. Rhaid oedd wrth y peth cyntaf i wneud yr ail yn effeithiol ym mywyd ysbrydol dyn.[10] Gellir gweld y pwyslais clasurol gofalus hwn yn *Where is Christ?* Credai Llwyd fod yr Ysbryd yn medru achub yr etholedigion o blith y cenhedloedd, ac os dilys yr argyhoeddiad digyfrwng hwnnw, fel ydoedd yn achos Abraham er enghraifft, maentumiai ef y byddai'n sicr o gydseinio â'r Ysgrythur serch hynny.[11]

Gan fod Llwyd felly yn ddiamheuol iawn yn gynnyrch

[9]   William H. Goold (ed.), *The Works of John Owen*, vol. III (Edinburgh, 1977); Alexander B. Grosart (ed.), *The Works of Richard Sibbes*, vol. I (Edinburgh, 1979); James Nichol (ed.), *The Works of Thomas Goodwin*, vol. 6 (Edinburgh, 1979).

[10]   II 199.

[11]   II 173–4.

arbennig croesffyrdd syniadol Calfiniaeth gymedrol ac Ailfedyddiaeth ni ddylid rhagdybio fod y cydblethu elfennau syniadol o'r naill ffynhonnell a'r llall a ganfyddir yn gyfrodedd yn ei feddwl wedi'i arwain i ddibrisio awdurdod yr Ysgrythur a pheri iddo ymryddhau oddi wrth afael cynnwys gwrthrychol Cristnogaeth. Nid mewn dogma cyfundrefnedig moel yr ym-hyfrydai ef, er bod ymwybod ag ef yn bendant iawn wrth gefn ei gynhysgaeth feddyliol. Yn hytrach, gweddai iddo – fel pregethwr ymroddedig a'i fryd a'i fwriad wedi'i gyfeirio'n nerthol i gwrdd â'r angen i ddwyn ei gyd-Gymry i gyflwr o argyhoeddiad crefyddol dwfn, fel y prawf llyfrau ysgubol 1653 – baratoi ei wrandawyr ar gyfer yr hyn a eilw'r Piwritaniaid yn ffydd effeithiol drwy roi'r 'og' arnynt fel petai. Felly y gallent wybod i'r eiliad ymron pryd yr heuai'r Ysbryd had y bywyd yn eu calonnau. Rhan o'r genhadaeth baratoi Biwritanaidd oedd dwyn dyn i wybod am ei gyflwr ac yntau, fe haerid, yn llinach Adda syrthiedig.[12] Dilyn yr Ysgrythur a wnâi wedyn wrth bregethu efengyl iachawdwriaeth a gwahodd ei wrandawr i dderbyn yn waglaw rodd rad y drugaredd drwy Groes fewnol ac allanol yr Arglwydd Iesu Grist.[13] Ond yn hytrach na gorymdroi â'r newydd hwn, yn unionsyth wedi'r cyhoeddi a hynny'n rhy aml o lawer, try at y goleuni mewnol, grym dwyfol personol trawsnewidiol a thrawsgyfeiriadol yr Ysbryd Glân. Y goleuni hwnnw a bair harneisio'r galon a'r meddwl a'r ewyllys gan Dduw ar gyfer taith i'r 'byd a bery byth', chwedl Llwyd. Rhan o'i neges arbennig oedd canolbwyntio ar galon dyn, neu fewndir yr enaid, er mwyn sicrhau na fyddid yn syrthio'n fyr o'r nod drwy hunan-dwyll a'r nod hwnnw oedd duwioldeb parhaol. Gwir ddarfod i Böhme fod o gymorth mawr iddo yn y neges neilltuol a oedd ganddo i'w chyhoeddi i'r Cymry am ymwacâd ac ymsancteiddio fel y ceir gweld, ond o'r Beibl yn bennaf y daeth arfau diwinyddol

---

[12] II 91: 'Yr Adda cyntaf a bechodd (ninnau oeddem yn sylweddol ynddo ef, ag a bechasom cystal ag yntau) am hyny y mae ei natur front ef yn deilliaw i ni drwy enedigaeth o oes i oes. Ag ni chyfrifasai Duw byth moi bechod ef i ni, oni bai ein bod ni ynddo ef y pryd hwnnw yn pechu (fel Leui yn *Abraham*) ag yntau ynom ninnau yn pechu etto. Canys oni bai yn bod ni yn bwytta y ffrwyth gwaharddedig yn Adda, ni buasai ar ein dannedd ni mor dingcod.' Dyma fynegi yn ddiamwys gred Galfinaidd iawn Morgan Llwyd mewn pechod gwreiddiol.

[13] Ibid.: 'yr vn modd hefyd y mae i ni ddeall yr Ail Adda a marwolaeth Christ? yr Ail Adda a ddioddefodd, ag yr oedd yr holl rai cadwedig ynddo ef y pryd hwnnw, ag ir rhain y mae yntau drwy genhedliad yr ail enedigaeth yn deilliaw, ac yn danfon ei ysbryd glan, sef anian Duw. Ag ni chyfiawnheir neb, ond y rhai ynddo ef a ddioddefasont gydag ef, yn y rhai y mae yntau yn byw i Dduw.'

Morgan Llwyd y pregethwr Piwritanaidd grymus a digymrodedd, ac fel y rhan fwyaf o ddigon o'i gyd-Biwritaniaid ni phetrusai'r gronyn lleiaf rhag darostwng ei brofiad o ras achubol i awdurdod y datguddiad a ddaeth drwy'r Beibl, fel y prawf *Where is Christ?* a'r bennod ar syniadau Llwyd parthed iachawdwriaeth (gw. pennod 5 isod). Yr oedd lleferydd yr Ysbryd drwy'r gair ysgrifenedig yn ddwyfol ganddo.[14] Ac wele *Llyfr y Tri Aderyn* neu *Gair o'r Gair* lle y gellir synhwyro maintioli dyled a pharch disyflyd Llwyd i'r datguddiad ysgrythurol. Ceir yn y ddau lyfr hyn gannoedd yn llythrennol o gyfeiriadau at y rhan fwyaf o lyfrau'r Beibl, peth sydd ynddo'i hun yn dweud llawer wrthym am ddyfnder ac ehangder ei ddysg ysgrythurol, ac nid llai na hynny yw'r ffaith arwyddocaol ei fod yn dibynnu gymaint ar safon *wrthrychol* fel ffynnon i'w neges angerddol.[15]

Cyn belled ag y gellir barnu wrth eiriau Llwyd ei hun ymddengys na fyddai'n anghytuno yn rhyw ffyrnig iawn â'r Piwritaniaid clasurol a'r rhai mwy radical megis Cromwell neu Cradoc, dyweder, ynghylch gofalu peidio ag ysgaru gwaith adenedigol yr Ysbryd Glân oddi wrth ddatguddiad yr Ysgrythurau a'i hawl i farnu dilysrwydd pob honiad personol am adenedigaeth. Dywed na ddylid dibrisio'r penconglfaen ysgrythurol a'i dystiolaeth:

NID yw DUW ei hunan yn gwadu na'r Ysgrythur na'i gwir *Bregethwr* Ysbrydol. Am hynny gwrando di trwy ba bêth neu trwy ba Ddyn, neu Ddynjon y mae'r tragwyddol Air yn llefaru, ac ymhwŷ y mae'r Mor hwnnw yn ffynnoni, ac di gei ei glywed, a'i adnabod ei fôd ef yn cydatteb a'r *Garreg-lefain* sŷdd yn dy Gŷdwŷbod dy hunan.[16]

YMHELLACH rhag i ni gamgymerŷd. Angenrhaid yw i Ddŷn ddeall trwŷ bwŷ y mae DUW yn llefaru wrth ei Galon ef mewn Nerth a Gwres a Sicrwŷdd a Bywŷd oddifewn, Glyned Dŷn yno am mai yno y mae'r ARGLWYDD yn ymddangos iddo. Yno y tywelltir (mewn mesur) Fonwes DUW i Galon Dŷn, yno y mae'r Fendith . . .[17]

---

[14]　I 306: 'speak not reproachfully of the outward Bible . . . Most now that pretend highest, speak as in that book-language, and that book speaks beyond them all, and is a greater and more publique general witness externally for God, then all their own outward books put together; but for all this idolize no book . . .'

[15]　Ond cf. M. Wynn Thomas, ' "Llyfr y Tri Aderyn" a Beibl Morgan Llwyd', *Y Traethodydd*, 143 (1988), 147–58.

[16]　II 176; cf. 172–7.

[17]　II 176.

Y mae'r gydwybod sydd wedi'i goleuo yn oruwchnaturiol yn cyd-ateb â thystiolaeth yr Ysgrythur yn hytrach na'i disodli. A sylwer mai 'mewn mesur' y tywelltir yr Ysbryd i galon dyn ac felly ni ddysgai Llwyd, fel y gwnâi'r Crynwyr, fod yr Ysbryd yn aros mewn dyn ailanedig i'r un graddau o gyflawnder ag yn yr Apostolion gynt. Yn wir, rhaid mesur dilysrwydd pob ailenedigaeth honedig wrth bren mesur y Beibl:

> COFIA hefŷd chwiljo yr Yscrythurau beunŷdd, yna y cai weled (trwy DDUW o's ceisi ef) pa un wna'r matter a'i bod fel y maent yn haeru a'i nad yw, Yr Ysgrythurrau yw Dail Pren y Bywŷd a arferir i jachau'r *Cenhedlôedd* ni's y delo Tragwŷddoldeb i mewn i wthjo'r Enaid o'r Corph. Chwilja am y Bibl ynnot dy hunan yn ddiwŷd. A phan, fo'r *Testament* hwnnw yn dy Law, ac Ysbrŷd CRIST yn dy Galon. di gai ganfod y Cytundeb ynnot.
>
> NID yw Llythyren yr Yscrŷthur ond Udcorn marw, ond bod Anadl ŷ Bywŷd yn seinjo trwyddo . . .[18]

Rhaid oedd wrth ailenedigaeth o'r Ysbryd os oeddid i ddirnad gair yr Ysbryd yn llefaru yn y Beibl.

Ceid y Crynwyr yn eu brwdfrydedd yn datgan yn groyw fod yr adenedigaeth yn rhoi iddynt awdurdod ysbrydol mewnol mor ddi-ffael â'r Ysgrythurau eu hunain. Eithr, nid arweiniodd y duedd oddrychol hon hwy i'r fagl o bechu'n fwriadol (antinomiaeth) er 'amlhau gras' fel y gwnâi'r Brygawthwyr, er enghraifft.[19] Ni ellir cyhuddo Llwyd ychwaith o gyfosod gŵr ailanedig a'r Beibl o ran anffaeledigrwydd. Ond y lle'r oedd ef yn gwegian fwy i'r chwith na'r Calfiniaid clasurol oedd pan honnai – dan bwysau disgwyliadau eschatolegol y cyfnod a'r gred gyffredin honno fod diwedd amser wrth law, neu gychwyn teyrnasiad daearol Crist am y Mil Blynyddoedd[20] – fod *posibilrwydd* i Dduw beri ymweliad llwyrach a chyflawnach o'r Ysbryd yn yr oes honno. Yr oedd Calfinydd cymedrol fel Cradoc yn ddigon parod i obeithio fel hyn am dywalltiad cyflawn o'r Ysbryd unrhyw adeg.[21] Ac yr oedd Samuel Petto yntau yn rhannu gyda Llwyd yr un

[18] II 177.
[19] Hugh Barbour, *The Quakers in Puritan England* (London, 1964), 120–2; cf. Nuttall, *The Holy Spirit in Puritan Faith*, 34–47.
[20] Goronwy Wyn Owen, 'Morgan Llwyd a Milenariaeth', *Y Traethodydd*, 145 (1990), 100–6.
[21] Nuttall, *The Holy Spirit in Puritan Faith*, 24.

argyhoeddiad am bwysigrwydd profiad gan ofalu peidio ag
ysgubo'r Beibl o'r neilltu ac ymryddhau oddi wrtho fel y gwnaeth
llawer o'r sectau yn y cyfnod.[22]

Pan ddatganodd y Crynwyr ar goedd gwlad nad oedd arnynt
angen y 'Llyfr oddi allan' chwedl hwythau, ymosododd Llwyd yn
chwyrn arnynt, a dengys yr adwaith hwn nad oedd yn amddifad o
ymwybod dwfn a difrifol ynglŷn â'r goblygiadau yn nhueddiadau
eithafol y Crynwyr.[23] Ond, yn nodweddiadol o'i bwyslais llywod-
raethol ar brofiad, yr un pryd rhydd rybudd i osgoi caethiwed
prennaidd addoli'r llythyren heb unrhyw brofiad o ras yn cyd-
redeg yn y galon, ac meddai: 'Nid yw llyfrau a llythrennau ond fel
gwellt, Mae'r bywyd yn yr ysbryd nid yn y llythuren.'[24] Credai
nad oedd gwybodaeth hanesyddol o'r gair ohono'i hun yn ddigon
nac yn effeithiol i iachawdwriaeth neb heb yn gyntaf brofi
adenedigaeth o'r Ysbryd. Dywed:

> YR wyti yn gyfarwŷdd yn yr Yscrythur, ac y mae Pennodau'r Bibl ar
> Bennau dy Fysaidd. Ond a glywaist di erjoed Ddirgelwch y Daran a'r
> Gerdd nefol ynghŷd ynnot dy hunan? Ac o's clywaist. A amgylchaist di
> GRIST fel y mae fe yn dy adnabod di? Pa bêth yw'r GAIR oedd yn y
> Dechreuad? Pa fodd y gwnaed hwnnw yn Gnawd, a'r Cnawd hwnnw yn
> Ysbrŷd i'th fywhau di? O's wyti yn darllain y Llythuren, a wyti yn deall yr
> Ysbrŷd ynddi wedi dy holl ddarllain?[25]

Rhaid felly fod Llwyd yn credu fod angen yr Ysbryd oddi fewn os
oeddid i agor datguddiad y llythyren i galon dyn.

Gwaith Duw yw agor calon dyn i wirionedd iachawdwriaeth
yng Nghrist a hynny drwy swyddogaeth fewnol, ddirgel y Tad a'r
Mab ynghyd â'r Ysbryd:

> ni all nêb ganfod y Duwdod ond drwy'r Tâd, na'r Tâd ond drwy'r mâb,
> na'r mâb ond drwy'r ysbryd, na'r ysbryd ond drwyddo ei hunan. Mae efe
> yn agoryd ffenestr yn y nêf fel y gallo dyn weled y peth sydd ym monwes,
> ac ym meddwl yr oen, Mae efe hefyd yn agoryd vn arall yn y galon i ddyn i
> weled ei stafell ei hun, ac i hwnnw mae'r yscrythurau yn agored hefyd.[26]

---

22   Ibid., 25–6.
23   Gw. nodyn 14 am y dyfyniad.
24   I 251.
25   II 168.
26   I 208.

Gwelir felly fod Llwyd yn cyhoeddi na waeth heb i grediniwr wrth na Beibl yn ei logell nac ychwaith ymddigrifo'n fodlon ddiogel yn ei wybodaeth ffurfiol ohono heb oleuni cyfatebol yr Ysbryd yn ffynhonni yn ei galon, canys nid y llythyren biau'r bywyd ond yn hytrach yr Ysbryd sy'n llefaru drwyddi, fe haerai. Pwysleisia Llwyd arweiniad mewnol yr Ysbryd mewn cyd-weithrediad â'r Gair; y cyntaf sy'n bywhau'r geiriau, a rhaid i ddyn wrtho os yw am osgoi cred brennaidd ac oerllyd ffurfiol. Dywed yn gwbl blaen:

CABLEDD yn erbyn DUW yw meddwl unwaith mae'r Llŷfr sỳdd yn dy Bocced di, neu tan dy Gesail yw'r GAIR DUW hwnnw a wnaeth yr holl Fỳd, neu a ddichon wneuthur Bŷd newŷdd yn dy Galon di.[27]

Dim ond drwy weithgarwch achubol mewnol yr Ysbryd y gellid osgoi addoli'r llythyren ebe'r Llwyd, canys

Oni bŷdd yr Ysgrythur a Chyfraith DUW wedi eu hysgrifennu o'r tu fewn, nid wyti nes erddi oddiallan. Ac o's yw hi o'r tu fewn yr wyti yn isel dy Feddwl, yn uchel dy Hiraeth, yn ddiniwed gariadus, yn fuddjol, ac yn ddinewidjad.[28]

Pan fo'r goleuo goruwchnaturiol yn gwbl ddilys a'r galon wedï'i chyweirio gan yr Ysbryd, yn ôl yr Ysgrythurau, yna

MAE'R GAIR oddifewn ar Ysgrŷthurau oddiallan yn cydseinjo ac yn cyttûno ac yn cyd-dystiolaethu. Y Naill sydd ysgrifenedig a phin oddiallan yn y Bibl pûrlawn, y llall yn y Bibl arall, sêf Llyfr y Gydwŷbod. Bêth a ddywaid yr Yscrythur? Bôd yn sûr yn sarrug ac yn ddigllon nid llai yw o flaen DUW na thywallt Gwaed fel y gwnaeth *Cain*; Gŵir yw hynny, medd y GAIR ymma oddifewn: Dyna fel y gwnaethost y buost di lawer Gwaith.[29]

Prysura Llwyd i restru nifer o enghreifftiau penodol wedyn er mwyn profi'r pwynt fod cytundeb hanfodol rhwng goleuni'r Ysbryd yn argyhoeddi dyn yn ei gydwybod a'r dystiolaeth a geir yn yr Ysgrythur i'r un perwyl.[30] Yna daw'r uchafbwynt hwn:

[27] II 173.
[28] II 175.
[29] II 183.
[30] II 184–5.

DYMMA ychŷdig o lawer i ddangos i ti fod y GAIR oddifewn yn dadseinjo ar hwn sŷdd oddiallan. A thrwŷ ddau Dŷst, yr hwn nid yw ond un, mae pob GAIR yn safadwŷ: Fe roddwŷd o'th flaen megis Par o Feginau i gadw Golau a Gŵres gwastadol yn y Galon tuag at yr ARGLWYDD.[31]

Astudiodd G. F. Nuttall y pwyslais Piwritanaidd ar swyddogaeth neilltuol yr Ysbryd yn ei agweddau diwinyddol a'r dylanwad a gawsai ar eglwysyddiaeth y Piwritaniaid mewn gwaith gwir arloesol (a adargraffwyd yn ddiweddar gan Wasg Prifysgol Chicago) a daeth ef i gasgliad na ellir yn hawdd anghytuno ag ef ynghylch safle terfynol Piwritaniaid radicalaidd megis Cromwell, Cradoc a Morgan Llwyd ar fater gwaith achubol yr Ysbryd, ac ni ellir gwell crynodeb, ond odid, na'r geiriau canlynol am agwedd Llwyd yntau at brofiad ysbrydol o'r adenedigaeth a'i berthynas annatod â datguddiad yr Ysgrythur:

> The Spirit speaks in, by, or through the Word . . . in extraodinary cases without the written word . . . or at least, 'upon some Scriptural consideration'. The Apostles and not ourselves are the foundation stone.[32]

Ys gwir mai miragl yr Ysbryd yn ymyrryd yn rymus â'r dyn mewnol oedd prif faes neges Morgan Llwyd, eithr o'r braidd y mynnai ef i'w genadwri roi brath anaele i hawl gwrthrychedd y Beibl arno ychwaith. Cofier darfod iddo ddatgan yn ei gyffes y mynnai fyw 'yn ôl yr Ysgrythurau', 'yn yr Ysbryd Glân', 'ar du sancteiddrwydd' ac 'ym mynwes Craig yr Oesoedd'.[33] Nid oedd ei bwyslais ar waith yr Ysbryd yn ddiddatguddiad felly, ac yn sicr iawn nid goddrychedd diwrthrych mohono.[34] Yr oedd ei ddiwinyddiaeth yn fwy angerddol ac yn llai ymenyddol, ar un olwg, na'r norm Calfinaidd, ond y norm hwnnw oedd ei gyd-destun syniadol sylfaenol.

Ni fyddem efallai ymhell o'n lle wrth gymhwyso geiriau G. F. Nuttall drachefn at bwrpas crynhoi cenadwri huawdl Morgan Llwyd a oedd yn gyforiog o arwyddocâd digon Calfinaidd ond

---

[31] II 185: cf. 183–5.
[32] Nuttall, *The Holy Spirit in Puritan Faith*, 20, 23.
[33] I 262.
[34] Gw. penodau 4 a 5.

bod yn rhaid arnom nesáu ato o gyfeiriad ei brofiad o ras i gychwyn: 'There is theology, but in a way which has hardly been known since St Augustine, it is a *theologia pectoris*.'[35]

[35]   Nuttall, *The Holy Spirit in Puritan Faith*, 7.

2

DUW A'R CREU

Yng nghwrs y bennod hon gobeithir dangos fod Morgan Llwyd wedi cael ei ysbrydoli gan gyfuniad o'i wybodaeth ysgrythurol a syniadaeth Jakob Böhme. Yn wir, y mae'n gwau'r ddwy ffynhonnell syniadol yn gyfrodedd yn ei neges am Dduw a'r Creu. Cadarnha bopeth a fenthyciasai oddi ar Böhme gyda chyfeiriadaeth ysgrythurol, gan amlaf, ac felly ni farnai ei hun fod y syniadau dieithr a droes i'w felin ei hun yn y cyd-destun hwn yn groes i'r Gair o gwbl. Bid a fo am hynny. Ond y mae hanfodion syniadaeth astrus Böhme i'w cael ym meddwl Morgan Llwyd, eithr adleisiau ydynt a'r rheini wedi'u crynhoi yn chwyrn fel bod angen croesgyfeirio at ddysgeidiaeth Böhme o bryd i'w gilydd er mwyn dangos beth yw eu cyd-destun ym meddwl yr Almaenwr. Drwy wneuthur hynny gobeithir hefyd oleuo peth ar feddwl y Cymro. Ymhlith syniadau eraill gellid honni mai'r prif syniad metaffisegol canolog a godasai Llwyd o gyfundrefn ddyrys Böhme oedd hwnnw am y cyferbyniad Bemenaidd rhwng Tân/Tywyllwch a Goleuni sydd yn gyfrodedd yn Nuw, a'r Cread a'r creadwriaethau hwythau maes o law, gan gynnwys Adda (dyn) wrth gwrs. Gwnaeth y Cymro yn fawr o'r cyferbyniad hwn wrth drafod dyn a'r Cwymp yn fwyaf arbennig ac i raddau hefyd wrth sôn am iachawdwriaeth. Yn wir, o'r braidd na ellir dweud yn ddiymwad mai'r cyferbyniad cyffrous hwn yw *raison d'être* meddwl *ac* arddull Morgan Llwyd.

Priodoleddau Duw

Yn ei 'Anerchiad i Saint Caer' yn 1651 (III 47–52, yn arbennig 51) y mae Morgan Llwyd yn eu hannog i ddarllen llyfr gan y Piwritan mawr John Preston, sef ei *Life Eternal or A Treatise of the Knowledge of the Divine Essences and Attributes* (1631). Y mae'n amlwg fod Llwyd wedi darllen y gwaith hwn ac yr oedd yn ffynhonnell bwysig i'w syniadau ef am Dduw ac y mae ei ddyled yn amlwg i'r llyfr Calfinaidd hwn.

Ni cheisiodd Llwyd gribinio o'r Ysgrythur briodoleddau Duw a'u cyfundrefnu'n wyddonol; eto i gyd fe'i ceir yn cyffwrdd â phrif briodoleddau Duw. Dilynai'r Beibl wrth ddysgu fod Duw yn Fod ysbrydol uwchfodol dirgel a ymddatguddiai yn Fod personol yn ei ymwneud â dyn. Syniai amdano fel Bod perffaith, tragwyddol na chyfyngid arno mewn unrhyw fodd gan amser a gofod y greadigaeth. Brenin tragwyddol, rhydd a digyfnewid yn ei sancteiddrwydd yw Duw. Ef yw dechrau a diwedd pob bodolaeth a gweithia bopeth yn ôl fel y datguddiodd ei fwriadau o dragwyddoldeb yn ei Air a'i Fab. Y mae'r Cread yn llwyr ddibynnu ar ewyllys greadigol rydd Duw am ei hegwyddor gynhaliol, canys

> Ni all fôd ond vn anfesurol, A hwnnw am i fôd ef yn berffaith, rhaid iddo fôd ymhôb man ar vnwaith, ac yn llefaru wrth bawb yn wastad, yn clywed, ac yn cynnal pôb peth ar vnwaith, nid rhan o hono sydd ymma, a rhan accw, canys nid oes mor rhannau ynddo. Ond mae fe i gyd, ac yn gwbl, ac yn hollawl ymhôb man ar vnwaith.[1]

Yn wir, yr oedd yn syniad sylfaenol gan Llwyd fod annibyniaeth dragwyddol uwchfodol a digyfnewid Duw yn gwbl rydd fel na allai dyn ei amodi o gwbl. Duw, ac nid dyn, sydd yn holl-wybodol:

> Cyn gwneuthur y bŷd nid oedd ond Duw yn ymddangos iddo ei hunan, ac wedi difa'r bŷd ymma ni ryfeddir nêb ond Duw.[2]

> Duw, yr hwn yw y cyntaf a'r diwethaf, sef yr holl yn oll.[3]

> HWN ydŷw'r DUW rhŷfeddol nad oes iddo na Thrîg-Lê, na Threig-Lê; na Gwaelod na Gwreiddyn ond ynddo ei hun. Ac er bòd pob Pêth yn eiddo iddo, nid yw yn prisio am fwynhaû dim ond ei hunan; yn ymgenhedlû erjòed ynddo ei hun yn anrhaethawl, (nid cyfreithlon myned ym mhêll,) nid yw Efe debŷg i ddim; nid oês dim a ellir ei gyffelŷbu iddo, hêb ei law ei hunan yn ei Fâb, a'i Ysbrŷd; ac ni all nêb ei adnabod ond yn ei Oleu e, hunan, ná nêb fŷw bŷth hêb ei adnabod Ef.[4]

Dysg fod Duw uwchlaw cyfyngiadau amser a lle, yn bod

---

[1] I 226.
[2] I 231.
[3] Ibid.
[4] II 140.

mewn cyflwr anghyfnewidiol perffaith heb na gorffennol na dyfodol iddo ychwaith, rhagor na'r presennol arswydus dirgel. Er bod Llwyd yn dysgu wedyn fod Duw yn fewnfodol yn y Cread ac mewn dyn, nid yw'n euog o ddysgu pantheistiaeth canys

> Mae Duw yn llenwi pob peth heb ymgymyscu a dim.[5]

> nid yw Efe mewn un Lle yr Awr hon lle nid oedd Ef o'r blaen erjoed yn llenwi'r Lle; y mae'r Bŷd ymma ynddo, cŷn gwneuthur o hono y Bŷd. Nid oes na Llë nac Amser ynddo Ef, na chŷd ag Ef, fel y mae gŷd a Dŷn ac Angel, a phôb Creadur.[6]

> beyond the compass of the Creation of God, there is that which is uncreated; for the creature is not eternity, and in eternity there is no place, neither time nor change.[7]

Trwy lygad ffydd y mae gweld a chydnabod y Duw hwn, ac felly

> rhaid i ni ddŷall trwy Ffŷdd fòd y gwîr DDUW yn ûn, yn anfarwol, yn anfesurol, yn anfeidrol yn ei holl Ffŷrdd, ac yn anchwiljadwy yn y Nefoedd a'r Ddaiar. Hwn yn unig yw'r DUW, sydd DDUW; neu sŷdd Ben wrth Naturjaeth, (er nad yw hòll Gwrs Natur-jaeth iddo Ef ond yr Awŷr trwy yr hon y mae'r Haul ymma yn disgleirjo.) Hwn yw Gwreiddŷn pób dim ar sŷdd a Bod ganddo. Hwn yw Dechrau a Dïwedd yr hóll Fŷd gweledig, a'r hóll Greawdurjaeth anweledig; sef y Thrónau, a'r hôll Feinciau angelaidd.[8]

Y mae natur Duw yn natur hollbresennol a hollwybodol a rhagwelai ei ddoethineb gwrs hanes o'i ddechrau i'w ddiwedd megis ar gledr llaw neu ewin bawd:

> NID yw Efe ddim hênach yr Awr hon, nac oedd Efe er ys pum Mîl o Flynŷddoedd; ac yn ei Gyfrifon Ef, nid oes Rhagorjaeth rhwng Mîl o Flynyddoedd nac ún Dŷdd. Y mae Ef yn meddwl am bôb Pêth ar unwaith ac nid am y naill Bêth ar ôl y llâll, fel yr ydym ni yn y Bŷd ymma yn y Natur fŷdol; nac yn cerdded o'r naill Fan i'r llàll, fel nyni; ond yn llenwi pôb man ar unwaith.[9]

---

5   I 143.
6   II 140.
7   I 277.
8   II 138.
9   II 140–1.

Oherwydd ei hollwybodaeth y mae Duw, yn union fel yr haul,

yn gweled y cwbl ar vnwaith.

Ond pa fôdd y gall vn ganfod y cwbl ar vnwaith?

Di weli fôd yr haul yn edrych ar yr holl wlâd ac ar bôb peth ynddi ar vnwaith, mwy o lawer y cenfydd yr hwn a wnaeth yr haul heb yr haul. Oni chlyw yr hwn a wnaeth y glûst (heb glûst?) Ac oni wêl yr hwn a luniodd y llygad heb ganwyll y llygad cnawdol? Ped fai dŷn yn canfod fôd y Barnwr mawr yn gweled ei holl feddyliau ai drofeŷdd ai lwybrau oddifewn ac oddifaes, ni pheche efe byth.[10]

Yn ei nodweddion dirgelaf ac anweledig saif Duw uwchlaw amgyffred dyfnaf dyn, ond ceid delw egwan o nodweddion anthropomorffaidd Duw yn aros mewn dyn, eithr eu bod wedi'u llychwino i'r graddau na thalai i neb weld cyfatebiaeth berffaith rhwng Duw a dyn. Dyna gariad Duw, er enghraifft, a'i faddeuant a'i amynedd graslon tuag at anffyddlondeb dyn a'i wrthryfel. Oherwydd ei sofraniaeth ddirgel a gofynion diamod yr ewyllys ddwyfol bydd Duw yn cyflawni ei gynlluniau ar gyfer dyn ac yn gweithredu yn ôl gofynion ei Gyfiawnder perffaith, ac yn ei ogoneddu Ef ei Hun. Yr oedd Adda ar y cyntaf yn rhydd i ogoneddu Duw ond syrthiodd i gaethiwed pechod, ac oddi ar hynny, caethiwyd llinach Adda syrthiedig yng nghadwyn anufudd-dod.[11] Wedi'r anllywodraeth wreiddiol, dim ond Duw a allai ddewis dyfod â dyn yn ôl i gymundeb ag Ef, a gwnâi hynny drwy berson a gwaith Iesu Grist. Bydd yn cosbi pechod ac yn gwaredu rhagddo am ei fod Ef yn berffaith ac yn bur, yn sanctaidd ac yn gwbl gyfiawn. Gofyn Llwyd:

a oes dim drwg yn dyfod oddiwrth y rheolwr cyntaf . . .?

Nag oes. Nid oes . . . ond cariad a goleuni ynddo. Er bôd digter ac arglwyddiaeth gydag ef pa le bynnag y mae. Ac y mae ef ymmhôb man yn llenwi'r nefoedd a'r ddayar. Gochel feddwl fôd dim drwg ynddo, er i fôd efe yn hîr yn cyd-ddwyn ar drygioni sydd yn y bŷd.[12]

Pwysleisia Llwyd fewnfodaeth drosgynnol Duw. Nid Dëist mohono yn synio am Dduw fel peiriannydd dwyfol yn cynllunio

---

[10] I 233–4; cf. 232–3.
[11] I 224.
[12] I 199; cf. II 103.

ac yn creu peiriant y Cread gan ei fyseddu'n gain a sefydlu'r deddfau naturiol a weindio'r cyfan fel cloc cosmig a'i adael i redeg ar rym cynhaliol y peiriant ond gan fentro ymyrryd yn achlysurol i newid ambell sgriw er mwyn perffeithio'r ddyfais cyn esgyn eilwaith yn ôl i'r ffatri ddwyfol ddirgel. I'r gwrthwyneb, ceir Morgan Llwyd yn pwysleisio trosgynnaeth fewnfodol y Calfiniaid wrth ddysgu fod Duw yn rym cynhaliol yn y Cread:

> Ni wnaeth Duw mor byd o hir bell
> Fel rhyw sàer yn gwneuthur pabell,
> Ond o hono, mae'r Byd drwyddo,
> Ag yn vnig sefyll ynddo.

> Calon byd, yw Duw ei Hunan,
> Ag oi ewyllys i daeth allan . . .[13]

Yn wir, y mae Duw 'yn cynnal i fynu y ddaiar ai holl gyrrau ar ei air ei hunan, ac heb chwysu na dyffygio'.[14] Er ei fod yn fewnfodol fel hyn y mae Duw yn bodoli ar wahân i'r Cread:

> er bod DUW trwy bob dim y mae Efe yn guddjedig, ac yn canfod pob pêth, hêb nêb yn ei ganfod Ef; nid yw Efe ddim ar a ellir ei weled.[15]

> DYMMA ûn sŷdd uwchlaw pôb Pêth, ac is-law pawb, yn Flaenor a'r bawb, ac yn Olŷgwr ar bôb Pêth; yn cynnal pôb Pêth, ac yn ymrŷson a'r hôll Fŷd ar unwaith; yn gweled pôb Pêth yn newid ei Liw o'i flaen Ef, ac hêb Newidjad ynddo, nac un Lliw arno Ef ei hun?[16]

Fel y Calfiniaid clasurol pwysleisia Llwyd fod gagendor arswydus ac amhontiadwy, ar un olwg, rhwng Duw a'r Cread a Duw a dyn,[17] ond ar y llaw arall nid yw'n anwybyddu'r gred fod nerth Duw yn cynnal y cyfan yn fewnfodol drwy ei ras. Fel Calfin, dywed Llwyd fod goleuni mewnfodol Duw (neu ei ras cyffredin) mewn Natur ac yng nghydwybod dyn,[18] a'i fod yn hysbysu Duw i bawb yn ddiwahân ac yn gwneuthur pawb yn

---

[13]   II 103.
[14]   I 228.
[15]   II 139.
[16]   II 141.
[17]   I 307.
[18]   R. M. Jones, *Cyfriniaeth Gymraeg* (Caerdydd, 1994), 54–9.

ddiesgus oni wrandawant ar lais Duw yn llefaru yn y gyd-
wybod.[19] Fel y dywed Llwyd:

> Ac er nâd Duw yw naturiaeth, ac er na ellir i adnabod drwy
> Philosophyddiaeth, etto ni wnaeth ef mor bŷd ymma yn ofer ond fe ai
> gosododd fel drŷch i weled ei gyscod ef ynddo.[20]

Y mae goleuni Natur felly yn ddatguddiad anghyflawn o Dduw a
dengys cymal olaf y paragraff blaenorol fel yr oedd Llwyd yn
gwybod yn iawn am Neo-Blatoniaeth Caer-grawnt o bosibl. Ond
ar yr un gwynt, dywed am Dduw:

> Canys nid Efe yw Enaid y Bŷd hwn, (fel y dywed y PHILOSO-
> PHYDDJON,) Ysbryd y Greawdurjaeth yw Bywyd Naturjaeth, ond DUW
> yw Ffynnon y Bywŷd hwnnw.[21]

Nid oedd felly yn uniaethu Duw â'r Cread fel y gwnâi'r
Platonydd a'r pantheist. Yr oedd Llwyd yn llawdrwm ar y
Rantwyr, a oedd yn euog o'r heresi olaf hon, mewn llythyr at
Richard Baxter yn 1656.[22] Diogelai fewnfodaeth drosgynnol
Duw, fel y Calfiniaid, a rhybuddiodd rhag uniaethu Duw â'r
Cread a dyrchafu'r goleuni naturiol mewn dyn yn oleuni
achubol cyffredinol a di-Groes. Serch hynny, yr oedd yn ddyl-
edus i Jakob Böhme am rai syniadau anuniongred am Dduw a
dyn, a thrown at yr agwedd fwy polemaidd ar feddwl Morgan
Llwyd yn awr parthed ei ddealltwriaeth o natur Femenaidd y
Duwdod.

Y Dim (Nichts)

Barnai E. Lewis Evans mai 'gwaelod a chefndir ei [Morgan
Llwyd] holl adeiladwaith meddyliol ydyw'r peth a eilw ef 'Y
Dim'.[23] A dyma fel y mae Llwyd yn sôn am y Duwdod yn *Gwaedd
ynghymru yn wyneb pob cydwybod*:

---

[19]   II 215; cf. II 146, 166–7.
[20]   I 261.
[21]   II 140.
[22]   II 274.
[23]   E. Lewis Evans, 'Cyfundrefn feddyliol Morgan Llwyd', *Efrydiau Athronyddol*, V
(1942), 36.

Canys nid *Dim* ar a welir yw Duw, ar hwn nid yw *Ddim*, ar a welir, yw'r hwn sydd *oll yn oll.* Ond nid oes dim mewn dyn a all ddeall hyn, oblegid y gwagder sydd yn cynnwys sylwedd, ar sylwedd yn llenwi y gwagle. Mae Duw yn llenwi pob peth heb ymgymyscu a dim, Ag ni chaiff meddwl dyn byth lonydd, nes myned allan or cymysg, ir hwn sydd oll yn y distawrwydd pur anherfynol tragwyddol.[24]

Iachawdwriaeth yn ôl Llwyd oedd y broses ysbrydol fewnol o fynd 'allan o'r cymysg' a mynd i mewn i undeb cyfriniol â Duw. Trafodir y wedd hon ar ei feddwl yn y bumed bennod. Ond i ddychwelyd at y 'Dim'. *Dim* (*Nichts* Böhme) oedd un o'r termau a ddefnyddid gan yr Almaenwr pan soniai am y Duwdod dirgel *cyn* iddo'i fynegi ei hun mewn gweithred o greu. Enw arall a ddefnyddiai amdano oedd *Ungrund.* Y mae llawer o wirionedd yn yr honiad mai syniad Böhme am y *Dim* yw sail meddwl Morgan Llwyd. Ar y llaw arall rhaid bod yn wyliadwrus rhag gwaddoli Llwyd â chyfundrefn Femenaidd drwyadl a chyflawn dwf. Y mae'n ddiau fod cyfeirio achlysurol at Dduw fel y *Dim* a rag-flaenai pob datguddiad ohono hwnt ac yma yng ngweithiau Llwyd, ond rhybuddiwyd ni gan Hugh Bevan rhag gweld cyf-atebiaeth gwbl hanfodol rhwng *Dim* Morgan Llwyd a *Nichts* neu *Ungrund* Jakob Böhme, ac meddai:

> bychan iawn yw'r lle a rydd [Morgan Llwyd] iddo yn ei ryddiaith, ac un gwahaniaeth mawr rhyngddo a Jacob Boehme, er cymaint ei ddyled i'r gŵr hwnnw yw na chais chwilio'r 'Dirgelwch Mawr' a ragflaenasai pob datguddiad, ac nad yw Duw fel Bod hunan-gynhwysol o gymaint diddordeb iddo ag ydoedd i'w athro . . .[25]

Y mae olion diymwad darllen gweithiau'r Almaenwr ym meddwl Morgan Llwyd, ond prin y darfu iddo ymchwilio i hanfodion hermetaidd Duwdod Böhme; yn wir, rhybuddiwyd ni drachefn gan Hugh Bevan rhag gwneuthur theosoffi Böhme yn unig fan cychwyn ac yn unig esboniad digonol ar feddwl Llwyd:

> Yn wir y mae perygl gorfeichio llyfrau Morgan Llwyd ag esboniadau Bemenaidd, a llanw bylchau yn athrawiaeth Morgan Llwyd â syniadau

24 I 143.
25 Hugh Bevan, *Morgan Llwyd y Llenor* (Caerdydd, 1954), 83–4.

Boehme pan nad yw'r bylchau hynny yn y pen draw yn ddim byd ond arwyddion o ddiffyg diddordeb ar ran y llenor Cymraeg, ac yntau'n synhwyro bod llawer iawn o fetaffiseg yr Almaenwr yn amherthnasol i'n hanghenion.[26]

O'r braidd mai defnydd ffigurol, gan amlaf, o'r *Dim* sydd gan Llwyd, ac eithrio'r dyfyniad uchod o *Gwaedd ynghymru*. Gwyddai'n burion am ffynnon Feiblaidd ei ddefnydd ef o'r ffigur (cf. Gal. 2:6; 6:3). Cychwynnodd ar dract ar y *Dim* a'r *Rhywbeth* (*Ding* Böhme) yn *Dim iw Henw y Llyfr*[27] a gresyn nas gorffennodd. Ond nid yw'n dyfalu ynghylch *Ungrund* Böhme. Y 'dim' y daw dyn iddo wrth gael ei ddihunanu gan yr Ysbryd yw prif faes diddordeb Llwyd (gw. pennod 5). Ni welir mohono yn ymchwilio i hanfodau cudd hermetaidd Duwdod Böhme. Dyletswydd dyn i ymwacáu pan ddeffroir ef gan yr Ysbryd a thrwyddo ddyfod yn 'ddim' i'w gyflwr pechadurus oedd byrdwn ei neges am iachawdwriaeth. Gwelai fod cytundeb rhyngddo a Böhme parthed y pwnc hwn. A gallai gytuno yn frwd ag ef pan haerai hwnnw:

Pan elych di yn gwbl allan or creadur, drwy ddyfod i fod yn ddim, ir hyn oll sydd natur neu greadur, yna yr wyti yn yr vn tragwyddol hwnnw, yr hwn iw Duw ei hunan.[28]

Y suddo hwn i'r ffynnon fewnol, sef gwreiddyn golau dyn yn y *Dim* mawr tragwyddol a enynnodd chwilfrydedd y Cymro, a dywed:

nad oes neb yn adnabod y Gwir DDuw ond y peth sydd Ddim drwy'r Ailenedigaeth, a bod pob dyn ar y sydd yn ymbalfalu am dano yn y Rhywbeth (fel y gwna'r dall am y mûr ganol dydd)[29] yn dyfod yn fyrr o orphwysdra y gwir DDuw hollalluog Bendigedig yn dragwyddol.[30]

Heb yr ailenedigaeth y mae dyn yn gaeth i 'Rhywbeth' (*Ding*), eithr pan deyrnasai'r Ysbryd yn ei enaid y mae ei leferydd Ef fel llyfr y *Dim*, llyfr Duw oddi fewn:

---

[26]   Ibid., 84.
[27]   III 31–2.
[28]   II 58.
[29]   Cf. I 117.
[30]   III 28.

Mae'r llyfr yma yn llai nag un llyfr arall, a dim = oll y gelwir ef, ond mae
ynddo pob peth. Ni ddichon y RHYWBETH sydd ymmeddwl Dyn moi
ddarllain. Canys i hwnnw Diddim yw.[31]

O droi at Job 6:18: 'Llwybrau eu ffordd hwy a giliant: hwy a ânt
yn ddiddim, ac a gollir', gwelir bod Llwyd yn chwarae â'r gair
'diddim' hefyd (cf. Amos 5:5; 6:13).

Cawsai Morgan Llwyd yn ddiau ei lygatynnu gan fetaffiseg
Böhme, ond syniadau'r olaf am ailenedigaeth a hunanymwadiad
ynghyd â'i brofiad ysbrydol cyfriniol diffuant a'i gynghor-
ion ynghylch ymwacâd ac anogaeth daer ar i'w ddarllenwyr
ddyfnhau duwioldeb a droes Llwyd yn bennaf i'w felin ei hun.
Symbol am Dduw trosgynnol cyn pob datguddiad ohono yw
Dim Morgan Llwyd. Ac megis y dywed Hugh Bevan drachefn
amdano:

> nid uned mewn cyfundrefn feddyliol yw'r syniad o'r Dim eithr agwedd ar
> brofiad: . . . o undeb y cyfranogir ohono . . . gan feidrolyn a'i gwnelo ei
> hun yn ddim. Pa mor bwysig bynnag yw 'the Eternal Nothing' yng
> nghyfundrefn feddyliol Jacob Boehme, nid oes iddo le yn llyfrau Morgan
> Llwyd ond fel ymestyniad ar brofiad dyn. Y Dim iddo ef yw'r cyflawnder
> yr ymgysylltta dyn ag ef pan elo'n ddim ynddo'i hunan.[32]

Gan ein bod wedi cyfeirio uchod at hanfodau hermetaidd
system feddyliol Böhme o ran ei syniad am yr *Ungrund*, purion
peth inni chwilio'r rheini wrth fynd heibio er mwyn gweld nad
ailbobodd Llwyd ymchwil ddyfaliadol noeth yr Almaenwr i
hanfod y Duwdod dirgel.

Yr Ungrund

Sylfaen cyfundrefn ddyrys-ar-y-naw Jakob Böhme ydyw'r peth a
eilw ef yn *Ungrund*, neu *Nichts*, sef y Duwdod dirgel.[33] Y Duwdod
hwn hefyd yw sail meddwl Morgan Llwyd serch nad yw'n
ymchwilio i'w hanfodion hermetaidd fel y gwna'r Almaenwr.

[31]　III 27.
[32]　Hugh Bevan, *Morgan Llwyd y Llenor*, 86.
[33]　Cf. R. M. Jones, *Spiritual Reformers in the Sixteenth and Seventeenth Centuries* (London,
1914), pennod X; A xxiii, 17–23; ThLM iv, 4; EJB vi, 64–5; ThPDE iii.

Dyma'r undod mawr digyfnewid neu'r llonyddwch anwrthrychol tragwyddol sydd a'i hanfod ynddo'i hun. Dyma'r *Mysterium Magnum*, y 'Mawr Ddirgelwch', neu'r *Ungrund*; y llonyddwch anfeidrol anchwiliadwy ac annirnad y gorwedd yn guddiedig ynddo holl gwmpas amrywiaeth diderfyn y Cread, a hynny mewn cyflwr o botensial cudd yn unig. Ni allai unrhyw beth ysgogi dim i'r amlwg oddieithr y goddrych aruthrol hwn gan y dibynnai popeth gwrthrychol iddo yn llwyr arno ef am ei darddiad.

Dyma'r modd y mae Hans Grunsky yn crynhoi y syniad Bemenaidd am y *Dim*:

> Der ungrund ist das, was nirgends einem Grund hat, was sich auf nichts und in nichts gründet. Also ein Unendliches; denn aller Endliche hängt voneinander ab. Daher ein Tranzendentes, das über alle angebbaren Dinge hinausliegt, mit einem von ihnen verglichen werden kann und darum relativ zur Kreatur ein Nichts genannt werden muss.[34]

> (Y diwaelod yw hwnnw sydd heb waelod yn unlle, sydd ei hun wedi'i seilio mewn dim ac ar ddim. Felly peth diddiwedd [ydyw], canys y mae popeth sydd â diwedd iddo yn dibynnu ar ei gilydd. Felly y mae'n drosgynnol, [ac] yn gorwedd y tu allan i bob peth cynhwynol y gellir ei gymharu ag un ohonynt, ac felly rhaid ei alw [y trosgynnol] yn Ddim o'i gymharu â'r creadur.)

Yn yr *Ungrund* hwn gorweddai ewyllys dragwyddol.[35] Ni allai hon chwennych dim gwrthrychol iddi gan nad oedd yn bod eto ddim gwrthrychol iddi, sef y Cread. Ond rhaid oedd iddi serch hynny wrth dddatguddiad creedig ohoni'i hun er mwyn i'r Duwdod dirgel gael ei fynegi'i hun mewn gweithred o greu.[36] Wele'r ewyllys felly yn ffurfio Drych (Morwyn Ddihalog, neu'r Forwyn Sophia) yn nhragwyddoldeb i'w galluogi i syllu'n foddhaus ar *adlewyrchiad* mewnblyg o'r *Ungrund* dirgel ac ymddifyrru'n chwantus yn nyfnderoedd diwaelod ei hanfodau ef.[37] Delwedd o'r hyn a allai fod yw'r adlewyrchiad yn y Drych.[38] Ceir Morgan Llwyd mewn un man yn cyfeirio at y Creu fel adlewyrchiad llawn 'yn nrych preswyliwr tragwyddoldeb',[39] a dyna'r cyfan sydd

---

[34] Hans Grunsky, *Jacob Boehme* (Stuttgart, 1956), 72–3.
[35] MM xxix; FQS i, 13; FTDR Table I.
[36] DSR ix, 1; ThPDE i, 3; iv, 3.
[37] ThPDE xxii, 21–31; FQS i, 22–3; 30.
[38] SThP i, 8.
[39] I 305.

ganddo i'w ddweud am y Forwyn Sophia. Tawel ydyw parthed syniad Böhme am y Drych fel Morwyn y ganed ohoni'r Logos a gymerodd arno wisg sylweddol y greadigaeth maes o law.[40] Ond y mae'n amlwg ei fod wedi myfyrio llyfrau Böhme yn drwyadl ac wedi amsugno llawer o'i syniadau yr un mor drwyadl. Er hynny, dysgai Llwyd nad *o'r* Gair ond yn hytrach mai *drwy'r* Gair y crëwyd y cosmos.[41]

Troes y diléit a gâi'r ewyllys wrth syllu yn y Drych yn fuan yn awydd angerddol anniwall am gael mynegi'r posibiliadau a oedd ynghudd yn yr *Ungrund* mewn gweithred sylweddol.[42] Hunanfynegiant cosmig a fwriadai ewyllys yr *Ungrund* felly.[43] Ffurf drindodaidd a oedd i'r ddelw ddwyfol a adlewyrchid yn y Drych, sef egwyddorion olynol y Tad, y Mab a'r Ysbryd, a hwy yw cyfrwng hunanfynegiant ewyllys oddrychol y *Dim*. 'Duw' yw'r enw a rydd Böhme ar ewyllys *weithredol* yr *Ungrund* a chofier bod hyn yn digwydd yn nhragwyddoldeb cyn bod Creu eto.

Y Drindod yn Nuw

Y Tad, yn ôl Böhme, yw ewyllys yr *Ungrund* wedi dyfod ohoni'n *weithredol*, a'r Mab yw'r ewyllys gyferbyniol anhunanol a ddeillia ohono drwy gyfrwng y Drych, neu'r Forwyn Sophia. Yr Ysbryd Glân yw'r berthynas ymostyngol sy'n bodoli rhwng y Tad a'r Mab yn awr yn nhragwyddoldeb. Ar yr wyneb ymddengys fod trindod Böhme yn adleisio dogma'r Eglwys ond, yn wir, cwbl hermetaidd ydyw yn ei hanfod. Dywed mai egwyddor Tân yw'r Tad, tra bo'r Mab yn egwyddor Olau y cariad a oedd rhyngddynt, ac yna'r Ysbryd yn egwyddor y Gynghanedd Nefol a ddeillia o'u perthynas â'i gilydd. Gwaelod holl feddwl dyfaliadol yr Almaenwr parthed y pen hwn o'i gyfundrefn yw syniad y Paracelsiaid am gyferbyniad.[44]

Yn y Drindod felly ceir cyferbyniad cudd rhwng dwy egwyddor wrthgyferbyniol, sef Tân a Goleuni. Egwyddor dywyll hunanddinistriol yw'r Tân sy'n mudlosgi'n beryglus megis

---

[40] ThPDE xv, 5.
[41] II 156.
[42] ThPDE i, 3; iv, 31.
[43] DEG 9.
[44] William Hobley, *Athrawiaeth Cyferbyniad* (Caernarfon, 1925).

haearn tawdd ar fin ffrwydro'n ffwrnais ddifäol (Böhme). A dyna a wnâi oni bai am fflam gariadus gynnes Goleuni'r Mab, yr ail egwyddor yn Nuw. Rhaid oedd cadw'r ddysgl yn wastad rhyngddynt neu eu cael i gydymdreiddio'n heddychlon â'i gilydd, a'r drydedd egwyddor yn Nuw, sef cynghanedd felys yr Ysbryd Glân, yw cyfrwng soniarus y cymodi cariadus rhwng y Tân/Tywyllwch a'r Goleuni.⁴⁵

Y mae gan Llwyd fwy i'w ddweud am y Drindod yn Nuw, ac yn *Gair o'r Gair* ceir ef yn crynhoi dysgeidiaeth Böhme am y Drindod fel hyn:

> Y Tâd a ewyllŷsiodd, y Mâb a escorwŷd ym Magwrjeath Dragwŷddol yr Ysbrŷd Glân; un yn dri, a thri yn un ym mhob Mann yn anweledig, yn unig fendigedig Wreiddyn pob Daioni, a Gelyn pob Drygioni a Thywyllwch . . . Allan o'r Mâb Digofaint yn llosci yw'r Tâd: Canys y Natur danllŷd a ysgog yn gyntaf mewn Trefn (ond nid mewn Amser, am mai cyn bod Amser yr oedd hyn) ac yno mae'r Mâb yn ymatteb ac yn bodloni'r Tâd.⁴⁶

Defnyddia dermau Böhme am y Drindod yn yr un llyfr eto, er ei fod yn gwneud hynny dan gochl tri pherson y Drindod Gristnogol:

> Y DUW bendigedig ymma, fel y mae Ef yn dri yn ûu [*sic*] (fel Ewyllŷs, Carjad, a Nerth yn ûn Meddwl) felly y mae Efe yn ymfodloni erjoed ynddo ei hunan, hêb arno eisiau dim, ond yn rhoi pób Pêth i'w ei Greadur, ac yn cynnig ei hunan trwy bôb Pêth i ni druainjaid. Y mae'r Tad erjoed yn cenhedlû'r Mâb, a'r Mâb yw Digrifwch a Charjad y Tàd, a'r Ysbrŷd glàn yw'r Nerth, a'r Bywŷd tragwŷddol.⁴⁷

Y mae'n amlwg fod Llwyd yn ystyried fod y tri pherson yn gymaint hanfod o Dduw â'i gilydd, ond fe'u gesyd yn nhrefn eu datguddio gyda'r Tad yn flaenaf, y Mab yn ail a'r Ysbryd yn olaf. Tri mewn undod ydynt:

> Y mae'r Tâd wedi ymroddi erjoed i'w Fâb, a'r Mâb erjoed iddo yntef; a'r Ysbrŷd glân yn ymroddi i'r Tâd, a'r Mâb; a'r Tàd yn y Mâb yn ymroddi iddo yntef. Y mae pob ûn o'r tri yn Wreiddŷn i'w gilŷdd, ac er hynnŷ nid

---

⁴⁵ C, 2–3; cf. 9.
⁴⁶ II 160–1.
⁴⁷ II 138.

yw'r tri ond ûn Gwreiddyn ynghŷd i bôb Creadur, ac yn ymroi i bôb Pêth ynol ei Rŷw, i gadw Bywŷd yn y Creadurjaid oll.[48]

Credai Llwyd fod y tri yn gweithredu mewn undod, a pha le bynnag y bo un ohonynt, yno hefyd y byddai'r ddau arall:

> Y mae'r Tri ymma ym mhob Man bob Amser, gyda phôb Pêth ar unwaith, oni b'ai hynny ni safai dim: Canys y Lle y mae'r Tâd, yno hefŷd y mae'r Mâb a'r Ysbryd Glân; o blegid ni all y naill fôd hêb y llall mewn ûn Lle. Y naill yw Perffeithrwŷdd y llall, a'r Cwbl yn ún: Am hynnŷ ofer yw i ni feddwl fod y Tâd yn llenwi'r Bŷd, ond nid y Mâb a'r Ysbryd. Hyn fyddai ceisio rhannu a dattod y Cŵlwm bythol, fel y mae Meddwl llawer Dŷn trwy Anwŷbodaeth yn gwneuthur.[49]

Dysgai fod y Mab wedi'i genhedlu gan y Tad ond 'Nid oedd dim yn ei wneuthur ef, [y Tad] ond hwn a'i gwnaeth ac a'i *Cenhedlóedd* ei Hunan o'r naill Dragwŷddoldeb i'r llall.'[50]

Gan fod Llwyd yn defnyddio termau Bemenaidd amlwg megis 'Ewyllys, Cariad a Nerth' am y Drindod, ynghyd â delwedd y 'gwreiddyn' am berthynas y tri â'i gilydd ac fel ffynhonnell dragwyddol i bopeth creedig, rhaid derbyn ei fod yn adleisio metaffiseg Böhme, er ei fod yn ceisio cysylltu'r syniad sydd ganddo â'r syniad uniongred am Dad, Mab ac Ysbryd Glân. Ond yr oedd Llwyd wedi derbyn yr esboniad Bemenaidd am y Drindod, sef mai tair egwyddor yw un wedd arnynt, megis yr oeddynt yn sgema syniadol yr Almaenwr.[51]

Y Gair Tragwyddol

Credai Llwyd fod y Greadigaeth wedi'i chreu *drwy'r* Gair ac nid *o'r* Gair. A dysgai hefyd mai person yw'r Gair neu'r Mab neu'r ddoethineb ac iddo ddyfod yn gnawd dynol gyda'r Ymgnawdoliad ac yn ddatguddydd Duw i ddyn:

> Y GAIR ymma, mae Efe yn debig i DDUW ei hun ym mhob Pêth, canys

---

48   II 139.
49   Ibid.
50   II 160.
51   DEG 8–9; cf. MM i, 16–21; 35–9; FQS 44 ff.; ThPDE iv, 19; xiv, 62.

DUW oedd y GAIR medd *Joan*: Mae fo mor dragwyddol, mor anfesurol; mor Hollalluog, mor wybodol ag ydyw DUW ei hunan, Canŷs y GAIR ymma oedd yn Ffurf DUW, (medd yr Ysbrŷd glán yn *Paul*) ag a ymostyngodd i fod yn Wâs i Ddyn.[52]

Fel Böhme, dywed mai drwy'r Gair y gweithreda Duw yn greadigol:

> ym mhob Pêth y GAIR ymma yw unig sylweddol Osodjad y Meddwl anfesurol . . .[53]

> HWN oedd y GAIR yn ffynhonni ym Mor Tragwŷddoldeb: *DUW* oedd y Gwaelod, ond y GAIR ymma oedd y Ffynnon. Ac er bod hwn ŷmma yn anweledig i'r Corph, nid yw ef mor ddirgel a DUW, Canŷs Ysbysrwŷdd o DDUW yw Hwn, yr hwn a symudoddd y Caûad oddiar y Dyfnder tragwyddol. Canŷs hêb hwn, ni buaseu un Creadur i foli DUW; nag un DUW ar a alleu Creadur ei ganfod.[54]

Credai Llwyd, fel Böhme, mai'r Gair yw'r cyfrwng y mynega Duw ei Hun drwyddo mewn gweithred greadigol, a bod y Gair wedi symud y caead oddi ar y dyfnder tragwyddol, sef yr *Ungrund*. Ond ar yr un gwynt gall gyfeirio at dystiolaeth yr Ysgrythur, peth a oedd yn gwbl nodweddiadol ohono:

> Bêth a ddywaid yr Yscrythûr? yn y Dechreuad yr oedd y GAIR. A DUW a ddywedodd, Bydded Goleuni. Ac wrth wneuthur pob Pêth, yr oedd ei Ddoethineb gydag ef yn gosod yr holl Greadwriaeth mewn Trefn, Medd *Salomon*. A'r Ddoethineb ymma yw'r GAIR tragwŷddol.[55]

Yn wahanol i Böhme a'r Crynwyr ni ddysgai Morgan Llwyd iachawdwriaeth gyffredinol drwy oleuni mewnol y Gair hwn (gw. pennod 5). Serch hynny, pwysleisiai Llwyd fod goleuni creadigol y Gair yn gyfrodedd mewn Natur ac mewn dyn, a'i fod yn hysbysu bodolaeth Duw i ddyn; nid yw'n oleuni achubol ond y mae'n dyst i Dduw yn y gydwybod ac yn fan cyfarfod gras achubol.[56] Yn wir, y mae'n arwain dyn at Dduw, ac yn ei gynnal, ac yn ei dywys i adnabod yr hunan ac i weld fod arno angen cael

---

[52] II 145.
[53] II 190.
[54] II 146.
[55] Ibid.
[56] I 224; cf. II 215.

ei achub. Y mae'n oleuni sy'n argyhoeddi dyn ei fod yn ôl am ogoniant Duw a'i fod angen gras achubol. Er mai Duw yw awdur llwyr achubiaeth dyn y mae goleuni cyffredinol y Gair, yn achos y rheini sydd heb glywed am y datguddiad Beiblaidd, yn eu hargyhoeddi eu bod angen Duw ac felly yn eu paratoi yn fewnol gogyfer â gwaith achubol gras. Dywed Llwyd, gyda Paul, am y cenedl-ddynion hyn:

> Ei Sain [h.y. y Gair] a aeth allan trwy'r hôll Fŷd, ac mae yn llefaru ym mhob Creadur dan y Nef: (Rhuf. 10:18) Am hynnŷ mae y rhai sŷdd hêb y Gyfraith Lythrennol (Rhuf. 2:12) yn gwneuthur trwy'r Gyfraith naturjol yn ol Llythyren Moesen, medd *Paul*.[57]

Yn y gydwybod y ceir y gyfraith naturiol sy'n cyd-daro â chyfraith Moses. Dengys i ddyn y gwahaniaeth moesol rhwng da a drwg ac y mae'n cyhuddo dyn pan yw'n methu yn ei ddyletswydd. Y mae'r goleuni yn y gydwybod yn dysgu dyn beth yw ei gyfrifoldeb gerbron Duw, ond dim ond yr ewyllys a drawsgyfeiriwyd gan ras achubol a allai ei gyflawni. Nid yw pechod yn dileu rhodd rasol y *sensus divinitatis* mewn dyn, yn y gydwybod, ond daw'r *sensus divinitatis* a'r *conscientia* yn fan cyfarfod gras achubol. Y mae'r ymwybod â'r dwyfol y sonia Llwyd amdano yn nhermau datguddiad cyffredinol y Gair mewn dyn yn rhan o'r ddelw ddwyfol a erys mewn dyn, ond nid yw'n cael ei ddileu yn llwyr gan bechod, er y gellid ei fygu wrth gwrs. Erys, ar waethaf pechod, i wneud dyn yn ddiesgus gerbron Duw (cf. Calfin, *Bannau* I.31; a I.iv.2, I.iv.1, I.iii.2). Y mae'r gydwybod a'r *sensus divinitatis* sydd ynddi yn perthyn i ddeall yr enaid a chyda'i goleuni gwêl ddyn ei angen am ras, eithr dirym yw dyn i allu gwneud dim yn ei gylch oni ryddheir ef gan Dduw. Ef sy'n rhyddhau ac yn *plygu'r* ewyllys at ddaioni yn ôl Llwyd (cf. I 219).

Ceir Llwyd yn adleisio Böhme yn *Where is Christ?* pan ddywed fod hanfodau cudd y Duwdod wedi'u datguddio drwy gyfrwng y Gair gan mai Ef yw 'the creator of all things, by whom all things out of the Center of the essences of the Father are brought to light and being, so that the nature of the Father standeth in great wonder'.[58] Y mae'n amlwg fod Llwyd yn adleisio syniadaeth

---

[57] II 146.
[58] I 302.

Böhme am y Gair tragwyddol ond ei fod hefyd yn ei gyfuno â syniadau sobrach yr Ysgrythur. Hwyrach mai yn y Gair y gorweddai ei ddiddordeb pennaf ac nid yn egwyddorion hermetaidd y Duwdod fel y gwelir yn awr.[59]

Natur Dragwyddol

Genedigaeth sylwedd a elwir gan Böhme yn 'Natur Dragwyddol' yw'r ail gam megis yn ei gyfundrefn syniadol.[60] Bodolai'r sylwedd anffurf hwn gyda Duw yn nhragwyddoldeb megis cysgod gwrthrychol i'r Dim. Corslyd iawn yw'r dyfalu Bemenaidd ynghylch sut y daeth y sylwedd hwn i fod. Er mai adlais yn unig sydd gan Llwyd o'r syniad hwn, rhaid bwrw golwg yn gryno iawn ar yr hyn a ddywed Böhme er mwyn gweld na ddarfu i Llwyd ei ddilyn ar ei ben i'r gors.

Rhaid deall fod ffurf y sylwedd yn cyfateb i'r tair egwyddor yn Nuw, sef Tân/Tywyllwch, Goleuni a Chynghanedd Nefol. Dyma ôl bys yr *Ungrund* megis ôl bawd dynol mewn gwêr. O newid y trosiad gellid dychmygu'r *Ungrund* fel goddrych a'r sylwedd a aned ohono fel gwrthrych yn ffurfio dau wyneb cyfochrog ar yr un geiniog yn nhragwyddoldeb.[61] Cynnwys y sylwedd hwn saith o hanfodau, medd Böhme. Y mae'r tair cyntaf a'r tair olaf yn ffurfio dwy drindod olwyngar wrthgyferbyniol; a hwy yw gwreiddiau'r Tân a'r Goleuni. Y pedwerydd hanfod yw Cynghanedd yr Ysbryd, egwyddor yr uno soniarus yn Nuw.[62] Y Tân yw gwreiddyn bodolaeth wrthrychol annibynnol y sylwedd. Dyma'r hyn a eilw Böhme yn droell naturiaeth, sef gwreiddyn bod y creadigaethau maes o law.[63] Ysbryd Duw, sef y Gynghanedd Nefol, sy'n aileni'r Tân/Tywyllwch yn y Drindod olau a gyfetyb i'r Mab, er mwyn cynnal undod bywyd yn y sylwedd.[64]

Nid oes angen edrych ymhellach na syniad Paracelsus am gyferbyniad i weld ym mhle y cawsai Böhme ei syniadau

---

[59] C 5.
[60] DEG 33–47; MM 31–4; ThLM 12–34; FQS 1–13; 37–41; C 11–31; FTDR Table I; William Hobley, 'Jacob Boehme', *Y Traethodydd* (1900), 338–45.
[61] C 9.
[62] ThPDE iv, 52, 56; DSR iii, 23, 25; E. Lewis Evans, 'Cyfundrefn feddyliol Morgan Llwyd', 36.
[63] MM iii, 15–16; ThLM x, 24; cf. Iago 3:6.
[64] SThP 13.

creiddiol am wneuthuriad y sylwedd anffurf a ddaeth yn wisg faterol am y Cread a phob creadigaeth unigol maes o law. Ceir prif gyferbyniad a nifer o isgyferbyniadau yn y sylwedd yn gwau drwy'i gilydd megis troellau, yn ôl a ddeallai Böhme. A defnyddiai dermau alcemegol am yr hanfodau hyn. Ni ddigwyddai hyn mewn nac amser na lle gan mai ar amrantiad ewyllys Duw y daeth i fod.

Yn y sylwedd anffurf y mae sail Uffern dragwyddol mewn cyflwr o botensial cudd, oblegid Tân Duw yw gwreiddyn y sylwedd a phob creadigaeth a ddaw i fod, a throsglwyddir yr egwyddor hunanddinistriol hon iddynt. Yr Ysbryd mewnfodol sy'n aileni'r Tân yn Nhrindod olau'r Mab, a bydd gogwydd ewyllys y creawdwriaethau yn penderfynu a gedwir y caead ai peidio ar yr uffern fewnol hon. Heb y Goleuni a'r Gynghanedd Nefol fewnfodol try'r Tân/Tywyllwch yn nerth hunanddinistriol drwy bopeth.[65] Ceir y tair egwyddor hyn yn y macrocosmos ac mewn dyn fel microcosmos, a gwelir yn y bennod nesaf i ba raddau y gwnaeth Llwyd ddefnydd helaeth o'r cyferbyniad cosmig hwn rhwng byd bychan a byd mawr.[66]

Yr ewyllys oddrychol yn nhragwyddoldeb yw'r *Ungrund*; yr hyn a fynegir mewn sylwedd anffurf *ex deo* yw *Ding* neu 'Rhywbeth' chwedl Llwyd, sef Natur Dragwyddol.[67] Cydfodolai'r sylwedd hwn â Duw yn nhragwyddoldeb ac ohono y crëwyd popeth gan y Gair. Y mae Llwyd yn bendant yn adleisio'r pen hwn o feta-ffiseg Böhme pan ddywed:

y naturiaeth dragwyddol yw ffynnon y naturiaeth amserol.[68]

am y defaid a'r geifr yn y goleuni ar tywyllwch, Cofia fod Gagendor fawr rhyngddynt (fel rhwng *Lazarus* a'r glŵth goludog) a honno iw y rhagoriaeth yn y naturiaeth dragwyddol.[69]

---

[65]   C 9–10; William Hobley, 'Jacob Boehme', 331–8.

[66]   Gerhard Wehr, *Jakob Böhme* (Hamburg, 1971), 97. 'Zunächst teilt der "Philosophus teutonicus" die naturphilosophischen Grundanschauungen seiner Zeit, die uns auch von Paracelsus her bekannt sind, wenn er den Menschen als einen Mikrokosmos, als eine kleine Welt ansieht. Das besagt: Der Mensch ist eingeordnet in das grosse Ganze des Kosmos, der gemäss der offiziellen Kirchenlehre aus der Hand des Schöpfers hervorgegangen ist.'

(Yn y lle cyntaf rhannai'r 'athronydd tiwtonaidd' [Böhme] yn safbwynt creiddiol athroniaeth natur ei oes, a broffesid hefyd gan Paracelsws, pan edrychai ar ddyn fel microcosmos, fel Byd Bychan. Wedi dweud hynny, y mae dyn wedi'i integreiddio yng nghyflawnder mawr y cosmos, sydd – mewn cytundeb â dysgeidiaeth swyddogol yr Eglwys – wedi dod, o ganlyniad, allan o law'r Creawdr.)

[67]   Stephen Hobhouse (ed.), *Jacob Boehme* (London, 1949), 64.

[68]   I 199.

[69]   I 256.

Y cwestiwn pwysig yw tybed a ddarfu i Llwyd yntau ddysgu, megis Böhme, fod y Cread wedi dyfod *ex deo*, ynteu a gredai mewn creu *ex nihilo*? Yn *Gair o'r Gair* dywed beth fel hyn:

> PAN wnaeth DUW y Bŷd, fe agoroddd y GAIR ymma ac a droes y tu oedd i mewn yn y Bwriad tragwyddol allan, fel y galle y Creadurjaid ganfod eu hunain yng Oleuni DUW. Nid oeddynt hwy o'r blaen, ond Hwn a'u dygodd allan o Ddim.[70]

Gallai'r cymal olaf olygu fod Duw wedi dwyn popeth i fod o'r *Ungrund* (o Ddim). Er hynny y mae syniad creu *ex nihilo* yn amlycach yn y fan hon gan ei fod yn cyfeirio at yr Ysgrythur fel un ffynhonnell syniadol yn garn i'w gred:

> HWN [y Gair] a alle wneuthur pob P[ê]th o Ddim. Ond ni all Creadur wneuthur Pêth hêb Ddefnydd i'w wneuthur o hono. Ond yn hwn ei hun yr oedd yr hòll Ddefnydd. Ynddo ef medd yr Yscrythur yr oedd Bywŷd. Bywŷd i Ddynjon ac Anghyljon. Ynddo ef yr oedd Bywŷd neu Fôd i'r Sêr, i'r Adar, i'r Planhigjon; i'r Anifeiljaid, i'r Pyscod, ie i bob Pêth ar a ellir enwi yr oedd Bywŷd neu Fod yn y GAIR ymma.[71]

Er nad oedd gan Llwyd fawr o ddiddordeb yn nhroellau Böhme a'i ddiddordeb alcemegol yn yr hanfodau a oedd yn gyfrodedd yn y sylwedd anffurf yn nhragwyddoldeb, eto y mae Llwyd yn adleisio dysgeidiaeth Böhme am natur dragwyddol yn y dyfyniad hwn:

> A ddaeth neb allan o hono [Duw] ef yn ei ddigofaint. Yr atteb yw. Er dyfod y rhan fwyaf allan or natûr dragwyddol mewn cynhyrfiad tânllyd, [gwreiddyn neu droell y Tân] etto ni ddaeth neb allan o Dduw mewn digter. Canys cariad iw Duw ag nid oes dywyllwch ynddo.[72]

Y mae dylanwad Böhme yn amlycach yn y dyfyniad hwn, a gwelir bod Llwyd wedi amsugno hanfodion ei ddysgeidiaeth a'u gwneud yn rhan o'i ddysg ei hun:

---

[70] II 156.
[71] Ibid.
[72] II 87.

Allan o'r Mâb [y droell Olau] Digofaint yn llosci yw'r Tâd: Canys y Natur danllŷd [gwreiddyn y Tân] a ysgog yn gyntaf mewn Trefn (ond nid mewn Amser, am mai cyn bod Amser yr oedd hyn) ac yno mae'r Mâb yn ymatteb ac yn bodloni'r Tâd [drwy gyfrwng Cynghanedd Nefol yr Ysbryd].[73]

Y Creu

Trydydd cam metaffiseg Böhme oedd yr ymchwil i'r hyn a elwir ganddo yn greu angylaidd.[74] O sylwedd anffurf Natur Dragwyddol y crëwyd yr angylion[75] a cheir ynddynt wreiddyn tywyll y Tân a gwreiddyn golau'r Mab ac, wrth gwrs, y Gynghanedd Nefol yn ffurf Ysbryd mewnfodol y Gair a'u hunai'n soniarus ynddynt eu hunain. Cynysgaeddwyd hwy ag ewyllys rydd fel y gallent drwyddi sicrhau ailenedigaeth gyson yn y gwreiddyn golau a thrwy hynny ogoneddu'r Crëwr fel bodau annibynnol iddo. Mewn achos o wrthryfel yn yr ewyllys dryllid y gynghanedd fewnol a gadewid i'r gwreiddyn tywyll, neu droell y Tân, lywodraethu yn eu sylwedd a throi ohono'n rym hunanddinistriol tragwyddol. Dyma sut yr amlygwyd ffenomen Uffern maes o law.

Dysg Böhme fod dau bosibilrwydd yn gynhenid yn y Cread hwn, a dibynnai gwrs y naill a'r llall ar ewyllys rydd y creadwriaethau meddyliol.[76] Cyfuniad o Dân/Tywyllwch a Goleuni oedd sylweddau'r angylion.[77] Gyda'u creu dechreuodd gofod ac amser.[78] A gorffwysant mewn ewyllys anhunanol berffaith ac mewn Cynghanedd Nefol â'r Crëwr.[79]

Syniai Böhme am y creu hwn fel cylch a'i ganol yn tarddu yn Nuw a'r Natur Dragwyddol.[80] Y penaethiaid ar y Cread oedd y tri archangel Mical, Lwsiffer ac Uriel, cynrychiolwyr olynol i'r Tad, y Mab a'r Ysbryd yn y Drindod yn Nuw.[81] Rhaid oedd iddynt ymroi yn eu hewyllys i Dduw os oeddid i gynnal y gynghanedd ag Ef yn yr Ysbryd.[82] Camogwydd yr ewyllys fyddai

---

[73] II 161.
[74] Cf. William Hobley, 'Jacob Boehme', 409–14.
[75] A iv, 26.
[76] CES ii, 95, 316.
[77] ThLM viii, 1–2; ii, 63; CES ii, 3.
[78] FQS xix, 7; MM viii, 8; DSR xiv, 8; C vi, 23.
[79] DEG iv, 12; ThPDE xiv, 74; MM II, 54–68.
[80] MM I, 40–7; ThLM 62–86; William Hobley, 'Jacob Boehme', 409–14.
[81] A xii, 3, 86, 88, 101.
[82] A xii, 17.

achos cwymp a drygioni dinistriol.[83] Enhuddwyd y Tân/ Tywyllwch yn eu cyrff sidanog er mwyn eu rhoi ar ben y ffordd i foliannu a gogoneddu Duw.[84]

Ond mynnodd Lwsiffer fynd ar ei liwt ei hun a throedio'n wrthwyneb i'r llwybr a ragbaratowyd iddo gan yr Ysbryd. Drylliwyd y gynghanedd yn ei sylwedd creedig am iddo wrthryfela yn erbyn Duw yn ei ewyllys a dewis aros o'i wirfodd yn y gwreiddyn tywyll i'w fodolaeth. Felly y gallai feddiannu grym dinistriol hwnnw a'i gyfeirio at ddiben ymgais i ddiorseddu Duw, a'i wneud ef ei hun yn ben ar y greadigaeth a'i rheoli yn ôl ei fympwyon personol hunanol.[85] Ef a'i gwymp a barodd amlygu ffenomen Uffern a rhyddhau dinistr y Tân o'r dyfnder cudd. Daeth Lwsiffer yn Ddiafol.[86] Ef oedd y Sysiffos cyntaf yn Uffern.[87] Pan giliodd y gynghanedd o'r cosmos wedi'r gwrthryfel hwn, aeth yn ôl i'w ffynnon yn y Gair a daeth tywyllwch i reoli yn ei lle er bod llygedyn o oleuni yn aros yn y Cread o hyd i'w gynnal.

Eithr trefnodd Duw adwaith a chafwyd y creu daearol. Ceir Böhme yn rhoi adroddiad helaeth wedyn am y creu hwn mewn esboniad llwythog ar Genesis yn ei *Mysterium Magnum*. Yn fyr iawn, gorffwysai'r Creu mewn Cynghanedd Nefol newydd ac adferedig ar y seithfed dydd, a'r Ysbryd yn rheoli mewn goleuni pur.[88] Crëwyd Adda i arglwyddiaethu ar y ddaear yn y gobaith y cynhaliai ef y gynghanedd yn ei fod drwy ildio'r ewyllys i Dduw. Nid felly y bu, a gwrthryfelodd Adda yntau a chafwyd cwymp y pechod gwreiddiol.

Soniai Böhme felly am *ddwy* greadigaeth annibynnol yn hytrach nag un, a'r bodau nefol a daearol yn ymddangos yn gyfamserol. Er bod Llwyd yn cyfeirio mewn un man at gyrff 'sidanog' yr angylion, ymddengys mai'r creu daearol yn unig a aeth â'i fryd ef. Credai 'all this Creation came out of God (as a birth of time, from the womb of eternity)'.[89] Ond yn union fel Böhme, y mae'n apelio at Genesis fel ffynhonnell ei wybodaeth am y Creu:

[83] ThPDE vi, 12; iv, 67.
[84] CES ii, 49.
[85] MM ix, x; ThLM vii, 21; DEG iv, 45; DSR vii; MM 48–53; FQS 59–60.
[86] ThLM ii, 53.
[87] Hobhouse, *Jacob Boehme*, 132.
[88] A xxii, 122; FQS 129.
[89] I 276.

Y Gair (yr hwn oedd yn y dechreuad) a barodd i'r ddaiar escor ar
anifeiliaid, ac i'r môr ddwyn allan byscod, ac i naturiaeth ddwyn allan bôb
peth ar a oedd ynddi, ar ôl ei ryw ei hun. Ond pan aeth ef i wneuthur dyn,
ni pharodd ef i ddim, ar a greasid mor escor. Ond, efe i hunan a
ddywedodd, Gwnawn ddyn ar ein llûn an delw ein hun. Am hynny mae
enaid dyn wedi dyfod o'r anfarwoldeb ac yn myned i'r tragywyddoldeb.[90]

Gweithred gwbl rydd ar ran Duw oedd y Creu:

Onid allan o ewyllys Duw y gwnaed y bŷd?[91]

[y] peth a fwriado efe, mae hynny fel ped fai wedi i wneuthur yn barod.[92]

I'w foddhau Ef ei Hun y creodd Duw y byd ac er mwyn amlygu Ei ogoniant; yn wir,

[ni]wnaeth ef mor bŷd ymma yn ofer ond fe ai gosododd fel drŷch i weled
ei gyscod ef ynddo.[93]

Is not this Heaven, Earth and Sea, all one piece of God's workmanship,
round as a globe?[94]

Eithr nid yw Llwyd yn sôn o gwbl am y creu angylaidd, ond y
mae'n cydnabod mai eu gwaith oedd gogoneddu Duw: 'Nid yw'r
angelion yn blino canu, ac yn canmol.'[95] Ni cheir ef, fel Böhme,
yn dyfalu yn eu cylch; yn unig ceir cyfeiriad at eu cyrff nefol[96] a
nodir yn gryno gwymp Lwsiffer, y *rex mundi*, sef 'gwalch y byd
hwn' chwedl yntau,[97] angel a oedd wedi 'hedeg' yn erbyn y
goleuni a'r tawelwch tragwyddol.[98]

O edrych yn ôl dros y bennod hon, a chan gofio rhybuddion
Hugh Bevan, y mae'n gwbl amlwg fod Morgan Llwyd wedi
benthyca oddi ar Böhme rai elfennau pendant anuniongred o
ran ei ddysgeidiaeth fetaffisegol am Dduw a'r Creu. Crynhodd

90   I 199.
91   III 31.
92   I 216.
93   I 261; cf. I 188, 230.
94   I 277.
95   I 227.
96   II 162.
97   II 89.
98   I 174.

yn eithafol hanfodion syniadaeth yr Almaenwr, a Chymreigiodd yr elfennau Bemenaidd hyn nes eu gwneud yn rhan hanfodol o'i feddwl ei hun, ac ni ellir rhoi cyfrif amdanynt heb ymgynghori â chyfundrefn Böhme. Ni chredai Llwyd ei fod yn dysgu dim gwrthwyneb i'r Ysgrythur, a cheir ef yn cyfeirio'n fynych yn ei weithiau at y ffynhonnell ysbrydoledig honno. Bid a fo am hynny, rhaid cydnabod fod yr elfennau anuniongred amlwg a fenthyciasai Llwyd o gyfundrefn ddychmygol Böhme yn gyfrodedd â'i ddysg ysgrythurol. Gwnaeth yn fawr o syniad canolog Böhme am y cyferbyniad metaffisegol rhwng Tân/Tywyllwch a Goleuni yn Nuw ac yn y Cread a'r creadwriaethau. O droi yn awr at syniadau Llwyd am Ddyn a'r Cwymp gwelir drachefn y modd y cyfunai elfennau anuniongred Bemenaidd a syniadau digon sobr yr Ysgrythur. Yma eto gwelir ei fod mewn dyled i syniad gwaelodol Böhme am gyferbyniad yn Nuw ac mewn dyn.

3

DYN A'R CWYMP

Yr oedd synio am ddyn fel microcosmos, a'i ddadansoddi er mwyn gweld y gyfatebiaeth gyfansoddiadol fanwl a oedd rhyngddo a'r macrocosmos, yn hen syniad, ac yn nodwedd o *milieu* syniadol llenorion a meddylwyr cyfnod y Tuduriaid a'r Stiwartiaid yn gyffredinol, fel y dangoswyd mor dreiddgar gan E. M. W. Tillyard.[1] I bob pwrpas ymestyniad i'r cyfnod modern cynnar o *Weltanschauung* yr Oesau Canol oedd y dull Duwganolog hwn o feddwl; a nodwedd weithredol a ffurfiadol ar y meddwl canoloesol mawr hwnnw oedd syniad cwmpasog Cadwyn Bod.[2] Yr oedd yr athroniaeth fawreddog hon yn darostwng popeth creedig i'r drefn naturiol a osodid ar y macrocosmos a dyn gan Dduw. Dyn oedd coron ddaearol trefn Dduwganolog y cosmos. Duw oedd cyrchfan a chanolbwynt y syniad am drefn gosmolegol. Nid rhyfedd mai ar waith creadigol trefnus Duw yn arfaethu i'r macrocosmos a'r microcosmos gyfateb yn hanfodol i'w gilydd y gorweddai pwyslais y meddylwyr a dderbyniai'n ddigwestiwn y dehongliad Aristotelaidd-Ptolemëig o'r cosmos. Ond, oblegid cwymp Adda (dyn) nid oedd dyn, ddim mwy na'r Cread, yn ymddangos yn union fel y bwriedid iddo wneud. O'r herwydd, yn gyfochrog â'r syniad am Fyd Mawr a Bychan, ceid corff o ddiwinyddiaeth yn esbonio cynllun achubiaeth o dragwyddoldeb. Plant eu cyfnod oedd dilynwyr y syniad canoloesol am y cosmos gyda'r ddaear yn ganolbwynt ansymudol iddo, ond serch hynny nid oedd ymwybod o'r fath yn effeithio nemor ddim ar y sgema ddiwinyddol parthed iachawdwriaeth yng Nghrist er dileu pechod Adda a'i oblygiadau i ddyn. Ceid hyd yn oed John Calfin ei hun yn dysgu mai microcosmos oedd dyn.[3]

Dyma'r cefndir yn gryno i syniadau Morgan Llwyd am ddyn. Tynnai ei syniadaeth o'r naill gorff syniadol a'r llall a olrheiniwyd uchod, yn ogystal ag o ddysgeidiaeth Böhme. Yr oedd ganddo ragdybiau digon uniongred yn ogystal â rhai digon

---

[1] E. M. W. Tillyard, *The Elizabethan World Picture* (Harmondsworth, 1978).
[2] A. O. Lovejoy, *The Great Chain of Being* (London, 1978).
[3] *Bannau*, I.v.3.

anuniongred parthed perthynas dyn a Duw a'r dryllio a fu arni. Dilynodd syniadaeth gyffredinol Cadwyn Bod i esbonio cyflwr anianol dyn ar ôl y Cwymp. A gwelir bod ôl darllen Platoniaid Caer-grawnt, hwyrach, yn ei syniad am aruchedd meddwl dyn, er nad oes dystiolaeth, fel y cyfryw, fod argyhoeddiad Llwyd o fawredd dyn fel bod a grëwyd ar lun a delw Duw wedi'i arwain i goleddu cred fod rheswm dyn yn ansyrthiedig.

Ein tasg gyntaf yw bwrw golwg yn frysiog dros syniadau Böhme am ddyn er mwyn gweld maint dyled Morgan Llwyd iddo. Yna ceisir dangos beth oedd syniadau Llwyd am ddyn a'i gyflwr er y Cwymp, ac yna y bwriad yw chwilio ei gosmoleg a dadansoddi yr hyn sydd ganddo i'w ddweud am ddylanwad y macrocosmos ar y dyn mewnol, dylanwad a benderfynai pa fath ar bersonoliaeth a fyddai oruchaf mewn dyn.

Syniadau Böhme am Ddyn

Yn ôl Böhme cartref ewyllys rydd Adda oedd ei enaid, a gallai honno naill ai ymlynu wrth y Tân/Tywyllwch a oedd yn wreiddyn i'w gorff neu ymroi i'r Goleuni yn ei ysbryd.[4] Un sylwedd oedd y pedair croeselfen yn ei gorff cyn y Cwymp.[5] Gwreiddiai egwyddor dywyll y Tân yn ei gorff yn ogystal ag yn ei enaid naturiol, a greddf gynhenid y Tân hwnnw fuasai ymroi ar ôl y Goleuni.[6] Darostyngwyd corff Adda, ynghyd â'i enaid, i'w ysbryd, ac yno yr oedd y Goleuni yn boddi'r Tân, egwyddor a allai ddyfod yn llywodraethol yn Adda os camddefnyddiai ogwydd naturiol ddaionus yr ewyllys.[7] Gwisg am yr enaid oedd y corff, eithr yr ysbryd oedd 'egwyddor bod' y naill a'r llall. Cyhyd ag y byddai Adda yn ildio yn ei ewyllys i ysgogiad y goleuni mewnol dygid ei gorff a'i enaid i gytgord â'i gilydd, ac arhosai'r pedair elfen yn ei gorff yn undod esmwyth.[8] Digwyddodd y Cwymp, yn rhannol, am fod dau bosibilrwydd yn gynhenid yn Adda, sef naill ai ymroi yn hunanymwadol ac ewyllysgar ar ôl ysgogiad mewnol Goleuni'r Mab, neu ddychmygu am gael

---

4 ThPDE xxii, 21.
5 Ibid. xiv, 54.
6 Ibid. xi, 33.
7 DSR i, 4; xiii, 19.
8 FQS ii, 2; vii, 2; xiii, 3.

meddiannu pleserau cuddiedig y corff.[9] Oblegid iddo ildio i
demtiad y sarff a deisyfu am bethau'r corff, tywyllwyd y gread-
igaeth fewnol bur baradwysaidd yn Adda.[10] Yr ewyllys oedd y
man allweddol i gwymp Adda felly, yn ogystal â chychwyn y
gwrthryfel a'r elyniaeth yn erbyn Duw a goleuni mewnol y Gair.
Fel y dywed Böhme: 'Adam with his Imagination, introduced the
Souls Will totally into the outward World, and hath made his
outward Flesh totally Earthly and Beastial wherein then instantly
the Stars and Elements ruled.'[11] Disgynnodd niwlen dywyll dros
amrannau Adda a dychwelodd y goleuni mewnol i'w gnewyllyn
dyfnaf yn ei ysbryd, ond ni ddiffoddwyd mohono'n llwyr
ychwaith.[12] Rhwystrodd Adda, drwy gamogwydd ei ewyllys, i'r
Tân a oedd yn wreiddyn i'w gorff a'i enaid ddilyn ei reddf nes ei
wyro a'i garcharu yn ei natur danllyd ddinistriol ei hun heb
ddângariad Goleuni'r Mab i'w enhuddo. Yn y Tân hwn (troell
naturiaeth) y safai corff ac enaid naturiol Adda mwyach, a dyna
gyflwr ei ddisgynyddion hwythau.[13] Trodd y Baradwys felys yn
ddaear chwerw.[14] Pan ddeffrôdd Adda, canfu Efa yn gorwedd
wrth ei ochr.[15] Alegori oedd hanes pren gwybodaeth dda a drwg
am dywyllwch y Tân dinistriol a gynyddai mewn grym hunanol
yng nghorff ac enaid y ddeuddyn. Drwy fwyta o'r pren gwrth-
rychol yn yr ardd, arwyddoceid bod y chwalfa fewnol yn
gyflawn, a'r Gynghanedd Nefol wedi'i dryllio a'i ḍisodli gan
groesineb a thywyllwch.[16] Ymagorodd yr un elfen sylweddol
wreiddiol yng nghorff Adda ac Efa yn bedair croeselfen, sef dŵr,
tân, awyr a daear; a cheid hwy bellach yn ymgiprys am flaenor-
iaeth yn y corff anianol.[17] Defnyddiai Lwsiffer, y *rex mundi*, ei
alluoedd dieflig i hyrwyddo'r croestyniadau hyn. Ond er i
oleuni'r Gair ddyfod yn ddirym a chwbl aneffeithiol yn Adda,
arhosai mewn cyflwr o botensial mewnol yn ogystal ag yn ei
ddisgynyddion hwythau. Pan ddilynid esiampl Crist – yr Ail
Adda – drwy feithrin hunanymwadiad a throi'r ewyllys rydd ar
ôl ei oleuni mewnol yn yr ysbryd, yna ymgnawdolai'r Gair yn

9   MM xvi, 5–6.
10 ThPDE vii, 2; EJB viii, 27–8; DSR vii, 56–75.
11 CES 10.
12 ThPDE xvi, 18.
13 Ibid. xii, 11; EJB xiv, 32.
14 ThPDE iii, 8.
15 Ibid. viii, 32.
16 Ibid. xi, 21; x, 25, 36–7.
17 Ibid. viii, 32.

ysbryd dyn fel y gellid drwy hynny ei aileni yn y Goleuni nefol a'i
achub.[18] Symbol macrocosmaidd am y gwirionedd mewnol hwn
oedd yr haul yn goleuo'r ddaear a'r planedau a'r sêr eraill.[19]
Ond yn hytrach na chydweithio â'r microcosmos wedi'r Cwymp,
dylanwadai'r planedau ar y pedair croeselfen mewn dyn gan beri
effeithiau drwg a da ar ei gyfansoddiad a'i bersonoliaeth.[20] Tra
bo disgynyddion Adda yn gaeth i'r Tân sy'n wreiddyn i'w cyrff
arhosant yn brae i'r dylanwadau wybrennol gelyniaethus.[21]

Syniad Morgan Llwyd am y Cwymp

Nid yw syniad Morgan Llwyd am greu Adda yn wreiddiol ar lun
a delw Duw, na'r hyn a ddigwyddasai iddo ef a'i linach byth
wedyn yn sgil y Cwymp, sef dieithrio ewyllys dyn oddi wrth
Dduw, yn groes i'r Ysgrythur, serch ei briod-ddull unigoliaethol
wrth ei fynegi o ganlyniad i ddylanwad Jakob Böhme. Dywed yn
Llyfr y Tri Aderyn:

> Pan bechodd Adda fe ddywedodd wrth yr Arglwydd (Iehovah) mi a
> glywais dy lais di yn y gydwybod, ac a ofnais, ac a ymguddiais. Dymma
> fynydd *Sinai* a dirgelwch y daran, Dymma gydwybod ledradaidd yn ceisio
> (pe bai bossibl) ddiangc o'r tu cefn i Dduw allan oi olwg. Ac am fôd y
> goleuni cyhuddgar ymma mewn dyn . . .[22]

Y mae'r pwynt a wna Llwyd uchod yn uniongred, ond ar yr un
gwynt y mae'n dilyn dysgeidiaeth Böhme wedyn am ymagor o'r
croeselfennau yng nghorff dyn o ganlyniad i'r Cwymp, megis yn
y paragraff hir hwn o'r Cyfarwyddid:

> Dyn (neu Adda) a wnaed ar y cyntaf yn ddelw ir Gwneuthurwr, yr ysbryd
> ar ei lun ef, yr enaid ar ei ddelw ef, ar corph or ddayar. Ond Adda y
> gwreiddyn, a ninau oll ynddo ef (fel canghennau yn ei gwraidd) a gafodd
> gwymp a chodwm tosturus erchyll, *oddiar Graig yr Oesoedd, i bwll y dyfnderoedd.*
> Ag yn y cwymp yma fe ymrannodd ynddo ei hunan, fel y gweli *lestr pridd*
> wrth ei gwymp yn mynd yn ddarnau. Ynddo ef yr ymagorodd yr ewyllys ar

---

[18]   CES i, 13.
[19]   SThP vi, 2.
[20]   Ibid. vi, 10.
[21]   MM xi, 31; ThLM vii, 46, 48; xiv, 30.
[22]   I 224.

gydwybod ar gwyniau ar rhesymau y naill yn erbyn y llall. Yn ei gorph ef hefyd yr ymddangosodd y ddayar ar tân ar dwfr ar awyr mewn rhyfel i farwolaeth (canys cyn y cwymp roedd yr ymryson yn guddiedig) Ag er bod y rhain yn ymladd ymhob vn o blant Adda (sef ynghorph pob dyn) etto ni all y naill fod heb y llall er hyny. Ag dymma wreiddyn clefydau'r corph ag achos angau naturiaeth (fel y mae'r ymryson arall oddifewn.) Ag fel y mae'r Môr afreolus wedi gwahanu y naill ynys oddiwrth y llall, felly y mae'r pechod (a thywysogion yr awyr ynddo) wedi didoli dyn oddiwrth vndeb Duw, *wrth rannu dyn ynddo ei hun*, yn gymnynt nad oes dyn yn y ddayar yn medru cydtuno ynddo ei hunan, yn ei gorph ai gydwybod, ai feddyliau ei *Hunan*: Ond mae ei resymau ef yn ymrafaelio, ac yn cûro y naill y llall, fel y gweli di ganghennau yr vn pren tra fo yn dymhestl arnynt.[23]

Serch dyled amlwg Llwyd i Böhme yn y darn uchod, y mae ei bwyslais ar bechod gwreiddiol fel agendor a agorwyd rhwng Adda a'i ddisgynyddion a Duw yn ysgrythurol ei ogwydd:

Pechod yw troseddiad y gyfraith, Amhuredd y creadur, croesineb naturiaeth yn erbyn Duw. Gwrthwynebrwydd iw ewyllys sanctaidd ef. Pechod yw pan fo'r meddwl yn chwilio am fodlonrwydd lle nid yw iw gael. Rhaid yw deall mai trwy bechod Adda y torrwyd naturiaeth yn ddarnau . . . Ar pechod yw ceisio dedwyddwch yn y darnau hyn ond nid yn Nuw . . . ni all dyn ond pechu tra fo ef yn aros ynghanghennau naturiaeth, Hynny yw yn llygadrythu ar y naill beth ar ôl y llall, heb ddychwelyd ir vndeb, yr hwn yw Duw ei hun.[24]

Ond yr oedd Llwyd yn ddyledus hefyd am beth o'i ysbrydoliaeth parthed natur y Cwymp i Peter Sterry a oedd wedi dweud:

God at the beginning set the Image of his own Beauties in the Creation. This Image at the Fall set up itself instead of the true Beauties: So it became of an Image an Idol; of a Representation, a Rebellion. Our Lord, the true Light, the Eternal Image, breaks forth upon it, and breaks it in Pieces.[25]

Y mae'r ddelwedd a ddefnyddiodd Morgan Llwyd yn drawiadol debyg, ond nid yr un yn hollol, i eiddo Sterry uchod yn y darn a ganlyn o *Llyfr y Tri Aderyn*:

23   II 92–3.
24   I 246–7.
25   Hugh Bevan, *Morgan Llwyd y Llenor* (Caerdydd, 1954).

(Deall hyn O Eryr) fôd delwau ym meddwl pôb dyn, a'r rheini yw lluniau pôb peth a welodd y llygad yn y byd, maent yn ymddangos oll megis mewn drych yn y meddwl, a'r lluniau ymma a barhant byth onis distrywir hwynt cyn i'r corph farw. Nid oedd ond vn ffordd ar ran Duw iw difetha, fe gymerodd ei anwyl fâb ai ddelw ei hunan, ac ai tarawodd yn erbyn dy ddelwau di, fe a dorrodd ei ddelw ei hunan ac ai lladdodd ar y groes, fel y difethid eulynnod dy galon dithau drwy nerth ysbryd y groes.[26]

Cyfuniad o ddysg Femenaidd a syniadaeth Feiblaidd yw meddyliau Morgan Llwyd am ddyn a'r Cwymp. Drwy Böhme y cawsai'r syniad am y cosmos a'i ddylanwad ar y corff dynol, ac mai microcosmos yw dyn.[27] Ond yn gymysg â'i dreftadaeth Feiblaidd gwnaeth Llwyd ddefnydd o'r cyferbyniad Bemenaidd rhwng tywyllwch a goleuni mewn dyn yn ogystal â sôn mynych Böhme am ddylanwad y sêr a'r planedau ar y corff anianol. Yr oedd syniadau astrolegol poblogaidd wrth fodd Llwyd fel y ceir gweld yn y man yn ei gân gosmolegol drefnus *Gwyddor Vchod*. Ond yr oedd y cyfryw syniadau mor gyffredin yn Ewrop benbaladr ers canrifoedd a'r traddodiad llafar ym mhob gwlad cyn bwysiced ag unrhyw ddysg llyfr yn ddiau.[28] Yr oedd Llwyd a Böhme yn cyd-weld yn burion parthed edrych ar y dyn anianol fel microcosmos a reolid gan symudiadau wybrennol y planedau ar ôl y Cwymp, a chredent ill dau fod y saith planed fewnol yn brae i'r dylanwad hwnnw ac yn effeithio ar y pedair croeselfen a'r cyneddfau mewn dyn. Ond er gwaethaf dyled Llwyd i Böhme yr oedd ei syniad pwysicach am gwymp Adda a pharhad pechod gwreiddiol yn ddigon Calfinaidd ei arwyddocâd:

Yr Adda cyntaf a bechodd (ninnau oeddem yn sylweddol ynddo ef, ag a bechasom cystal ag yntau) am hyny y mae ei natur front ef yn deilliaw i ni drwy enedigaeth o oes i oes. Ag ni chyfrifasai Duw byth moi bechod ef i ni, oni bai ein bod ni ynddo ef y pryd hwnnw yn pechu (fel Leui yn *Abraham*) ag yntau ynom ninnau yn pechu etto. Canys oni bai yn bod ni yn bwytta y ffrwyth gwaharddedig yn Adda, ni buasai ar ein dannedd ni mor dingcod.[29]

[26] I 224–5.
[27] ThLM vi, 47.
[28] Gw. Keith Thomas, *Religion and the Decline of Magic* (Harmondsworth, 1978).
[29] II 91.

Cyfansoddiad mewnol dyn

Yn ddiau yr oedd ymwybod pendant iawn â chyfatebiaeth y microcosmos a'r macrocosmos yn nhrefn adeileddol meddwl Morgan Llwyd cyn belled ag y mae a wnelo â'i anthropoleg. Yr oedd i ddyn, er gwaethaf y Cwymp, arwyddocâd cosmig oherwydd ei greu yn wreiddiol yn berffaith ar ddelw Duw a'i osod yn goron ar y greadigaeth gyfan. Ac fel y gwelir wrth y disgrifiad canlynol o grynswth mewnol dyn yr oedd Llwyd yn ddyledus i'r syniad Bemenaidd am y cyferbyniad metaffisegol rhwng goleuni a thywyllwch yn Nuw, yn y Cread ac mewn dyn:

> Rhaid i ti wybod fôd yr hollfyd (a weli di) fel rhisclin pren, neu grystyn torth, neu ascwrn yn mysg cwn. Ag mae ysbryd neu leithdra yn y creadur sydd yn cytûno ath natur di ag yn peri i ti chwennych Ag yn nesaf or tu fewn i fywyd naturiaeth, mae dy ysbryd di yn rhodio ag yn rhedeg yn wastad ymysg Angelion. Yn nesaf at hyny oddifewn mae'r Drindod fendigedig anfeidrol y Tad, y Gair ar ysbryd (sef yr ewyllys ar difyrrwch ar nerth ar tri hyn un ydynt) ag hyd yma y gall meddwl dyn edrych drwy'r ysbryd. Ond yn bellaf ag yn ddyfnaf y mae'r gwreiddyn ar gwaelod yn yr undeb llonydd anfesurol tragwyddol, na all llygad edrych arno a meddwl neb ei gynnwys ond ef ei hun.[30]

Gwelir bod Llwyd yn dysgu fod y drindod o dân, goleuni a chynghanedd nefol yr Ysbryd yn aros mewn dyn (sef 'yr ewyllys ar difyrrwch ar nerth') a bydd y syniad hwn yn arwyddocaol parthed ei syniad am iachawdwriaeth, fel y ceir gweld ym mhennod 5. Ond y ffynhonnell eithaf i fywyd dyn yw'r *Dim* neu'r *Ungrund*, sef y 'gwreiddyn ar gwaelod' chwedl Llwyd.

Y Gair yw'r cyfryngwr mewnol rhwng dyn a Duw:

> Er bod Duw yn dy drin di, ag yn rhoi bwyd yn dy enau a bywyd yn dy gorph, ag anadl yn dy ffroenau, a rheswm yn dy feddyliau, a chynhyrfiad yn dy aelodau, ni fedraisti erioed etto feddwl yn iawn am Dduw yn ei fab, nag am ei fab yn ei ysbryd, nag am ei ysbryd yn ei air, nag am ei air yn dy galon, nag am dy galon ynot dy hunan, nag am danat dy hunan yn y byd

hwn, nag am y byd hwn yn Nuw, nag am y Duw yr hwn sydd fendigedig ynddo ei hunan.[31]

Canys credai Llwyd fod dyn yn gyfan gwbl ddibynnol ar Dduw drwy oleuni'r Gair am gynhaliaeth fewnol ac allanol. Byd meddwl yr Oesau Canol a allai saernïo paragraff fel yr uchod: cychwynnir â Duw, cyrchfan popeth, gan ddolennu at yr uniad sydd rhyngddo a dyn – coron y greadigaeth – a dychwelir drwy esgyn o'r mewnol drwy'r byd yn ôl at Dduw y Crëwr a ffynhonnell y cyfan sydd. Gras cyffredinol Duw, drwy gyfryngdod y Gair, sy'n taenu bendithion y Crëwr ar fyd ac ar ddyn.

Yr oedd yr wybodaeth am y dyn anianol yn allweddol er mwyn deall ei angen am iachawdwriaeth. Credai Llwyd mai'r ysbryd mewn dyn, a wreiddiai yn y Logos (y Gair) ac a darddai yn yr *Ungrund*, yw *raison d'être* bodolaeth dyn. Yr enaid ar y llaw arall yw'r cyfryngwr rhwng y corff a'r ysbryd: datguddir yr enaid drwy swyddogaethau'r ewyllys a'r dyheadau moesol. Wele Llwyd yn awr yn ceisio esbonio'r gwahaniaeth hwn rhwng yr enaid a'r ysbryd mewn dyn, sef yr egwyddor o fod a wreiddiai yn y Gair:

Beth yw y rhagoriaeth rhwng yr enaid a'r ysbryd yn yr vn dyn?

Ysbryd dyn yw'r tryssor mawr, ar enaid sydd megis llong iw ddwyn o'r naill ir llall. Ysbryd dyn yw'r castell, ar enaid sydd fel tref oi amgylch. Yr ysbryd yw cynhwyllin y meddyliau, ar enaid yw plyscyn y rheswm oddi allan: yr ysbryd (medd yr yscrythur) yw'r mêr, a meddyliau'r enaid yw'r cymalau. Ysbryd dyn yw gwreiddyn y pren a rhesymau'r enaid yw'r canghennau. Mae enaid ym mhôb peth byw, a math ar ddeall gan anifail, Ond nid oes ysbryd anfarwol mewn dim ond mewn dynion ac angelion.[32]

Gwelir bod Llwyd yn dysgu fod yr ysbryd mewn dyn yn fwy mewnol na'r enaid. Yr ysbryd yw'r 'gwreiddyn' tra mai'r 'canghennau' yw'r enaid, neu gyfanswm nodweddion bywyd dyn, sef ei ddeall a'i ddyheadau moesol. Y mae gwaelod a gwreiddyn personoliaeth dyn yn ei enaid, ond y grym creadigol grasol sy'n rhoi bod iddo yw'r Gair a ddatguddiwyd yn ysbryd dyn.

Rhydd Llwyd bwyslais neilltuol ar feddwl dyn ac y mae'n

---

[31]   I 118–19; cf. Georges Duby, *The Age of the Cathedrals, Art and Society 980–1420* (London, 1981), 100–1.

[32]   I 247.

mynnu dangos fod tyndra yn y berthynas a fodolai rhwng yr ewyllys a'r meddwl. Yn y meddwl y ceir yr wybodaeth am Dduw fel Crëwr, ond y mae pechod wedi llychwino hwnnw i'r fath raddau fel nad yw'r ewyllys yn rhydd i roi i Dduw ei eiddo ei hun. Ni all yr ewyllys ysgogi ohoni'i hun. Ond y mae'r ysbryd yn medru ysgogi'r ewyllys i droi at Dduw, eithr mewn dyn na ailaned mohono y mae cyfraith ei aelodau yn dirymu'r ewyllys fel nad yw ei gogwydd nac yn berffaith nac yn rhoi i Dduw ei eiddo ei hun. Y mae perthynas annatod rhwng yr ysbryd a'r ewyllys, ond y mae gelyniaeth hefyd ac amherffeithrwydd oblegid y pechod gwreiddiol:

> Di weli ynot dy hun ddau fâth ar feddyliau. Rhai dyfnion cuddiedig pwrpasol dewisedig annwyl (fel aur yn y meddwl.) Mae rhai eraill yn gwêu i mewn ac allan drwy'r meddwl, fel dynion mewn llettŷ, ond nid ydynt yn aros ynddo. Di weli hefyd fôd y naill feddwl ynot yn gwrthod y llall; ath fôd ti yn meddwl llawer peth yn erbyn dy ewyllys. Gwybydd gan hynny, Agor dy lygaid a Gwêl, mai gwreiddyn yr ewyllys yw dy ysbryd, ac mai'r llall yw cyfraith dy aelodau. Mae'r enaid yn y bŷd ymma yn sefyll yn y corph, ar ysbryd yn llechu yn yr enaid. Pawb sy'n gweled corph dyn, Ond ychydig yn dirnad yr ysbryd dirgelaf, sef gwaelod y galon. Ni wel nêb hwnnw ond ysbryd Duw, yr hwn sydd yn chwilio pawb.[33]

Credai Llwyd fod yr ewyllys mewn dyn – sy'n hanfod yn ei ysbryd, a hwnnw yn ei dro yn gwreiddio yn y Gair – yn ysgogiad cyffredinol i bawb gydnabod Duw. Yn *Llyfr y Tri Aderyn* dywedasai fod 'gallu yn yr ewyllys i ysgog ond nid oes mo'r ewyllys gyda gallu i ddychwelyd'.[34] Rhaid felly fod goleuni cyffredinol gras cyffredin (goleuni mewnol y gair) yn ysgogiad mewnol mewn dyn i droi at y Crëwr, ac er nad yw'n medru ar allu i amodi gwaith Duw mewn iachawdwriaeth y mae, serch hynny, yn waith graslon, ac yn fan cyfarfod gras arbennig Duw mewn achubiaeth drwy weithrediadau'r gydwybod ddynol. Unig swyddogaeth y goleuni cyffredinol hwn yw gwneud dyn yn ddiesgus gerbron Duw. Er bod y goleuni yn dangos i ddyn ei angen am ras achubol y mae'n ddirym i allu gwneud dim byd yn ei gylch. Y mae'r *sensus divinitatis* hwn a gweithredoedd y *conscientia*

[33] I 248–9.
[34] I 174; cf. R. Tudur Jones (gol.), *Ffynonellau Hanes yr Eglwys. I Y Cyfnod Cynnar* (Caerdydd, 1979), 153–4.

yn fan cyfarfod gras achubol pan ddaw i galon dyn. Swyddogaeth y gydwybod yw dangos i ddyn beth ddylai ei wneud er bodloni Duw, a dim ond yr ewyllys a ryddhawyd a allai gyflawni hynny.

Ceir Llwyd yn awr yn ymhelaethu ychydig ar ei ddadansoddiad o fyd mewnol dyn hyd yn hyn:

> Yr enaid y mae dyn yn ei lun ei hun yn i genhedlu, ond Duw yw Tâd (ac nid Taid) yr ysbryd. yr enaid rhesymol yw hwylbren dyn ond yr ysbryd yw llyw y llong. Weithiau mae ysbryd dyn yn rhodio (fel Dina) allan yn rhodfeydd yr enaid, ac yno mae gwynt ysbryd y bŷd hwn yn i gipio, Ond mae ysbryd dyn naturiol yn wastad allan o hono ei hun fel y mâb afradlon nes dychwelyd, yn cael ei ddwyn ynghertwyn y cythrael, ac yn dilyn ei chwibaniad ef yn y cnawd. Mae'r ysbryd fel tŷ Lot ar enaid yn y cnawd fel heol Sodom. Ac fel y mae rhagoriaeth rhwng anadl dyn ai feddwl, felly y mae rhwng yr enaid ar ysbryd. Yr ysbryd yw neuâdd yr enaid, a'r enaid yw porth yr ysbryd. Dymma'r ysbryd (yn angau'r corph) sydd yn escyn i fynu at gadair preswyliwr tragwyddoldeb, pan fo enaid anifail yn descyn i lawr, canys gwaed yw.[35]

Y pwynt pwysicaf sydd ganddo yw fod ysbryd (= ewyllys) dyn na ailaned mohono yn ddarostyngedig i'w bechod sy'n effeithio ar ei enaid (= meddwl a'r dyheadau moesol). Gan mai'r Gair, fel y gwelsom, yw gwreiddyn yr ysbryd gwelir bod yr ysgogiad i droi at Dduw yn yr ewyllys ohono'i hun yn ddwyfol ei darddiad, ac felly fe'i disgrifir fel 'tŷ Lot', ond er hynny y mae'r 'tŷ' hwn wedi'i gaethiwo 'yn y cnawd fel heol Sodom'.

Amcan Morgan Llwyd yn aros fel hyn gyda seicoleg dyn oedd ceisio dwyn ei wrandawyr i fyfyrio gydag ef uwch eu cyflwr wedi'r Cwymp; a dywedodd yn gwbl blaen:

> Y Sawl ni adwaeno ei enaid ai ysbryd ni ddeall nai feddyliau'r dydd, nai freuddwydion y nôs. Pam y mae rhyfeloedd mewn seinctiau oddifewn? am fôd y drêf ar castell ymma yn saethu at ei gilydd. Pam y mae ymrysonau ymysg ffyddloniaid? am fôd enaid y naill yn ymosod yn erbyn ysbryd y llall, canys yr vn yw ei hysbryd hwynt oll yn Nuw. ond ni chytuna ei heneidiau naturiol ai gilydd. Ac hefyd llawer dŷn sydd yn newynu ei ysbryd wrth besci ei enaid a rheswm dynol.[36]

[35] I 247–8.
[36] I 249.

Nid yw pechodau'r sant yn ei ewyllys, eithr hanfyddant yn hytrach yn y meddwl sy'n ymgartrefu yn yr enaid, a gwelir felly fod 'rhinweddau dyn naturiol yn ei enaid, ai bechodau yn ei ysbryd [= ewyllys], Mae rhinweddau dyn ysbrydol yn ei ysbryd [= ewyllys ailanedig], ai bechodau yn vnig yn ei enaid [= meddwl]'.[37]

Nodweddion meddylfryd cyfnod y baróc yw'r ysfa hon sydd gan Llwyd i dreiddio i ddirgelion natur fewnol dyn er mwyn deall ei drofaon a ffoi rhagddo i fyd yr ysbryd. Ond i grynhoi: yr ysbryd sy'n rhoi bywyd i ddyn a thrwyddo daw goleuni cynhaliol y Gair – sef gras cyffredin – a'r enaid ar y llaw arall yw'r dyn ei hun fel creadigaeth feddyliol. Ysgogir yr ewyllys gan oleuni mewnol y Gair; ond yn y dyn na ailaned mohono y mae'r ewyllys, fel y meddwl a'r dyheadau, yn syrthiedig o achos cwymp Adda (II 91). Y mae'r ewyllys a'r meddwl yn annatodadwy, er bod croesineb yn y berthynas rhyngddynt yng ngwneuthuriad ffenomenolaidd dyn.

Dyna fel y trafododd Llwyd grynswth mewnol dyn yn *Llyfr y Tri Aderyn*. Ond ceir cymar digon tebyg i'r darlun a roes ohono yn y *Cyfarwyddid i'r Cymru*. Yn y pamffled hwn rhydd Llwyd ryw fath o grynodeb inni o'r disgrifiad a gynigiwyd ganddo yn 1653. Cychwyn fel hyn:

> Mae genit ti etifeddiaeth o dair rhan, sef ysbryd ag enaid a chorph. Dy ysbryd di a ddaeth or Tad fel rheswm or meddwl, fel gair or galon, fel gwreichionen or eirias, fel ffynnon or mor, neu fel anadl or genau, yr hwn a chwythwyd i gorph dyn allan o fonwes Duw, ag sydd i ddychwelyd eilwaith iw fonwes ef, yr hwn sydd yn preswylio mewn plas a elwir tragwyddoldeb.[38]

Duw, meddai, sy'n rhoi bod i'r ysbryd a grëwyd yn wreiddiol 'ar ei lun ef'; a'r enaid wedyn a naddwyd 'ar ei ddelw ef', sef ar ddelw ei berffeithrwydd sanctaidd a'i gyfiawnder; ac o'r pridd y gwnaed y corff.[39] Yr ysbryd sydd ddirgelaf mewn dyn; yr enaid wedyn yw'r dyn unigol gyflawn o ddeall a dyheadau; a'r corff yw'r cartref iddo – a'r carchar wedi'r Cwymp. A gwelir bod dyn rhwng deufyd yn awr oblegid pechod ond ei fod yn wreiddiol wedi cael y gorau o'r ysbrydol a'r daearol perffaith fel ei gilydd.

[37] Ibid.
[38] II 85–6.
[39] II 92.

Yr enaid, sef dyn yn gweithredu mewn meddwl ac ewyllys, yw'r man pwysicaf i'w ddadansoddi canys yma y digwydd rhyddhau'r ewyllys o garchar y tywyllwch pan yw dyn yn cael ei aileni yn yr Ysbryd. Yr enaid, medd Llwyd,

> iw'r ysbryd naturiol a grewyd or elementau anweledig, yn ôl naturiaeth y telpyn pridd, yr hwn mae fo yn lleteua ynddo; er hyny y mae'r enaid yma yn ffurfiwr ir corph, ag yn i agweddu yn ol ei feddwl, i aros yn ei hafod-ty gorphorol dros amser.[40]

Ymhellach, yr enaid yw'r

> cwlwm . . . rhwng yr ysbryd ar corph, a phan wisger ef allan drwy glefydau, nei i dorri ffordd arall, mae'r ysbryd yn ymollwng oddiwrth y corph i mewn, fel gwr yn mynd oddicartref.[41]

Gwisg y meddylir amdano yn ddelweddol yn nhermau rhisglyn pren neu grystyn torth yw'r corff.[42] Ac o'r braidd fod ffigur y 'pren a'r gwreiddyn' yn ffigur metaffisegol stoc gan Llwyd gan iddo ddibynnu arno fwy nag unwaith i esbonio is-ysgol y drioliaeth mewn dyn, a oedd yn bendant iawn yn adleisio syniad Böhme yntau ar yr un pwnc. Dywed:

> Mae mewn dyn y naill beth or tû fewn ir llall, fel or vn pren y mae bywyd sugn, corph calon y pren, ai risglin. Am hyny meddaf nid iw'r corph ond rhisglin y pren, neu grystyn dyn, neu ddeilen i gwympo ir ddayar dan draed. Ag fel y mae'r ddayar megis pwll yn agoryd ei cheg i lyngcu yr holl gyrph (y glandeg fel y gwrthyn) felly y mae vffern yn ymrythu am yr holl eneidiau cnawdol. Ag yma y mae dirgelwch.[43]

Yr oedd Oliver Thomas yn *Carwr y Cymru* (1631; t.60) wedi defnyddio delwedd ddigon tebyg i eiddo Llwyd. Trafod pwnc awdurdod yr Ysgrythur a wna ef, ond y mae ei ddelwedd agoriadol yn ein hatgoffa o Morgan Llwyd, ac yn ddiau yr oedd ganddo ef gopi o'r *Carwr*.[44]

---

40 II 86.
41 Ibid.
42 Ibid.; cf. I 291.
43 II 86.
44 III 25.

Aeth Llwyd ymhellach na'r Ysgrythur yn ei anthropoleg, ac enghraifft amlwg o'r plethu syniadau ysgrythurol, Bemenaidd a thraddodiadol (seryddol) yw'r argyhoeddiad a goleddai am ddylanwad y macrocosmos ar ddyn. Rhagdyb a dderbynnid yn gyffredinol yn y cyfnod hwn oedd fod y cosmos wedi'i drefnu er mwyn dyn a daear. Yn y nef uchaf yr oedd Duw yn aros uwchlaw'r *primum mobile*, sef y *coelum empyraeum*, a'r angylion yn gweini arno. Y nef isaf yw'r cread: y planedau a'r sêr sefydlog, ac yn ganolbwynt iddi yr oedd y ddaear. Rhyngddynt, tua'r canol, ceid gofod yn cynnwys nef 'gyfryngol' i'r angylion yn eu graddau a oedd yn mynd a dod oddi yno i 'gartref' Duw.[45]

Yn gyson â'r darlun hwn syniai Llwyd fod tair nef a'u bod yn cyfateb i dair rhan dyn, sef ei ysbryd, ei enaid a'i gorff, a bod y tair nef yn eu tro yn effeithio ar y rhaniad triphlyg hwn ar natur dyn:

> Mae tair néf yn gweithio ar dair rhan dyn, yr isaf ar ein cyrph (fel y gwelwn beynydd) y ganol ar ein heneidieu, ar vchaf ar ein hysbrydoedd . . . Mae tair rhan dyn yn ymddangos fel plant a gweision ac anifeiliaid Iob, neu yn debig i dri mâb Noah ai gwragedd. Neu fel tri phlentyn yn y ffwrn a mâb Duw yn bedwerydd. Neu fel cyntedd y deml, ar lle Sanctaidd, ar lle Sancteiddiolaf. Cofia dithau mai'r tri hyn yw dy dyddyn ath etifeddiaeth di; Ac mae'r yscrythur lân yn sôn yn helaeth ac yn fynych am enaid ac ysbryd a chorph . . .[46]

Nid oes gofyn olrhain y syniad am y tair nef i Böhme, er ei fod i'w gael hyd syrffed yn ei weithiau. Ond yr oedd gweld cyfatebiaeth fel hyn, rhwng y cosmos a dyn, mor gyffredin i Donne a Milton a'r llu llenorion yn y cyfnod fel na ddylid ynysu Llwyd oddi wrthynt. Yr oedd yn ddyledus i'r *milieu* syniadol cyffredinol yn y cyfnod.

Yn gymysg â'i anthropoleg, digwydd byd-meddwl Cadwyn Bod; a chytunai ei syniadau am ddyn â'r gosmoleg draddodiadol a geid wrth wraidd meddyleg y Gadwyn. Ond cyn troi at honno hwyrach mai da o beth fyddai crybwyll agosed oedd syniadaeth Llwyd am ddyn at ddysgeidiaeth Peter Sterry ar yr un pwnc.

Dywed Sterry fod y corff wedi'i greu o lwch y ddaear, ac mai'r

---

[45]   E. M. W. Tillyard, *The Elizabethan World Picture*, 45–6.
[46]   I 249.

enaid/ysbryd yw anadl Duw mewn dyn. Ond ffynnon y bywyd mewn dyn yw'r ysbryd, a phan fydd dyn farw dychwel yr ysbryd at Dduw.[47] Y mae'r darn a ddyfynnir yn awr yn hynod debyg i syniad Morgan Llwyd ar yr un pwnc:

> The Life of the Soul in the Body of a Saint on Earth is divided between a two-fold Principle, the one Natural, the other Spiritual

> The Soul hath its Subsistence at once in a two-fold Root; one Heavenly, the other Earthly. It partakes of a two-fold Life: it is severally at the same time Comprehended in, and Sprung forth from a two-fold Man in the same Body . . .

> The Soul standing between the Spirit and the Body; the Angelical, Principle, and the Visible Image, naturally looks two Ways, or may be considered in two Parts. The Natural Soul in one Part depends immediately upon the Angelical Principle draws inward and upward to it. The Soul in the other Part communicates immediately with the Body, and drives itself outward into that.[48]

Credai'r Cymro a'r Sais fel ei gilydd fod yr ysbryd yn ffynhonni yn Nuw a bod y corff wedi'i greu o'r ddaear ac mai cyfryngwr rhwng yr ysbryd a'r corff yw'r enaid.

Cadwyn Bod

Yn *Llyfr y Tri Aderyn* dywed Morgan Llwyd beth na ellir gwneud pen na chynffon ohono'n foddhaol heb gymorth syniadaeth Cadwyn Bod:

> Deall hyn hefyd, wneuthur o Dduw ddyn ym merion pôb creadur (megis cynhwyllin y bŷd mawr.) fe anadlodd Duw oi enau ei hun ei anadl ynddo iddo, a hwnnw a bery byth. Ei ysbryd naturiol sydd drwy gŷd-gynhulliad y ffurfafen, ai gorph or pedwar defnydd. Mae dŷn Duw yn gyfrannog ar ser mewn tegwch, ar planhigion mewn tyfiant, ac ar anifail mewn synhwyrau cnawdol (y rhai yw'r enaid naturiol:) yn gyfrannog hefyd ar Angelion mewn deall tragywyddol ac a Christ yn y natur nefol.[49]

[47] Vivian de Sola Pinto, *Peter Sterry, Platonist and Puritan 1613–1672* (Cambridge, 1934), 156–7. Gw. bellach N. I. Matar, *Peter Sterry: Select Writings* (New York, 1994).

[48] Pinto, *Peter Sterry*, 156–7.

[49] I 248.

Meddwl a ymfwydodd yn syniadaeth draddodiadol Cadwyn Bod a allai gysylltu dyn â'r sêr a'r planhigion a'r pedair elfen a'r angylion ac â'r Gair. Ni ellid amgenach crynhoad ond odid na geiriau E. M. W. Tillyard parthed hanfod y meddwl canoloesol mawr hwn:

> In the chain of being the position of man was of paramount interest . . . He was the nodal point and his double nature, though the source of internal conflict, had the unique creation, of bridging the greatest cosmic chasm, that between matter and spirit.[50]

Prin y ceir enghraifft a ragorai yn Gymraeg o ran eglurder y meddwl traddodiadol hwn na Llwyd; dyma'i ddyneiddiaeth etifeddol. Rhaid disgwyl tan Twm o'r Nant i'w weld ar ei orau drachefn, er bod Ellis Wynne wrth gwrs, a sawl un arall yn ddiau, yn cyfranogi o'r un etifeddiaeth ganoloesol.

Trefn drwy'r cosmos o'r brig rhagoraf hyd at y bôn mwyaf distadl oedd nodwedd fawr gynhaliol Cadwyn Bod,[51] ac yr oedd i bopeth drwy'r cread gysylltiad hanfodol a dosbarthiadol fanwl â'i gilydd drwy gyfrwng 'pont' neu is-ysgol 'letraws' y pedair elfen. Ffurfiai pob dolen yn y Gadwyn, neu bob dosbarth neilltuol, gadwynau cydgysylltiol annibynnol ond trwyadl gyd-ddibynnol hefyd. O fewn pob dosbarth ceid ysgolion neu is-ysgolion yn cynnwys rhagoriaethau yn esgyn o'r radd isaf neu ddistadlaf hyd at yr ardderchocaf ar frig y dosbarth penodol. Y dosbarth isaf yn y Gadwyn oedd pethau materol ansymudol difywyd, sef sylweddau. Uwchlaw hwn yr oedd dosbarth y llysiau neu'r planhigion a hwnnw drachefn yn cynnwys graddau mewn rhagoriaeth yn ymestyn o'r bôn hyd y brig, er enghraifft gradd ardderchocaf is-gadwyn y blodau oedd y rhosyn, gyda'r dderwen ar frig is-gadwyn y coed, ac yn y blaen. Oddi yno esgynnir i fyny'r Gadwyn at ddosbarth y creaduriaid, a'r tro hwn ceid y llew yn rhagori ar y bwystfilod, yr eryr ar rywogaeth yr adar, a'r morfil yn ei lordio ar y pysgod. Canol y Gadwyn, a'r dosbarth rhagoraf ar y ddaear, oedd dyn, ac yr oedd Llwyd yn gwbl sicr parthed hyn.[52] O'r herwydd, cyfranogai dyn o'r cyfanswm nodweddion dosbarthiadol neilltuol hynny a ragorai ar y dosbarth o'i flaen wrth esgyn y Gadwyn at ei

[50] Tillyard, *The Elizabethan World Picture*, 73.
[51] Ibid., pennod 2.
[52] II 107: 10, 11, 12.

ddosbarth ef: symudiad, teimlad a chlyw. Safai dyn uwchlaw'r dosbarthiadau a nodweddid gan y synhwyrau yn sgil ei ddeall neu ei reswm hefyd. Cynneddf ddyrchafedig oedd rheswm a'i codai ben ac ysgwydd uwchlaw'r dosbarthiadau difywyd, y llysieuol a'r creaduraidd. Ef yw'r microcosmos sy'n cynnwys ynddo'i hun gyfanswm amrywiaeth cydgysylltiol y ffenomenau daearol naturiol.[53]

Yn yr Oesau Canol arferid gwahaniaethu ym myd dyn rhwng y gŵr eglwysig a'r gŵr lleyg, a'r pab – yn ôl y disgwyl – a ragorai yn hierarchiaeth yr Eglwys gyda'r ymherodr yn rhagori ar frig y Gadwyn yn y byd seciwlar.[54] Ond gyda dyfod y Diwygiad Protestannaidd disodlwyd y pab gan y sant, y Cristion ailanedig, a thueddai'r seciwlar i ymdoddi fwyfwy yn yr eglwysig. Hynny yw, yr oedd y sant heblaw bod yn aelod o'r Eglwys hefyd yn aelod o'r byd seciwlar lle'r oedd yn cyflawni ei ddyletswyddau diwylliadol ac, felly, ceid ef yn cyfranogi o'r ddeufyd fel ei gilydd. Y sant, felly, a ragorai yn nosbarth y microcosmos. Yn yr Ysbryd, cyfranogai'r dyn ailanedig yn y dosbarth uwch nag ef yn y Gadwyn, sef dosbarth perffaith yr angylion, y bodau pur a weinyddai ar Dduw ac a'i gogoneddai yn y nef ganol. Gallai'r dyn cnawdol beidio â bod yn sant a suddo'n is na'i ddosbarth i ganol y dosbarth creaduraidd gan fod un rhan ohono eisoes yn cyfranogi o gyfanswm eu nodweddion naturiol hwy. Dyma'r dyn yr ystyrid ei fod o dan reolaeth y planedau, eithr cedwid yr effeithiau planedol o dan reolaeth i raddau yn y sant, o leiaf yn rhannol gan nad oedd yn golledig yn yr Ysbryd. Ar frig y Gadwyn, wrth gwrs, ceid Pennaeth y cwbl, yr holl ddosbarthiadau a'r is-ysgolion, sef y Crëwr ei Hun.

Onid cadwyno a wna Llwyd pan ddywed:

Ac fel y mae Plwm yn rhagori ar Dywarchen, ac Arian ar Blwm, ac Aur ar

---

[53] Gerhard Wehr, *Jakob Böhme Von übersinnlichen Leben* (Stuttgart, 1993), 15: 'Böhme gehört noch zu der Generation, für die sich im Mikrokosmos des Menschen die makrokosmische Welt spiegelt. Wo immer man Böhmes Bücher aufschlägt, fällt einem diese universele, auf Ganzheitserkenntnis hinzielende Betrachtungsweise auf.'
(Yr oedd Böhme o hyd yn perthyn i'r genhedlaeth yr oedd microcosmos dyn yn adlewyrchu'r macrocosmos ganddi. Pa le bynnag yr agorir llyfrau Böhme sylwir ar y cyffredinoliad hwn, ar wybodaeth o'r cyflawnder yr anelir ato gan fyfyrdod doeth.)
[54] Gw. Saunders Lewis, *Braslun o Hanes Llenyddiaeth Gymraeg hyd 1536* (Caerdydd, 1932); G. J. Williams ac E. J. Jones (goln.), *Gramadegau'r Penceirddiaid* (Caerdydd, 1934), 'Llyma lyfr a elwir Graduelys', 198–203.

Arian, a Pherlau ar yr Aur, a Rhinwedd ar hòll Berlau'r Byd: Felly y mae Graddau'r Daiarennau, a'r Sér, a'r Anadlau ar Eneidjau ac Ysbrŷdoedd Seinctjau ac Anghŷlhon o flaen Duw.[55]

Oni weli di y prenniau yn tyfu heb ymglywed a'r bywyd ṡydd mewn anifeiliaid? Mae'r anifeiliaid yn symmud heb adnabod y rheswm sydd mewn Dyn. Mae dynion yn ymgoethi heb ddeall y ffydd sydd mewn seinctiau ar y ddaiar. Mae nhwythau hefyd heb ddeall fawr o fywyd angelion, a'r angelion sanctaidd ei hunain heb allel cwbl weled pa fodd y mae'r vn mewn tri yn byw. Ac am hynny (fel y dywedais o'r blaen) Dôd i bôb peth ei lê ei hun . . .[56]

Ar un olwg nid oes a wnelo ymhelaethu fel hyn ar syniadaeth Cadwyn Bod ddim oll ag anthropoleg Morgan Llwyd, ond y mae'n gwbl berthnasol er mwyn deall ei syniadau am ddyn fel microcosmos, yn enwedig yng nghyd-destun ei gân drawiadol *Gwyddor Vchod*. Ac at honno y trown yn awr.

Gwyddor Vchod

Yn y gân ryfedd hon, ar un olwg, y ceir Morgan Llwyd yn delio yn fwyaf penodol â dylanwad y nefoedd isaf ar y microcosmos, sef ar gorff dyn. Ac y mae'n ffitio fel maneg ar law byd-meddwl Cadwyn Bod. Ond cyn troi at y gân hon yn syth, y mae'n ofynnol inni wrth ryw gymaint o amgyffred parthed gwneuthuriad y cosmos traddodiadol yn ei ddyddiau ef.

Yr awdurdod ar drefn gosmolegol yn yr Oesau Canol oedd Claudius Ptolemaus neu Ptolemy, gŵr a drigai yn yr Aifft yn ystod yr ail ganrif cyn Crist pan oedd y diriogaeth honno yn dalaith Rufeinig. Derbyniai ef ddysgeidiaeth Aristoteles parthed perffeithrwydd y symudiadau wybrennol ac nid oedd yn aros ond dysgu fod ein daear ni yn ganolbwnc i'r cosmos a'i bod hefyd yn ddiysgog tra oedd y planedau yn cylchdroi o'i chwmpas. Dyma'r cosmos cyffredin a lynai ym meddyliau'r rhelyw o ddysgedigion a gwerin yr unfed ganrif ar bymtheg a'r ail ganrif ar bymtheg, a hynny cofier er gwaethaf yr wybodaeth gynyddol a geid mewn

55 II 141.
56 I 210–11.

llyfrau poblogaidd am gosmos Copernicus. Pwyliad oedd hwnnw, a dadleuodd yn ei *Ynghylch Symudiadau'r Cyrff Nefol* (1530), yn syml, fod y ddaear a'r planedau eraill yn cylchdroi ar eu hechelau a'u bod oll yn cylchu'r haul a oedd hefyd yn chwyldroi. Cyffrôdd cosmos Copernicus yr Aristotelwyr, yn naturiol, am na fynnent hwy weld blaenoriaeth y ddaear ar y planedau eraill yn cael ei ddarostwng i fod yn ddim namyn talu gwrogaeth gyda'r gweddill i'r haul. Cadarnhawyd damcaniaeth Copernicus gan Galileo Galilei (1564–1642) a fu wrthi'n astudio gwrymiau'r lloer a'r planedau eraill gyda chymorth dyfais newydd sbon y telesgop, a ddaeth yn boblogaidd ymysg gwyddonwyr difrif ar ôl 1609. Eithr yr oedd yr hen syniad Aristotelaidd-Ptolemëig traddodiadol wedi'i serio'n ddwfn ar feddwl gwŷr dysg yn gyffredinol yn y cyfnod hwn, ac yng Nghymru ceir neb llai na Charles Edwards yn glynu'n daer wrth y cosmos daearganolog.[57] Glynu wrth yr un gosmoleg draddodiadol a wnaeth Llwyd yntau, er y ceir awgrym cadarn y gwyddai'n iawn am gosmoleg Copernicus a Galileo. Yn wir, dywed yn *Gwyddor Vchod* y gwyddai'n burion am ddau adroddiad gwrthwyneb am drefn y cosmos:

> Rhai a ddwedant fod y ddayar.
> Yn troi beunydd yn olwyngar.
> Eraill mai'r Haul sydd redegog.
> Ar ddayaren yn ddiysgog.[58]

Ymhellach, ceir awgrym yn ei gân 'O Gant a deugain rhan (medd rhai)'[59] ddarfod iddo ymgydnabod hyd yn oed â'r damcaniaethau mesuryddol parthed y pellteroedd mewn milltiroedd a oedd rhwng y ddaear a'r planedau, a hefyd y graddfeydd maintioli rhyngddynt.[60] Serch hynny, nid oedd gan Llwyd yn *Gwyddor Vchod* fawr o ddiddordeb yn y gwaith gwyddonol cynnar o astudio'r nefoedd, canys derbyniai'r syniad oesol am ddylanwad y planedau ar gyneddfau y dyn anianol. Nid oedd waeth ganddo o gwbl mewn gwirionedd yr hollti blew rhwng gwyddonwyr newydd ac amddiffynwyr y cosmos traddodiadol o ran y symudiadau wybrennol.

⁵⁷ G. J. Williams (gol.), *Y Ffydd Ddi-ffuant* (Caerdydd, 1936), 236–7; gw. Klaus Scholder, *The Birth of Modern Critical Theology Origins and Problems of Biblical Criticism in the Seventeenth Century* (London, 1990), pennod 3.
⁵⁸ II 122.
⁵⁹ III 207; gw. E. Lewis Evans, *Morgan Llwyd* (Lerpwl, 1931), Atodiad, 180–1.
⁶⁰ I 226.

Gogwyddai ei fyfyrdodau a'i ddiddordeb hefyd yn barhaus i gyfeiriad y ddysg draddodiadol am ddylanwad y planedau ar gorff dyn, a bu gystal â chadarnhau hynny:

> Astronomyddion cnawdol
> Sy'n sôn am Sêr naturiol:
> Heb ganfod y saith ysbryd byw,
> Sydd yn ei rhyw'n dragwyddol.[61]

A'r ddaear felly yn sefydlog i bob pwrpas, trefnid y cosmos o'i chwmpas o'r nef isaf hyd y nef uchaf, a cheid rhyw naw neu ddeg o gylchoedd, at ei gilydd, yn rhedeg drwy bob un o'r planedau tuag at allan o ganol y ddaear. Uwchlaw'r ddaear, y lloer oedd agosaf ati. Islaw y lloer ceid bod darfodedigrwydd popeth yn anochel. Uwchlaw'r planedau wedyn ceid y sêr sefydlog ac, wrth gwrs, y *primum mobile* ar gyrion eithaf y cosmos. Rhyngddo a'r nefoedd uchaf yr oedd nef ganol yr angylion. Cylch y *primum mobile* a benderfynai gwrs y planedau yn eu hymwneud â'i gilydd ac â'r ddaear.

Yr oedd a wnelo'r syniad am is-ysgol y pedair elfen yn agos iawn â darfodedigrwydd a diddymiad popeth naturiol islaw'r lloer, a'r tragwyddoldeb yn y nefolion leoedd hefyd, oblegid er iddynt fod yn groesddefnyddiau ar y ddaear ac mewn dyn, arhosent yn gytûn yn y planedau sy'n cydweithio â'i gilydd yn berffaith. Cawsai Llwyd y syniad hwn yn aml yn llyfrau Böhme. Cychwynnai'r dylanwadau drwg, serch hynny, yn yr ymrafael a oedd rhyngddynt a'r sêr mewnol mewn dyn a'i gyneddfau, sef y pedair elfen. Cyferbynnir helynt y ddaear a pherffeithrwydd y planedau wybrennol gan Llwyd fel hyn:

> Mae'r ddayar yn y drallod.
> Ar wybren mewn anghydfod.
> Ar sêr yn croesi'r naill y llall.
> Fe ddichon call i cymmod.
>
> Nid oes vn yn serennu
> Heb un arall yn i magu.
> Mae croes ddefnyddiau yn gytûn,
> Ag oll yn vn yn clymmu.[62]

---

[61] II 107.
[62] II 108.

Nid yn yr wybren yn gymaint ag ym mhroses mewnol yr effeithiau a barai'r planedau ar ddyn ac ar y ddaear y digwyddai anghydfod. Y Cwymp a'r pechod gwreiddiol a barai fod darfodedigrwydd a chroesineb islaw'r lloer gyda'r pedair elfen ar chwâl ac yn ymgyrchu yn erbyn ei gilydd yn barhaus.

Gwaelod is-ysgol y pedair elfen oedd defnydd y *tir*, y defnydd oer a sych. Yn rhagori arno ceid *dŵr*, sef y defnydd oer a gwlyb, ac uwchlaw hwn yr oedd *awyr*, sef y defnydd poeth a sych, ac yna ceid *tân*. Dyma'r elfennau a gysylltai bob dosbarth yng Nghadwyn Bod â'i gilydd. Croesddefnyddiau oeddynt islaw'r lloer, ond rhai cytûn y tu draw iddi. Dilynai rhai Aristoteles a dysgu fod pumed elfen uwchlaw'r lloer, sef *ether* a berthynai i'r angylion yn unig. Er bod y pedair elfen yn ymgiprys am oruchafiaeth ar y ddaear ac mewn dyn, nid ydynt yn llwyr ddinistrio'r cydbwysedd cloff yma, canys ceidw Duw y ddysgl yn lledwastad rhyngddynt am y tro. Neu fel y dywed E. M. W. Tillyard:

> though the elements were arranged in this hierarchy, in their own chain of being, analogous to that of the living creatures, they were in actuality mixed in infinitely varied proportions and they were at perpetual war with each other. For instance, fire and water were opposed, but God in his wisdom kept them from mutual destruction by putting the element of air between them, which, having one quality of both the others, acted as a transition and kept the peace.[63]

Cyfatebiaeth fewnol mewn dyn i'r pedair elfen yma sy'n gyfrodedd yn y Cread yw'r pedair *cynneddf*. Cyfetyb elfen y *tir* i'r gynneddf felancolig, ac *awyr* a *thân* yw cyneddfau'r gwaed a dicter yn olynol. Cyfetyb *dŵr* i'r gynneddf fflegmatig. Dyn oedd coron ddaearol y Creu oblegid fod y croesddefnyddiau hyn wedi'u cymysgu yn fwy cyfartal ynddo ef nag yn y dosbarthiadau oddi tano; er enghraifft, ffafriai cydbwysedd rhwng dŵr ac awyr hirhoedledd ac felly, gan fod cydbwysedd rhyngddynt mewn dyn, ceir ef yn byw yn hwy na'r creadur sy'n darfod lawer ynghynt am fod cymysgedd elfennau dŵr ac awyr ynddo yn anghytbwys. Yn ddelfrydol, bwriedid cydbwysedd perffaith rhwng yr elfennau mewn dyn. Dyna oedd ei gyflwr hefyd cyn y Cwymp pryd yr ymdebygai'r pedair elfen yn fwy i un sylwedd nag

i bedwar croesddefnydd. Wedi'r Cwymp gallai'r planedau
effeithio ar wahanol rannau corff dyn a phenderfynu cyfartaledd
cymysgedd y pedair elfen yn ei anianawd. Bydd cydsymudiad
y planedau macrocosmaidd yn ôl y dyddiad geni a lleoliad y
sidydd ar y pryd yn penderfynu pa un o'r cyneddfau a reolai
mewn dyn, un ai'r dymer felancolig, y gwaed, y fflem neu'r
dymer ddig.

Cyfatebai corff dyn i'r tair nef. Ar y brig ceid y pen lle'r
ymgartrefai'r ymennydd. Oddi tano ceid y torso, a gellid rhannu
hwnnw'n ddau gyda'r galon yn rhagori ar organau'r corff a
ymnythai yn y fan hon. Y rhaniad isaf i'r torso a gartrefai'r iau
a'i gydweithwyr. Gan fod bywyd y corff yn dibynnu ar faeth, y
dosbarthiadau islaw dyn yng Nghadwyn Bod oedd bwyd dyn, a
throsglwyddir y pedair elfen i'r dyn mewnol drwy gyfrwng y
bwyd a fwyty. Wedi'r treulio, trawsffurfir yr elfennau yn hylifau
neu'n gyneddfau gan yr iau, a dyma'r cyneddfau mewnol sy'n
ffurfio cymeriad a phryd a gwedd dyn. Cyfatebent, fel y
gwyddys, i'r croeselfennau. Gelwir hwy yn *humours* yn y cyfnod, a
chludir hwy o'r iau gan y gwythi i'r galon, pair y bersonoliaeth,
lle y digwydd y cymysgu a'r cyfartalu cyneddfol. Po berffeithiaf
yw'r cymysgedd, yna iachusaf yw'r corff. Ond, y mae dylanwad y
planedau macrocosmaidd yn rhwystro cyfartalu perffaith yn y
cymysgedd. Os yw dyn heb ei aileni, y siawns yw fod y cymysg-
edd uchaf a pherffeithiaf posibl o ran cyfartaledd ynddo yn
llawer rhy amherffaith oblegid goblygiadau'r Cwymp fel nad
yw'r dyn hwnnw mor iach ag y gallasai fod. Gyda'r ewyllys yn
gaeth i bechod, yr oedd effeithiau'r planedau yn fwy dinistriol i'r
corff. Os oedd gormod o ddŵr mewn dyn, adnabyddid ef fel
person a reolid gan y gynneddf fflegmatig, a phe ceid tân yn
oruchaf o ran cyfartaledd cymysgedd, nodweddid y dyn hwnnw
gan y gynneddf ddig. Yn y sant, ar y llaw arall, yr oedd pob un
o'r cyneddfau yn sicr o fod yn llawer mwy cytbwys ac, er bod un
o'r cyneddfau yn sicr o ddyfod i'r amlwg, rhagor na'r lleill, fe'i
cedwir o dan reolaeth rhag cynyddu a gwaethygu gan fod
priodas ysbrydol rhwng y gŵr hwnnw a Duw.

Wel, beth mewn difrif sydd a wnelo'r syniadau hyn ag anthro-
poleg Llwyd? Yr ateb yw na ellir hebddynt roi cyfrif boddhaol
am ei syniadaeth am ddyn yn *Gwyddor Vchod*, a hwnt ac yma yn ei
weithiau eraill. Argyhoeddwyd ef o'r effeithiau planedol ar y dyn

anianol fel y prawf y gân hon yn fwyaf arbennig. Mewn llyfr arall dywedodd 'the stars work undenially upon the outward life of the body'.[64] Gan hynny, deuai nodweddion creaduraidd fwyfwy i'r amlwg mewn dynion nad ailaned mohonynt a chwympent yn is na'r lefel a fwriedid o'r cychwyn ar eu cyfer. Ar y llaw arall, esgyn yr ailanedigion i'w priod le (er eu bod yn amherffaith yn rhannol o hyd) drwy ddyfod yn saint a thrwy hynny fe'u galluogir i gydrannu â byd nefol yr angylion. Dyma'r syniad sydd gan Llwyd yn *Llyfr y Tri Aderyn*:

> Mae'r Planedau yn rheoli y meddwl anifeilaidd cnawdol nes iddo fynd allan or corph oddi tan yr haul. Ond mae'r dyn difrif ysbrydol vwchlaw'r holl blanedau yn ei feddwl yn barod, er bôd ei gorph ef etto fel anifail . . . Ond Deall nad iw'r dyn sy'n ofni Duw yn ofni'r planedau (mwy nag y mae vsdus ar y faingc yn y rhai sydd dano) canys mae'r dyn duwiol yn rheoli pôb peth yn yr ysbryd gyda Duw ei hun.[65]

Dirgelwch llwyr fydd *Gwyddor Vchod* i'r sawl a ddaw ati i'w darllen oni chofir am y gosmoleg hynafol uchod a Chadwyn Bod ac is-gadwyn y pedair elfen sy'n ffurfio cyd-destun syniadol iddi. Dyma'r allwedd i'r syniadaeth ddyrys – er nad mor ddyrys ychwaith ar ôl ymdrafferthu i'w deall – am drefn yn y macro--cosmos a'r gyfatebiaeth sydd rhyngddo a'r microcosmos. Nid ydynt fel cyfangorff yn syniadau gwreiddiol neilltuol i Morgan Llwyd am mai eiddo cyffredin Ewrop benbaladr ers canrifoedd maith oeddynt.

Dengys lwyred y perthynai ei fyfyrdodau i fyd-meddwl yr Oesau Canol a barhaodd yng Nghymru, mewn rhai llenorion, hyd drothwy'r Chwyldro Diwydiannol, pan gyhoeddasai Llwyd:

> Dyn yw Canolfa'r hollfyd,
> Dyn o bob peth a grewyd.
> Pob peth a wnaed sydd ynddo ef,
> Môr, Dayar, Nef, a Bywyd.[66]

Yr oedd y pwyslais seciwlar diweddarach ar ddyn yn gwbl

[64] I 291.
[65] I 235.
[66] II 107: 10.

ddieithr i'w deithi meddwl hynafol gan iddo ystyried mai Duw oedd dechrau a diwedd hanes, a bod dyn yn rhan o'r patrwm o'r Cwymp hyd at Ddydd y Farn. Nid tan ar ôl cyfnod Twm o'r Nant y diflannodd y *Weltanschauung* canoloesol yng Nghymru a disodli'r hen ddull o feddwl am Dduw a dyn a'r cread yn nhermau cadwyn a macrocosmos a microcosmos.[67]

Gellir bellach droi yn hyderus at *Gwyddor Vchod* ei hun wedi'r rhagymadroddi uchod sy'n ffurfio cyd-destun syniadol i'r gân drwyddi. Y mae modd rhannu'r gân gosmolegol Gymreig hon, canys dyna ydyw mewn gwirionedd – yr unig un o'i bath am wn i – yn rhyw bump o is-adrannau trefnus.

(1) Egyr gyda chyfres o benillion rhagarweiniol, 1–30, yn disgrifio brig Cadwyn Bod, sef Duw'r Crëwr. Sonnir fel y bu iddo Ef drefnu'r bydysawd a dyn a daear, y Byd Mawr a'r Byd Bach. Ailadroddir yn gynyddol yr ansoddair 'rhyfedd' wrth aros gyda'r Creu gan roi lliw arallfydol bwriadol bron i ogwydd meddwl y darllenydd gan ei fod yn arafu'r darlleniad ac yn hoelio'r sylw ar y syniad dilynol, ar y dweud sobr. Cyn y Cwymp yr oedd cyfatebiaeth soniarus rhwng saith planed fewnol dyn, sef rhannau'r corff a'r planedau macrocosmaidd:

> Duw a wnaeth saith seren siriol
> Adda cyntaf yn rhyfeddol.
> Yn yr wybren yn cyfatteb,
> Yn yr eglwys mewn doethineb.[68]

Ar ôl y Cwymp effeithir ar gyneddfau dyn gan y planedau wybrennol sy'n dylanwadu ar gymysgedd cyfartaledd y pedair elfen ar y ddaear ym mhob dosbarth yng Nghadwyn Bod islaw'r angylion. Dywedir yn groyw:

> Os gofynni, Beth yw'r Anian
> A naturiaeth dyn ei Hunan?
> Pawb ath ettyb. Mai, Tân, Awyr,
> Dwr, a Dayar sydd mewn natur.[69]

---

[67]   R. Geraint Gruffydd (gol.), *Meistri'r Canrifoedd* (Caerdydd, 1973), 287, a gweler yr ysgrif drwyddi.

[68]   II 104: 23.

[69]   II 105: 28.

(2) Yn yr ail adran, penillion 1–21 (ac un englyn gwallus) disgrifir pob un o'r saith planed macrocosmaidd yn ei thro, ar ôl nodi pob un ohonynt yn gryno a'r gyfatebiaeth fewnol iddynt hwy 'ymhob dyn naturiol'. Dyma'r cyfatebiaethau rhwng y planedau hyn a saith planed fewnol dyn, neu saith rhan y corff, wedi'u gosod mewn tabl:

Y Blaned	Y Rhan Gyfatebol o'r Gorff
1. Y Lleuad	ymennydd (y brig)
2. Mercurius	ysgyfaint
3. Fenws	arennau
4. Yr Haul	calon (rhan uchaf y torso)
5. Mawrth (Mars)	bustl
6. Iau (Jupiter)	iau (rhan isaf y torso)
7. Sadwrn (Saturn)	dueg

(Gwelir bod Llwyd yn rhoi'r ddueg islaw'r iau ond nid yw hynny'n effeithio nemor ddim ar gynllun y cyneddfau mewn dyn).

Cyn symud ymlaen i drydedd ran y gân, ceir anogaeth gan Llwyd ar i ddyn ffoi rhag dylanwad drwg y planedau ar y cyneddfau; ac, wrth gwrs, y mae'n dibynnu ar i Dduw ewyllysio datod clymau'r pechod a'r planedau a'u heffeithiau ar gorff ac ewyllys dyn. Eithr gorfodir ef i gydweithio â Duw os yw wedi'i alw:

> Ai dattod a wna'r Arglwydd
> Ir dyn a fynno'n ebrwydd
> Droi iddo ei hun at Dduw ai gwnaeth
> Ni bydd hwn caeth ond dedwydd.[70]

(3) Neilltuir y drydedd adran, a'r hwyaf, i fanylu ar bob un o'r saith planed, a'u dylanwad yn eu tro ar ddyn, mewn cyfresi o is-adrannau. Cychwyn pob is-adran gyda disgrifiad o'r blaned a'i natur nodweddiadol gan ogwyddo yn grefftus at yr effaith a gaiff ar y rhan gyfatebol mewn dyn. Manylir ar sut y gellir gwybod fod dyn yn gaeth i ddylanwad y cyfryw blaned drwy nodi nodwedd-ion y bersonoliaeth a'r pryd a'r wedd neilltuol. Cyfeiria hefyd at ba anifeiliaid o'r dosbarth islaw dyn yng Nghadwyn Bod y gellid eu cymharu â dyn o ran ei gyneddfau creaduraidd llywodraethol,

---

[70] II 108: 18.

er enghraifft y mae'r dyn a saif o dan ddylanwad y blaned boeth a
sych, sef Mawrth, yn llawn dicter gan mai effaith y blaned hon ar
ddyn yw cynhyrchu gormod o dân yn y corff, yr elfen boeth a
sych. O ganlyniad gwelir bod y dyn sydd yn ei chrafangau

> Fel yr eirth ar teirw gwylltion,
> Fel y meirch ar dreigiau creulon.
> Fel y geifr ag fel y bleiddiaid.
> Fel mastgyffgwn ymysg defaid.[71]

    Cyn cloi pob is-adran a symud i'r nesaf anogir y sawl sy'n
darllen neu'n gwrando i ffoi rhag caethiwed a rhus y blaned
drwy Grist; er enghraifft yn yr is-adran sy'n trafod Mawrth eto,
ceir anogaeth i fod yn sant ac i esgyn i frig (Protestannaidd)
dosbarth dyn yng Nghadwyn Bod.

> Rhaid yw diffodd *Mars* drwy'r ysbryd.

> Ag ymostwng dan draed Jesu
> A chymeryd ganddo i disgu,
> Yn ddioddefgar ag yn dirion,
> Dan yr iau cyn cael y goron.[72]

(4) Yn y bedwaredd adran, penillion 1–33, dychwelir i bob
pwrpas at gywair yr adran ragarweiniol gydag anogaeth bellach i
ryfeddu'n sobr at waith y Crëwr a'i gynllun ar gyfer iachawdwr-
iaeth. Pwysleisir mai yn yr Ysbryd y deuir i feddu ar rodd bywyd
a thrwyddo gellir ymryddhau o afael dylanwad y planedau.
Dyma bedwar pennill anogol i ddangos yr egwyddor, a gwelir eu
bod yn ddyledus am eu pwnc i Jakob Böhme:

> Nid y Sêr yw'r vnig Destyn,
> Chwilia'r Galon ar Gorchymyn.
> Tyrd o ysbryd y byd diffaith
> Ir Baradwys beraidd berffaith.

> Dos i mewn i ti dy Hunan,
> Dos at Dduw oddi yno allan,

---

71   II 118: 7.
72   II 118: 9 a 10.

Allan oth naturiol wyllys,
Ag o ysbryd byd gofidus.

Hyny yw, yn ysbryd Jesu,
Dilyn hwn a dos i fynu,
Os canlyni dy Hun-ysbryd
Cnawdol, nid oes obaith bywyd.

Duw in helpu, Duw in caru
Duw in newid an diddanu:
Duw nid yw yn ôl i vndyn,
Ond gwae'r dall ar byddar cyndyn.[73]

(5) Adran fer yw'r bumed a'r olaf, penillion 1–6, sy'n ffurfio rhyw fath o epilog i'r gân. Y mae'n cynnwys esboniad Morgan Llwyd ar 'Pam y printiwyd y Gân yma?' Yn y *Bwletin*[74] ceir trafodaeth gan Ifor Williams ar lawysgrif astrolegol a ddyddiai o tua 1685 neu 1688, sef 'Llyfr Ffortun Bangor'. Dywed Williams ei bod yn gwbl amlwg mai *Gwyddor Vchod* oedd ffynhonnell brintiedig awdur y 'llyfr', ond y mae'n cofio hefyd fod yr 'awdur' yn dibynnu'n ogystal ar draddodiad llafar brodorol, ffaith sy'n awgrymu fod traddodiad hir o'r fath yn bod *cyn* i Llwyd gyfansoddi'i gân, ac fe barhaodd wedi'i ddyddiau ef. Nid oes amheuaeth mai ei farc ef ei hun sydd ar holl benillion *Gwyddor Vchod* yn y ffurf sydd arnynt, ond fe dynnai ar syniadaeth boblogaidd. Gallai hwyrach fod wedi defnyddio gwybodaeth llawysgrif o eiddo'i dad (neu'i daid efallai) a hyd yn oed ambell bennill ganddo canys, wedi'r cyfan, yr oedd Huw Llwyd, Cynfal, yn ŵr hysbys a byddai gwybodaeth am y sêr a'r planedau yn rhan o'i 'arfau', chwedl Huw Machno mewn cywydd iddo. Delw Morgan Llwyd a osodwyd ar ffurf y gân, serch hynny. Y nodwedd bwysicaf arni yw cywair cosmolegol traddodiadol syniadaeth Cadwyn Bod a drewir fel agorawd preliwdaidd ar y cychwyn i'r testun astrolegol ei hun. Fel y gwyddys, digwydd byd-meddwl y Gadwyn yng ngweithiau Böhme yntau, ond y mae'n cyfeirio at symbolau alcemaidd hyd syrffed fel mai cymylu yn hytrach na goleuo'r gosmoleg draddodiadol a wneir ganddo.[75]

---

[73] II 124: 16, 18, 20, 22.
[74] I. Williams, 'Llyfr Ffortun Bangor', *Bwletin y Bwrdd Gwybodau Celtaidd*, III (1926), 90–119.
[75] Er enghraifft DSR 91–128; EJB 163–7; ThLM ix.

At ei gilydd gellid haeru'n weddol ddidramgwydd fod meddwl Morgan Llwyd dros ei ben a'i glustiau yn nyfroedd byd-meddwl Cadwyn Bod, a syniadau digon sobr a pharchus oeddynt yn Lloegr fel ag yng Nghymru yn y cyfnod hwn. Yr oedd astroleg felly yn gyfrodedd â'i ragdybiau Beiblaidd a Bemenaidd am y Cwymp a gwaredigaeth yng Nghrist. Ond gwir mai cân Blatonaidd fawr yw *Gwyddor Vchod* yn ei hanfod.

Er i Morgan Llwyd fabwysiadu i'w ddibenion diwinyddol ei hun syniad sylfaenol Böhme am y cyferbyniad metaffisegol rhwng Tân/Tywyllwch a Goleuni yn Nuw ac mewn dyn, cyferbyniad hermetaidd o ran ei darddiad, ceir Llwyd ei hun yn gwadu ei fod yn hermetydd. Dywedodd: 'I am not old *Hermes* [Trismegistus].'[76] Yn wir, condemniodd y Paracelsiaid, neu'r alcemegwyr, yn *Gair o'r Gair* (a'r Platoniaid hwythau):

A hwn [sef y Gair] y mae'r PHILOSOPHYDDJON yn breuddwŷdjo ac yn oferson am dano, ac yn ei alw y Garreg philosophaidd. Ond y Pêth y maent hwŷ yn ei geisio trwŷ Ddoethineb y Bŷd (gan ymbalfalu am y Duwdod) cais di hwnw yng Oleunei'r Gair tragwŷddol ymma, sef ynddo ei hunan.[77]

Ond, er gwaethaf ei brotestiadau, dengys ei anthropoleg ei fod yn ddyledus iawn i syniadau astrolegol dysgedig a phoblogaidd a ddeilliai o'r un *milieu* syniadol â'r syniadau Neo-Blatonaidd hynny a nodweddai'r hermetwyr a'r Paracelsiaid. Aeth cyn belled â chondemnio dewiniaeth y gelfyddyd ddu (o'i chyferbynnu ag un wen y gŵr hysbys, celfyddyd yr oedd a wnelo Huw Llwyd â hi):

GOCHEL hefŷd y dewinjaid y rhai sŷdd yn sibrŵd, fel ped fai DUW yn chwedleua a hwynt, yn dangos màth ar Wrthjau, yn datcuddjo'r Pethau a gollwyd, yn ymwrando ar Gair dû allan o Enau dirgel y Cythrel yn gwneuthur drŵg mewn Malais, neu Lîd i rai er Dïwedd drwg. Am y rhain mae llawer yw ddywedyd, Canŷs llawer oedd a sŷdd o'r Swyngyfarweddŵŷr, medd *Joan*, yn niwedd y Datcuddjad. Ond a ddilyno Air DUW sŷdd uwch eu llaw hwynt òll.[78]

---

[76] II 229.
[77] II 153–4.
[78] II 182; cf. III 31, t.90.

Yn union fel John Milton, yr oedd Llwyd yn ddyledwr i syniadau Platonaidd a hermetaidd heb yn wybod iddo bron, a hefyd i astroleg boblogaidd a byd yr alcemegwyr, a thrwy Böhme, hwyrach, yr amsugnodd lawer o'r syniadau hyn i'w feddwl ei hun.[79]

[79] Christopher Hill, *Milton and the English Revolution* (London, 1977); Frances A. Yates, *The Rosicrucian Enlightenment* (London, 1972); o ran diddordeb gw. Valerie I. J. Flint, *The Rise of Magic in Early Medieval Europe* (Oxford, 1991); D. P. Walker, *Spiritual and Demonic Magic* (London, 1975); Frances A. Yates, *Giordano Bruno and the Hermetic Tradition* (London, 1964); Antoine Faivre and Jacob Needleman (eds.), *Modern Esoteric Spirituality* (London, 1992).

4

PERSON A GWAITH CRIST

Crynhoir bannau'r athrawiaeth am Berson a Gwaith Crist yn hwylus gan Llwyd mewn dyfyniad o 1 Tim. 3:16 yn *Llyfr y Tri Aderyn*:

> Duw a ymddangosodd yn y cnawd, a gyfiawnhawyd yn yr ysbryd, a welwyd gan angelion, a bregethwyd i'r cenhedloedd, a gredwyd iddo yn y bŷd, a gymmerwyd i fynu mewn gogoniant, ac a ddaw eilwaith mewn anrhydedd mawr, ac am dano ef yr ydym ni yn disgwil.[1]

Ond cyn troi yn union at ddaliadau Llwyd parthed y pwnc hwn purion peth fyddai bwrw golwg brysiog ar yr hyn sydd gan Böhme i'w ddweud am y mater.

Ceir Böhme, er yn dysgu mai Duw-Ddyn yw Crist, yn dal nad oes arwyddocâd cyfamodol i'r Groes yn null y Calfiniaid. Dywed Stephen Hobhouse amdano:

> We find in him . . . no thorough-going Christology. He lays especial stress upon the points which posses for him a metaphysical, but assuredly, at the same time, a most profound religious interest . . . he predominantly conceives of Christ as the new or second Adam, who has restored what was lost and flung into confusion by the first Adam.[2]

Yn ôl a ddeallai Böhme, nid dyfod i brynu'r etholedigion a wnaeth Crist. Daeth yn y cnawd, yn syml, i roddi *esiampl* i ddyn ar sut y dylai ildio ewyllys rydd i Dduw a dyfod i gyflwr mewnol o achubiaeth drwy ufuddhau i ysgogiad mewnol goleuni'r Gair a adferwyd, yn ddichonol felly, ym mhob dyn adeg Ymgnawd-oliad y Crist. Yr oedd dysgu syniad fel hwn yn amlwg yn heresi a'i farnu o safbwynt Calfinaidd a Diwygiedig.[3] Dysgai Llwyd fod y drindod o Dân, Goleuni ac Ysbryd yn aros ym mhob dyn yn union fel Böhme, a dysgai hefyd fod yr Ysbryd yn ysgogi dyn yn

---

[1] I 210.
[2] Stephen Hobhouse (ed.), *Jacob Boehme* (London, 1949), 155.
[3] Louis Berkhof, *Systematic Theology* (Edinburgh, 1976), 389–90.

ei gydwybod i droi at oleuni'r Gair a oedd ynddo. Er hynny, nid oedd Llwyd yn gwahanu'r goleuni a ddaeth i'r byd yn Ymgnawdoliad y Gair oddi wrth ddioddefaint Crist ar y Groes, fel y ceir gweld. Y ddau ddatguddiad ynghyd a achubai ddyn yn ôl Llwyd; yr oedd y naill ddatguddiad cyn bwysiced â'r llall yn ei feddwl.[4]

Person Crist: Yr Ymgnawdoliad

Dysg Llwyd fod Crist wedi'i eni o Fair Forwyn a thrwy ddylanwad sanctaidd yr Ysbryd Glân y ganed y Mab tragwyddol yng nghnawd dyn perffaith:

> NID oedd *Mair* Mam CRIST yn Fam i DDUW neu i Dduwdod CRIST [Theotokos]. Ond yn Fam i'w Gorph, ac i'w Ysbryd a'i Enaid naturjol, fel yr oedd ef yn Ddŷn [Christotokos]. Ond y Duwdod oedd Ffynnon y trî a'r Gwreiddyn ar yr hwn yr oedd *Mair* ei hunan yn tyfu. A phan feddyliech di am GRIST ar y Ddaiar (yn Nayar y Corph,) Cofia fod iddo ddynol Ysbryd, ac Enaid yr hwn oedd ddibechod, wedi ei uno â'r Duwdod, a'r Ysbryd hwnnw ac nid y Duwdod a ddywedodd. Gwneler dy Ewyllŷs di o Dâd, ac nid fy Ewyllŷs i . . .[5]

Gwelir nad oes ymgais gan Llwyd yma i ddileu na Duwdod na Dyndod Crist. Dysg yn eglur mai Duw-Ddyn yw Crist a'i fod yn cyfranogi'n gwbl ac yn llwyr o ddwy natur, y naill yn ddwyfol a'r llall yn ddynol. Serch ei fod, fel Böhme, yn pwysleisio'r Ymgnawdoliad fel datguddiad achubol oddi wrth Dduw, y mae'n cysylltu'r datguddiad hwn â'r datguddiad iawnol a roddwyd ar y Groes. Yr oedd myfyrio ar Berson Crist yn rhwym o'i ysgogi i fyfyrio ar y Croeshoeliad hefyd; yr oedd y Person yn ogystal â'r Gwaith yn bwysig ganddo ac yn annatod yn ei feddwl cymhleth:

> Yn yr ysbryd enaid a chorph yr ymddangosodd Duw ac y pechodd dyn, ac a ddioddefodd Christ.[6]

---

[4] II 215, 166–7; I 308–9.
[5] II 163.
[6] I 249.

Hwn oedd ddifyrrwch y Duw anfesurol cyn dechreuad y byd. Hwn oedd y Gair a wnaeth bob peth yn y dechreuad, Hwn iw'r golofn ddifesur sydd yn cynnal pob peth. Hwn a wnaethpwyd ynghyflawnder amser yn gnawd ag yn naturiaeth ddynol. Hwn a ddioddefodd dros ddyn waethaf digofaint; Dyma'r hwn oedd vwchlaw pob peth, ag a ddescynnodd islaw pob peth, fel y galle ef escyn eilwaith yn greaduraidd vwchlaw pawb, i fod vwchben pob enw, er mwyn iddo lenwi pob peth.[7]

Yn wir, Duw-Ddyn dibechod yw Crist a gwelir bod syniad Llwyd am yr Ymgnawdoliad yn cyd-daro i'r dim â'r hyn a ddysgir gan gredoau'r Eglwys Fore:

Yr oedd yr un gwybodol anfesurol yn aros yng Horph Màb y Dŷn gyda'r un arall creadurol, y naill yn deall fel DUW, a'r llall yn meddwl fel Dŷn, y ddau ynghŷd mewn un Dŷn hêb Bechod nac Ymrafael: Ac ni bu hyn erjoed mewn neb arall, canys mae Ysbrŷd DUW ynddo fel yr oedd *Peninah* yn erbyn *Hanna* yn ei gofidjo beunydd.[8]

Myfyrio ar y dirgelwch, y gwyrthiol a'r goruwchnaturiol a wna Llwyd yn union fel a wneir yn Niffiniad Chalcedon yn OC 451:

WELE mawr yw Dirgelwch DUW, a'r Modd y cymerodd Mâb DUW anianol Wisg Cnawd Dŷn am dano, trwy neillduo yr hyn oedd bûr er ei fod yn wan yn y Naturjaeth. A'r hwn a wnaeth *Adda* yn Wr hêb Ymescorjaeth Gwraig, a wnaeth ei Hyfrŷdwch (Màb y Dŷn) o Wraig hêb Wr iddi: Fel na phriodai Enaid Dŷn bŷw un Pechod, ond ymroddi i'r hwn oedd ddibechod yn y Cnawd, A hwn yw'r GAIR a wnaethpwyd yn Gnawd.[9]

Digwyddodd hyn oll medd Llwyd yn *Gair o'r Gair* 'am fôd DUW yn mawr-hoffi Enaid Dŷn', ac felly

fe a wiscodd ei Hoffdra ei hun mewn Cnawd, ac wrth ddanfon ei Fàb i wisgo gàrw-wisg ein Natur ni (trwy adel Anian sidanog yr Anghŷljon) fe fynnai ym mhob modd ddyfod nesnes fŷth attom, i'n cippio ni i mewn i'r Natur nefol, i fod yn debig iddo ei hun, fel y galle fo gymryd Difyrrwch ynnom, ac y gallem ninnau aros gydag ef bŷth: Canys ni all dim aros bŷth gyda DUW ond yr hyn sŷdd mor debig iddo ac y gall fod.[10]

---

[7]   II 90–1.
[8]   II 163.
[9]   II 164.
[10] II 162.

Yr oedd Böhme yn dysgu fod cyflwr gwreiddiol Adda wedi'i adfer yn y ddynoliaeth i gyflwr o botensial gydag Ymgnawdoliad y Mab, a mater rhwng ewyllys rydd a goleuni mewnol y Gair yn y gydwybod oedd iachawdwriaeth, ac meddai: 'The first man in his hiddenesse, who fell into death, was here begotten again, vitally, understand in God's principle.'[11] Wrth ddyfod i'r byd mewn cnawd perffaith yr oedd y Gair, yr Ail Adda, wedi adfer y ddynoliaeth, yn ddelfrydol o leiaf, i'w chyflwr gwreiddiol o berffeithrwydd ysbrydol. Ni ddaeth Crist i'r byd i dalu iawn am bechod Adda – a phechod a gyfrifid i'w ddisgynyddion hwythau.[12] Daeth yn hytrach i'w gwneuthur yn bosibl drachefn i ddyn rhydd ddeisyfu i oleuni mewnol y Gair gynganeddu gwreiddiau tywyllwch a goleuni yn ei enaid, a thrwy hynny ei ddyrchafu o'r bywyd cnawdol i'r bywyd pur yn yr ysbryd. Alegori, yn nhyb Böhme, o'r adferiad mewnol hwn oedd gweinidogaeth ddaearol Crist. Ildiodd Crist ei ewyllys i Dduw a gwnaed dyn yr un modd er mwyn i oleuni mewnol y Gair ei aileni. Felly nid oedd ar Böhme angen arwyddocâd unigryw y Groes gan mai'r Ymgnawdoliad oedd pinacl ei fetaffiseg a'i neges am iachawdwriaeth gyffredinol drwy oleuni mewnol. Nid yw'n priodoli rhithyn o arwyddocâd prynedigol i'r Groes fel y gwnâi Calfin. Digon i Böhme oedd i Grist ymgnawdoli yng nghnawd dyn:

> Christ became Man in our Essence, that he might incline or turne it againe, through the Centre and through God's Fire, into the Light, viz. into the World of Meeknesse; which now was so done or effected, in the Person of Christ.[13]

Yr oedd W. J. Gruffydd gynt yn gadarn o'r farn[14] mai'r Ymgnawdoliad, ac nid Athrawiaeth yr Iawn, oedd pinacl dysgeidiaeth Llwyd. Fe'i dilynwyd yn y farn hon gan amryw ysgolheigion cyfoes. A bod yn deg, yr oedd peth gwirionedd yn haeriad W. J. Gruffydd, canys y mae Llwyd, yn *Gair o'r Gair* yn fwyaf arbennig, yn rhoi lle blaenllaw iawn i'r Ymgnawdoliad a bod goleuni'r Gair yn goleuo pob dyn a ddaeth i'r byd. Yn ôl Böhme, drwy'r

11   IJCh 81; cf. DEG vii, 47; CES 318.
12   II 91.
13   ThFC 4.
14   W. J. Gruffydd, *Llenyddiaeth Cymru: Rhyddiaith o 1540 hyd 1660* (Wrecsam, 1926).

Ymgnawdoliad yr oedd y Gair tragwyddol yng Nghrist wedi adfer *cnawd* y ddynoliaeth i gyflwr dichonol o berffeithrwydd ysbrydol. Nid oedd Crist wedi talu iawn i Dduw'r Tad am bechod neb, canys daeth i'r byd, yn syml, i ddatguddio i ddyn sut y medrai ymryddhau oddi wrth ei hunanoldeb pechadurus drwy hunanymwadiad, a'i iachawdwriaeth oedd arfer ei ryddid i ddilyn *esiampl* Crist a throi am arweiniad at oleuni'r Gair yn y gydwybod. Yr oedd Llwyd wedi cerdded ar hyd y llwybr hwn. Dysgai fod yr Ymgnawdoliad yn rhoi gwybodaeth achubol i ddyn am Dduw,[15] a hynny yn annibynnol ar Waith Crist hefyd – er ei fod, yn wahanol i Böhme, yn cyplysu'r ddwy wedd ar y datguddiad yng Nghrist. Dilynai Llwyd Paul wrth gydnabod fod Duw wedi rhoi datguddiad achubol ohono'i Hun yn Ymgnawdoliad y Mab (2 Cor. 3:4; 5:17), ac yr oedd Awstin Sant hyd yn oed yn dysgu fod yna gyfryngu rhwng Duw a dyn yn ufudd-dod y Dyn Iesu. Ceir yr un thema Baulaidd ac Awstinaidd am y cymodi rhwng Duwdod a Dyndod ym Mherson Crist gan Morgan Llwyd yntau yn *Gair o'r Gair*.

Fel yn achos diwinyddiaeth Eglwys Uniongred y Dwyrain y mae Llwyd yn dysgu bod Ymgnawdoliad y Gair wedi dwyn dynoliaeth i berthynas newydd, adferedig, â Duw. Cyfrwng uno'r berthynas hon yw'r Ysbryd Glân sy'n dwyn enaid dyn i uniad cyfriniol â Christ y Mab, ac y mae'r Ysbryd yn peri fod enaid dyn yn cael cyfranogi yn y bywyd dwyfol drwy ddyfod yn aelod o gorff cyfriniol Crist. 'Theosis' yw term y diwinyddion am hyn; y mae'n debyg mai 'sancteiddhad' fuasai term y Piwritaniaid amdano. Gyda'r Ymgnawdoliad, yr oedd Crist wedi adfer dyn i berthynas gyfriniol â Duw, o leiaf yn ddichonol, canys yr oedd yn rhaid wrth adenedigaeth o'r Ysbryd i droi'r dichonadwy yn ffaith ym mywyd y crediniwr. A gwaith gras arbennig a wnâi hyn yn ôl Llwyd. Gofyn yr Eryr am Grist: 'a ydyw efe yn ein cnawd ni?' ac etyb y Golomen: 'Ydiw os ydym ni yn ei ysbryd ef.' Nid yw dyn felly yn cael ei eni i'r cyflwr gwynfydedig; rhaid wrth ailenedigaeth i gyrraedd y bywyd newydd, ysbrydol. Ond fel Paul, ymddengys fod myfyrdod Llwyd ar Berson Crist wedi'i arwain hefyd i feddwl am ei Waith, a cheir ef yn sicr iawn yn dysgu bod marwolaeth Crist ar Galfaria wedi bod yn *brynedigaeth* i ddyn, fel y ceir gweld yn awr.

---

[15] Gw. *Gair o'r Gair*, pennod VI a *passim*.

Gwaith Crist: Yr Iawn

Fel y gwyddys yn burion, disgyn pwyslais Llwyd gan amlaf yn ei weithiau ar agweddau goddrychol y ffydd, ond ni olygai hyn ei fod yn gwadu sail wrthrychol iachawdwriaeth dyn yng ngwaith Crist. Y mae'n cydnabod gwaith *iawnol* Crist yn *Llyfr y Tri Aderyn* yn fwyaf arbennig. Dyma'r gwaith 'oddiallan' chwedl yntau. Ac amddiffynnodd y gwaith hwnnw yn *Where is Christ?*:

Now that man is cursed that denieth the Iesus that dyed at Ierusalem to be the only begotten Son of God; for whosoever denieth the Son, hath not the Father, but lyeth in deep darkness or malice, and so in hell, and there is left till he be awakened, and his flesh subdued. But blessed is the man that is built upon Iesus of *Nazareth* as the onely foundation, and by no means or pretence despiseth that personal death, at which the whole fabrick of heaven and earth did move (the Sun Ecclipsed, the graves opened) yet withal he is happy in this, that he knows that Christ was crucified by him, to live his own life in him, for he was dead, and is now alive in his spirit, and shall dye no more, nor he fall away; without this none are saved. But thou who readest, be warned not to divide the Christ without, and the Christ within; it is the gulph of condemnation, a pit for self-conceited hearts; He that writeth hath seen the deceit.[16]

Calfaria oedd oruchaf yn ei feddwl felly pan ymosododd yn y pamffled uchod ar Belagiaid yr aden chwith, a'r Crynwyr yn eu plith, am golli golwg – megis yr oedd ef ei hun wedi tueddu i'w wneud – ar ffeithiau gwrthrychol y ffydd. Yn y dyfyniad uchod y mae'n condemnio'r radicaliaid hyn am gael eu llygatynnu gan oleuni mewnol i'r graddau eu bod wedi diystyru'r Groes a'i harwyddocâd gwaredigol unigryw.

Y mae gan Llwyd ddau bennill Saesneg (cynnar, yn ddiau) sy'n crynhoi i bob pwrpas athrawiaeth yr Iawn:

He ransomd mee, disarmd my foe
and changd my heart and will
who now from guilt and death am free
but bound to please him still.

So then the foole is now made wise
the guilty justifyd·

16   I 305–6.

the filthy purgd, the captive freed.
My lord be glorifyd.[17]

Cyd-destun y ddau bennill cwbl Galfinaidd hyn yw emyn gan
Llwyd ar 1 Cor. 1:30 lle y moliennir y ffaith fod Crist wedi'i
wneud yn brynedigaeth dros ddyn. Ac er cynhared yr emyn
hwn, y mae'n amlwg na newidiodd Llwyd ei safbwynt, serch ei
ymdaith lafurus i'r mewndir eneidegol, os yw'n medru datgan
mor ddiweddar â 1657 yn *Gwyddor Vchod* mai 'Duw yw'r mab y
cyfan prynnodd'.

Hwnt ac yma yn ei weithiau, ac yn rhy anaml o lawer, y mae
Llwyd yn glynu wrth hanfodion athrawiaeth yr Iawn. Yn *Gwaedd
ynghymru yn wyneb pob cydwybod* y mae'n dweud, 'Wedi darfod ir
Arglwydd Iesu ddioddef ac adgyfodi drosom'. Y mae'n sôn yn y
Llythur ir Cymru Cariadus am y 'Duw bendigedig ai prynnodd'. Ac
yn *Gwaedd ynghymru* drachefn y mae'n 'ymddiried ir Arglwydd; a'r
hwn a glywodd arno ddanfon ei fab i dalu dy ddlêd fawr di', ac y
mae'n pwysleisio mai 'ei waed ef a olcha y bryntni mwyaf'. Nid
oes ar y Golomen yn *Llyfr y Tri Aderyn* ofn marw 'Am fôd vn arall
wedi marw drosofi a hwnnw yw fy meichiau i', a daeth
achubiaeth iddi, nid o'i gwaith ei hun, ond 'drwy ffydd yng-
hyfiawnder vn arall'. Yn wir, y mae'r Golomen yn ymfalchïo
wrth yr Eryr yng ngwaith prynedigol Crist:

Fe fu yr Jachawdwr ar y ddaiar yn ynnill Publicanod mewn cariad, ac yn
dioddef gloes angau dros ei elynion. A glywodd nêb erioed sôn am y fâth
gariad? ddarfod i vn dynnu ei galon o'i fonwes, a'i llâdd hi, a'i rhoi hi iw
wrthwynebwŷr iw bwytta, iw cadw nhwy yn fyw? Dymma fel y gwnaeth y
Goruchaf i achub y dynion bryntaf rhag y gwae tragwyddol . . . Ond mae
hwn o'i ewyllys da yn talu holl ddlêd ei elyn a'i fywyd ei hun, ac yn i dynnu
o'r carchar, ac yn ei wisgo yn nillad ei fâb ei hunan . . . Fe ddaeth o'r
nefoedd vchaf i'r bêdd isaf, i godi y pechadur drewllyd o'r dommen
ddaiarol i'r faingc nefol.[18]

Y mae'n rhaid i ddisgynyddion Adda[19] 'gymmodi' â Duw yng
Nghrist, drwy 'ddychwelyd at Noah i'r Arch gyntaf'. Crist, wrth
gwrs, yw'r Arch a chyfeiria'r Golomen ato fel 'Immanuel yr

[17]   I 17.
[18]   I 189.
[19]   II 91.

Achubwr', ac Ef yw'r 'Iachawdwr' sydd 'wedi lladd ewyllys y cnawd yn barod' gyda'i farwolaeth ei hun, cymal sy'n adleisio Böhme.

Calfiniaeth Athrawiaeth y Cyfamodau oedd eiddo Walter Cradoc. Y cyfamod cyntaf oedd y cyfamod gweithredoedd rhwng Duw ac Adda. Wedi'r Cwymp erys hwn i gondemnio dyn, am na all gyflawni'r amodau a osodwyd arno gan Dduw. Rhaid felly oedd wrth y cyfamod gras os oeddid am achub dyn, a chyfamod oedd hwnnw rhwng y Tad a'r Mab: y Pen newydd yw Crist, yr Ail Adda. Ar sail ei Aberth Ef y mae cael achubiaeth mwyach a hynny drwy ffydd yn ei gyfiawnder Ef. Fel hyn yr aeth Llwyd ati i grynhoi'r athrawiaeth hon:

Eryr.   Attolwg Dangos i mi, Beth yw'r cyfamod newydd?

Colomen. Cytundeb rhwng Duw ai fâb dros ddyn, a rhwng Duw a dyn drwy
          waed yr Oen. Cariad yw Duw ac Ewyllys da at ddyn. Ac er
          darford i Ddyn i adel ef, a dewis y cythrel yn dywysog iddo yn
          ysbryd y bŷd mawr ymma, etto fe a glywodd Duw arno gymryd i
          fâb (ai galon anwyl) oi fonwes, ac fe ai rhoddodd i farw (fel
          gwenhithen yn y ddayar) i borthi llawer. Rhodd fawr anrhaethol
          yw Christ, a rhodd fawr yw llaw ffydd iw dderbyn, Ni all neb i
          phrynnu ond fe all y tlottaf i dderbyn. Llawer a ddywedir ynghylch
          y cyfammod newydd, ac am hynny ni ddywedafi ond hyn yr
          awron. Mai drwy rinwedd hwn y mae'r pechadur yn eiddo Christ,
          a Christ yn ei eiddo yntau: mae Duw yn ymroi drwy Ghrist i ddyn,
          a dyn yn rhaid iddo ymroi drwy Ghrist i Dduw. Ac felly mae pôb
          peth ar sydd gan Dduw (oll yn oll) yn eiddo dyn, ac eiddo dyn
          pechadurus, sef ei holl ewyllys ai feddyliau yn eiddo ysbryd Duw.
          Eiddo fi (medd y Tâd wrth Ghrist) yw'r eiddot ti. Ac medd yntau
          wrth y pechadur, Eiddo fi yw holl eiddo'r Tad, ac eiddo ti yw fy
          eiddo fi, am heiddo fi wyti o ddyn. Myfi a'th brynnais. Rhaid i mi
          dy gael a'th gymryd. A rhaid i tithau gael ffydd gennifi i'm cael ac
          im cymryd innau. Dyma swm y cyfammod newydd.[20]

Y ddau air pwysicaf yn y darn uchod yw'r berfenw 'prynu' a'r enw 'ffydd'; y mae'r naill yn cyfeirio at waith prynedigol Crist ar y Groes ac, felly, yn gyfan gwbl wrthrychol, tra bo'r llall yn

---

[20]   I 240–1.

ymwneud ag ymateb dyn i'r datguddiad hwnnw, sef ymroi i Grist mewn ffydd, a dyma un agwedd ar ganlyniad goddrychol y gwaith hwnnw. Yr Ysbryd sy'n cymhwyso'r achubiaeth wrthrychol ac yn ei wneuthur yn effeithiol mewn dyn, canys

> yr ail Adda a ddioddefodd, ag yr oedd yr holl rai cadwedig ynddo ef y pryd hwnw, ag ir rhain y mae yntau drwy genhedliad yr ail enedigaeth yn deilliaw, ag yn danfon ei ysbryd glan, sef anian Duw. Ag ni chyfiawnheir neb, ond y rhai ynddo ef a ddioddefasont gydag ef, yn y rhai y mae yntau yn byw i Dduw.[21]

Ofer, yn ôl Llwyd, yw credu yn ffeithiau hanesyddol y ffydd onid yw'r credadun wedi profi adenedigaeth, sef y tro goddrychol cwbl angenrheidiol er cymhwyso'r cyfiawnder gwrthrychol a enillodd Crist at gyflwr mewnol dyn. Prin fod Llwyd yn gwadu mai'r Croeshoeliad yw sail wrthrychol ei neges am fewnfodaeth y Gair canys dywed mai'r Prynwr yng Nghalfaria yw 'fy meichiau i'.[22]

Y mae gwaith grasol yr Ysbryd yn dwyn enaid dyn i gymod cyfriniol â Duw ei Hun. Dysg Llwyd hyn yn *Gwaedd ynghymru* gan gychwyn gyda'r sail achubol wrthrychol mewn hanes ac yna esgyn at y goddrychol a'r tragwyddol eithaf:

> Mae dau beth yn cyssuro llawer, ond y trydydd yw sylfaen y cwbl. Y cyntaf yw fod Crist mab Duw wedi marw drosom, a thalu'r holl ddlêd i Dduw; Ond nid yw sôn am hynny ddim, oni bydd yr ail yn canlyn, a hynny yw fod Crist yn byw ynom ni, ag yn rheoli drosom, a thrwyddom, yn oleuni, yn gyssur, ag yn nerth, yn monwes yr enaid.

> Ond nid yw hyn chwaith ddigon, nid hyn yw gwreiddyn y matter, ond yr undeb sydd rhwng y *Tad ar enaid, yn ysbryd y Mab, yn y cariad anrhaethol*. Sef yr un fath undeb, ag sydd rhwng Duw ai Fab ei hunan. Nid y cyfryngwr yw diwedd y cwbl, (1 Cor. 15:24) canys Crist ei hunan a rydd ei swydd i fynu, wedi iddo yn gyntaf ddwyn yr enaid i mewn i undeb a chymundeb ar *Tad*, yn yr *ysbryd tragwyddol*. Canys mae'r dyn newydd yn un a Duw, ar dyn hwnnw yn unig a fydd cadwedig. Am hynny na orphwys (drwy ffydd gnawdol) yn hyn, fod Crist wedi marw drosoti, nag yn hyn chwaith, fod Crist yn dechrau codi ynot ti, ag arwyddion grâs Duw yr [*sic*] ymddangos. Ond deall ffynnon y cwbl, yr hwn yw'r *Tad ynoti*, Canys mae dy fywyd di wedi

[21]   II 91.
[22]   I 215; cf. I 207, 216, 305; II 91, 164–5.

ei guddio yn Nuw ei hun gyda Christ fel y mae bywyd y pren yn guddiedig yn ei wreiddyn dros amser gaiaf.[23]

Sylwn fod Llwyd yn cyfeirio at Grist uchod fel 'cyfryngwr', un arall o dermau gras. Er mai'r uniad cyfriniol â Duw ei Hun yw pen-llad pererindod ysbrydol dyn yn ôl Llwyd, gwelir ei fod yn ei gysylltu yn ddiamwys â swydd gyfamodol Crist a'i waith yn talu 'dlêd' dyn i Dduw. Ond yn nodweddiadol o'i bwyslais radical-aidd ar y gwaith hwn dywed Llwyd na thâl gwybodaeth pen parthed hyn canys rhaid oedd wrth brofiad o adenedigaeth drwy waith cymhwysol yr Ysbryd Glân. Ofer, yn ei dyb ef, yw 'ffydd gnawdol' yn hyn o beth, dweud a oedd yn nodweddiadol o'r Crynwyr ar ei ôl. Y cam pwysicaf oll yn y pererindod yw'r ffaith fod yr Ysbryd yn dwyn dyn i uniad â Christ, a thrwy hynny i undeb cyfriniol â Duw, wedi i Grist ildio ei waith fel cyfryngwr i'r Tad. Yr oedd gan Grist yn y cyfamser 'swydd'.

O ddadansoddi alegori'r Arch yn *Llyfr y Tri Aderyn*, ni ellir peidio â rhyfeddu uwchben ei chrefft, a rhyfeddu rhagor at y pregethwr praff ei fewnwelediad a'i sythwelediad ysbrydol a'i lluniodd. Noa yw Duw, Crist yw'r Arch, y Golomen yw'r cad-wedigion a'r Gigfran sy'n cynrychioli'r damnedigion na fyn fod yn atebol i ymateb i'r alwad i edifarhau. Y Dilyw wrth gwrs yw'r Dioddefaint, ac Ararat yw gogoniant yr ail enedigaeth ac esgyn-iad Crist i'w orsedd fry i eiriol dros ei bobl gerbron y Tad. Oni bai i 'Immanuel[,] Yr Achubwr', meddai, 'ymadeiladu ynghnawd dyn, a dioddef diluw digofaint, ni buase vn cnawd cadwedig'.[24] Gwelir yma eto fod myfyrdod Llwyd ar yr Ymgnawdoliad yn cael ei gysylltu'n annatod â'r Dioddefaint ar y Groes; ni allai wahanu'r naill oddi wrth y llall. Ond i ddychwelyd at y pwynt dan sylw. Y mae'r gwahoddiad i edifarhau wedi'i gyhoeddi i'r byd, ac yn wir:

> Nhwy gawsant rybydd i gyd gan Noah (pregethwr cyfiawnder:) ond roedd yr holl fŷd yn chwerthin am ei ben ef, er bôd pôb dyrnod morthwyl yn bregeth yn galw a'r y bŷd cyndyn i'r Arch.[25]

Yn *Gair o'r Gair* wedyn, pwysleisiodd Llwyd mai'r unig ffordd i'r nef ac i gael 'Bywŷd tragwyddol i'r Enaid' oedd 'trwy'r

---

23 I 143–4.
24 I 200.
25 I 204.

Ail-enedigaeth, yn y Dwfr a'r Gwaëd o Ystlys CRIST".[26] Ni cheir pendantrwydd mwy nag yn alegori'r Arch drachefn parthed swydd Crist fel cyfryngwr tragwyddol a daearol. Pan ofyn yr Eryr 'Pa beth yw'r drws a egorwyd yn ystlys yr Arch?' etyb y Golomen gyda'r neges Galfinaidd gymedrol:

> Y briw ynghalon yr Oen ar y groes, o'r hwn y daeth allan ddwfr a gwaed, i lonni ac i lanhau dyn, ac mae'r briw hwnnw etto yn agored i'r dynion bryntaf.[27]

Pwysleisia waith offeiriadol Crist ac meddai, yn gwbl Galfinaidd ei osgo, wrth y Crynwyr:

> His work and office is reconciling and reaching to bring things distant into one, and to recapitulate all things in heaven and earth. Therefore must the lord from heaven become man from earth.[28]

Yr oedd y gwaith prynedigol hwn yn gefn i neges Morgan Llwyd am fewnfodaeth, a dywed, mewn nodyn bywgraffyddol, yn *Llyfr y Tri Aderyn*:

> daeth Immanuel o vwchder nef i waelod vffern, felly i swydd ef yw codi llawer o waelod Gwae i vwchder Gwynfyd. Mi adwaenwn vn y daeth Diafol atto, gan ddywedyd. Colledig wyt. yntau a attebodd. Gwir yw hynny. Ond (ebr ef) Gwir yw hyn hefyd. ddyfod Christ i gadw'r colledig. Dal dy afael ar yr edef honno. fe gostiodd i Ghrist ei fywyd i nŷddu hi i gadw dy fywyd ti. Carwr y pechaduriaid pennaf yw'r Arglwydd Goruchaf.[29]

Nid ystyriai Jakob Böhme fod arwyddocâd cyfamodol i'r Groes.[30] Symbol oedd Calfaria am lwyddiant Crist yn ildio'i ewyllys i'r Tad, lle y methodd Adda, a thrwy hynny sicrhau

[26] II 139.
[27] I 200.
[28] I 307; cf. I 278.
[29] I 244; cf. M. Wynn Thomas, *Morgan Llwyd: Ei Gyfeillion a'i Gyfnod* (Caerdydd, 1991), pennod 3.
[30] Alexandre Koyré, *La Philosophie de Jacob Boehme* (Paris, 1979) 482–3: 'La notion de l'imitation du Christ – comme les notions de renaissance, seconde naissance, naissance de Dieu ou du Christ dans l'âme, ou de l'âme en Dieu – ne prend son sens profond et plein que lorsque nous nous rendons compte du rôle et de la nature de l'œuvre accomplie par le Christ. Pour Boehme, cette œuvre consiste essentiellement en une victoire sur le mal et la mort. Ce n'est pas le mort expatrice en tant que telle, c'est la victoire sur la mort (la mort à la mort), c'est la résurrection et la renaissance qui sont pour lui l'œuvre de

aileni'r Tân neu'r Tywyllwch yn ei gorff a'i enaid yn y Goleuni yn ei ysbryd. Hynny yw, Ef yw'r Ail Adda a lwyddodd i gynnal cynghanedd nefol yn ei gorff a'i enaid.[31] Nid oes arlliw o ddysg am brynedigaeth yn agos at ei ddysgeidiaeth am Grist: nid yw'n synio amdano fel nac Oen na'r Archoffeiriad. Yn sicr, nid Prynwr ydyw Crist, ond yn hytrach Ef yw rhagdeip y dyn newydd, a dim ond i grediniwr ildio'i ewyllys rydd i'r goleuni oddi uchod, sydd wedi'i daenu yn ei gydwybod, ac a adferwyd ynddo adeg Ymgnawdoliad Crist, y mae'n dilyn fod iachawdwriaeth yn dod i'w ran wrth i'r Tân/Tywyllwch gael ei aileni yng ngoleuni'r Gair tragwyddol yn yr ysbryd.[32] Fel y dywed Böhme am Grist: 'He died to my self-hood in his death, and I also die to my self-hood in his death: He is given up to his resignation in God his father.'[33] Yr oedd *tuedd* yn Llwyd i ddilyn rhai agweddau ar y llwybr Bemenaidd hwn, ond prin y gellir ei gyhuddo o anghofio am swyddi achubol Crist, y 'gwaith oddiallan' chwedl yntau. Rhan o ddysgeidiaeth Llwyd am sancteiddhad oedd ei sôn Bemenaidd am ildio'r ewyllys mewn hunanymwadiad beunyddiol a marw i'r hunan, ond ni olygai hyn nad oedd ganddo unrhyw ymwybod â sail wrthrychol y gwaith mewnol hwnnw.

Dengys Llwyd y gwyddai i'r dim am ystyron diwinyddol dyfnion y swyddi hyn fel agweddau gwrthrychol ar waith

l'Homme-Dieu. Le Christ n'a pas 'payé' pour Adam; il n'a point donné 'satisfaction' à la justice divine; il n'a point 'racheté' l'humanité; il ne lui a point apporté la 'justification' et ne s'est point 'substitué' à l'homme pour répondre de ses péchés. Il a fait autre chose; bien davantage, pense Jacob Boehme. Il a d'abord se substituant à Adam, accompli la tâche de ce dernier. S'étant vaincu lui-même (ayant vaincu la mort et la *Turba)*, ayant reconstitué en lui-même l'ordre de puissance et des principes, il a rendu à Dieu, en les mettant pour ainsi dire à sa disposition, les forces de sa nature. Ayant vaincu la tentation et la mort, il a rouvert à l'homme la voie du Paradis.'

(Nid yw'r syniad o efelychu Crist – fel syniadau adenedigaeth, ailenedigaeth, geni Duw neu Grist yn yr enaid, neu'r enaid yn Nuw – yn cymryd eu hystyr llawn a dwfn pan feddyliwn am ran a natur gwaith a gyflawnwyd gan Grist. I Boehme y mae'r gwaith hwn yn hanfodol yn cynnwys buddugoliaeth ar farwolaeth (marw ar farw), sef atgyfodiad ac adenedigaeth sydd iddo ef yn waith y Duw-Ddyn. Nid yw Crist wedi 'talu' iawn am Adda; nid yw wedi rhoi 'boddlonrwydd' i'r farn ddwyfol; nid yw wedi 'prynu' dynoliaeth; nid yw wedi achosi 'cyfiawnhad' ac nid yw wedi 'cymryd lle' dyn er mwyn ateb ei bechodau. Y mae rhywbeth arall yn angenrheidiol; mwy, yn ôl fel y meddyliai Boehme. Yn y lle cyntaf, y mae, gan gymryd lle Adda, yn cyflawni'r gwaith olaf hwn. Gan ei fod [Crist] yn berson gorchfygedig ei hun (wedi gorchfygu marwolaeth a'r *Turba)*, [ac] wedi adennill ynddo'i hun drefn y pwerau a'r egwyddorion, y mae'n eu rhoi yn ôl i Dduw, drwy roi grymusterau natur – mewn ffordd o siarad – yn ôl yn eu trefn. Ar ôl gorchfygu'r temtasiwn a marwolaeth, y mae wedi agor i ddyn y ffordd i Baradwys.)

31 DSR xi, 87.
32 Ibid. xii.
33 Ibid. 155.

Crist fel cyfryngwr rhwng Duw a dyn, a dywed yn *Gwaedd yng hymru* fod '*Mab Duw* yn *offeiriad* i heddychu'r gydwybod, yn *frenin* i ddarostwng yr ewyllys ag yn *brophwyd* i oleuo'r meddwl.'[34] Yn ateb i gwestiwn 23 yn y *Catecism Byr* ceir hyn: 'Christ, as our Redeemer, executeth the offices of a prophet, of a priest, and of a King, both in his estates of humiliation and exaltation.' Sonnir am ddyfod Crist fel Proffwyd yn Deut. 18:15 a chadarnheir iddo ddyfod yn Act. 3:23. Yr oedd Crist yn ei ystyried ei Hun yn broffwyd yn Luc 13:33, a gwyddys amdano fel proffwyd o Nasareth yng Ngalilea yn Math. 21:11. Ei Ysbryd Ef a barai i broffwydi'r Hen Destament dystiolaethu y byddai'n dioddef dros ei bobl (1 Pedr 1:10–11). Wedi cwblhau ei waith daearol parhâi Crist gyda'i weinidogaeth broffwydol fel ag yn yr Hen Destament, sef drwy gyfryngdod y Diddanydd a'r Efengyl.

Am offeiriadaeth Crist, gwyddys amdano fel cywair a drewir yn y ddau Destament. Gwyddai Llwyd yn burion, fe ddichon, am swydd arbennig yr offeiriaid yn aberthu ac yn offrymu dros bechodau Israel yn yr Hen Destament a derbyniai hefyd esboniad awdur yr Hebreaid mai cysgod oedd hyn oll o aberth yr archoffeiriad Meseianaidd. Yn Eseia cyhoeddir mai Crist fyddai *yr* aberth – yr Oen a ddeuai'n was (gw. Ioan 1:29; 1 Cor. 5:7). Ond Crist hefyd yw'r archoffeiriad ac y mae'n eiriol dros ei bobl (Ioan 14:16; 1 Ioan 2:2). Efe yw'r aberth a'r eiriolwr ar sail yr aberth hwnnw.

Fel Brenin wedyn, Crist a reolai dros y Cread. Llywodraeth ysbrydol Crist drwy gyfrwng yr Ysbryd Glân sy'n cynnull y cadwedigion i'w Eglwys.

Agweddau ar ogoneddu Crist yw'r Atgyfodiad a'r Dyrchafael, ac ni cheir Llwyd yn gwadu'r naill na'r llall. Dangosai'r Atgyfodiad fod Crist wedi concro angau a bod bywyd wedi angau'r corff yn disgwyl y credinwyr. Caent eu cyrff atgyfodedig gan i Grist atgyfodi drostynt ac erddynt.[35]

Fel yn achos aberth Crist ni phriodolai Böhme rithyn o arwyddocâd i eiriolaeth Crist, yr hyn a wnâi Morgan Llwyd yn *Gwaedd yng hymru* er enghraifft.[36] Uchafbwynt syniadaeth yr Almaenwr yw'r Ymgnawdoliad ac nid oedd hwnnw namyn ysgogiad i'r dyn mewnol i ymroi i Dduw ei wreiddyn drwy droad

---

[34]   I 136.
[35]   I 129; cf. Pennod 7 isod.
[36]   I 143–4.

ei ewyllys rydd at y goleuni grasol a oedd ynddo. Wedyn byddai'r hedyn o oleuni a oedd ynddo yn egino ac yn tyfu ac yn ei adfer i undod bywiol â Duw, sef yr un uniad yn hanfodol â'r un y soniasai Calfin amdano, a Morgan Llwyd yntau.[37] Symbol allanol oedd Atgyfodiad Crist o'r fuddugoliaeth fewnol a enillasai'r goleuni ar Satan a hunan dyn.[38] Fel y dywed yn un o'i lyfrau: 'Christ hath destroyed the wrathfull death for us, that held us Captive; he hath opened life. that we in a new man are able to spring forth, blossome, and rest in him.'[39]

Y Cymod Cyfriniol

Yn ôl Llwyd, yr uniad cyfriniol y dygir dyn iddo drwy gyfryng-dod Crist o ran ei Berson a'i Waith sy'n achub dyn, ac yr oedd holl duedd ei feddwl yn ei flynyddoedd diweddar yn enwedig tuag at yr hyn y gellid ei alw yn gymod cyfriniol, sef yr uno hwnnw rhwng Duwdod a Dyndod yn y datguddiad a roes Duw ohono'i Hun yn y Mab. Y mae thema'r cymodi hwn yn amlwg iawn yn *Gair o'r Gair* lle y ceir Llwyd yn datgan

> i'r GAIR anfarwol gymrŷd atto Ddyndod CRIST, (fel y dywaid yr Yscrythur) a llunio'r Natur ddynol i fodloni DUW, ac i ymroi yw Ewyllŷs ef hŷd Angau'r Groes. ac felly i ddofi Natur Dŷn ynddo ei hunan unwaith i DDUW, fel y gellid gweled Dŷn allan o hono ei hun yn Ewyllŷs DUW ym mhob Pêth. A hyn a wnaeth ef fel yr oedd yn Air tragwyddol nerthol DUW drosom ni oddiallan yn ein Natur ni lawer Blwyddyn cyn ein geni ni i'r Bŷd, a llawer Blwyddyn wedi geni rhai dan yr hên Destament o'r Bŷd.[40]

Y syniad sydd gan Llwyd (a Böhme) yw fod y bywyd dwyfol yn yr Ymgnawdoliad wedi cymryd ato fywyd y ddynoliaeth er mwyn ei ddyrchafu o'r cnawdol i'r ysbrydol, yn ddichonol felly, canys gwaith Ysbryd Crist, yn ôl Morgan Llwyd yn unig, sy'n sicrhau adenedigaeth (gw. pennod 5), tra bo ewyllys rydd yn ei sicrhau yn ôl Böhme. Synnir bod Crist wedi puro'r natur ddynol ynddo'i Hun a'i fod wedi dileu pechod yr hil ddynol yn ei farwolaeth a'i

---

37 *Bannau* I.iii.3.
38 ThPDE xxv, 76.
39 EJB 79.
40 II 164.

atgyfodiad. Gyda hynny, adunodd natur berffaith y ddynoliaeth ynddo'i Hun â Duw. Ac yr oedd hwn yn uniad cyfriniol, dichonol yn enaid pob copa walltog am fod goleuni Crist y Gair eisoes yn aros yng nghydwybod pob dyn yn disgwyl am ei gyfle i aileni dyn, dim ond iddo wrando ar anogiadau'r goleuni hwnnw yn ei gydwybod. Hwn yw'r goleuni sy'n aros ym mhob dyn, goleuni gwaredigol yn achos Böhme, ond goleuni gras cyffredin ydyw yn achos Morgan Llwyd. Er hynny nid yw pawb yn profi adenedigaeth oherwydd, chwedl Llwyd, nid yw'r Ysbryd yn deffro pawb o drwmgwsg colledig. Drwy ei Ysbryd, yr hwn a *ddanfonir* oddi uchod (*Cyfarwyddid*), y mae Crist yn glanhau pechadur edifeiriol yn raddol o lygredigaeth pechod, sef drwy broses sancteiddhad pryd yr adferir yn enaid dyn y ddelw ddwyfol y crëwyd ef wrthi. Drwy waith grasol yr Ysbryd y mae dyn yn dyfod unwaith eto yn gyfrannog yn y natur ddwyfol yng Nghrist. Dyna felly a ddigwydd i ddyn ar sail yr Ymgnawdoliad. Y mae'n werth nodi yn y fan hon hwyrach fod Llwyd yn credu ym mhosibilrwydd perffeithrwydd ysbrydol i'r ailanedig ond yr oedd y gobaith hwn yn Feiblaidd o gofio'r hyn sydd gan awdur yr Epistol at yr Hebreaid i'w ddweud am y pwnc. Ond nid oes sail dros gredu fod Llwyd yn barnu ei fod ef ei hun yn ddibechod. Os oedd yn antinomydd, antinomydd athrawiaethol yn hytrach nag ymarferol ydoedd.

Eithr, beth sydd gan Llwyd i'w ddweud am y Cyfiawnhad? A ydyw'r uniad cyfriniol uchod rhwng yr enaid a Duw yng ngoleuni'r Gair oddi fewn yn golygu fod sancteiddhad yn bosibl ar wahân i waith y Groes, ar draul y prynedigaeth gwrthrychol? Dywed Llwyd yn *Gair o'r Gair* fod y gwaith mewnol ynghyd â'r gwaith allanol yn *un* ond bod effeithiolrwydd y cyfiawnhad yn dibynnu ar y tro goddrychol mewn dyn, sef y cymhwyso at angen y dyn mewnol gan yr Ysbryd:

> yr un GAIR bŷwjol ymma (ac nid GAIR arall neu GRIST, arall) a enir ac a ymddengys (o's cadwedig fyddwn) yn ein Cnawd ac yn ein Hysbrŷdoedd ninnau, fel yn ei eiddo yntau; Rhaid i'r CRIST a fu farw drosom gael bŷw ynnom, cyn iddo yn dwyn i fŷw yn y Tâd gydag ef. Ac o's yw'r GAIR hwnnw ynnom yn Frenin, mae fo yn traddodi ac yn darostwng ein Hewyllŷs ni ym mhob Peth i DUW, ac yn lladd ein cnawdol Naturjaeth, fel y rhoddes ef Ernes yn ei Angau ei hun. Ac wrth weithjo hyn yn yr Enaid mae fo yn cymmodi Dŷn ac Ewyllŷs DUW. Ac nid yw CRIST trwy'r Peth

oddi allan [yr Iawn] yn hollawl-heddychu neb â DUW, o's bŷdd yr
Elynjaeth yn yr Ewyllŷs yn erbyn DUW hêb eu lladd. Nid CRIST
oddiallan neu GRIST oddifewn yn unig yw'r Achubŵr, Ond CRIST
oddiallan ac oddifewn ynghŷd, yr eu [*sic*] CRIST yw.[41]

Er bod Llwyd yn dysgu fod Ymgnawdoliad y Gair yn meddu ar
rin achubol a bod goleuni mewnol y Gair hwn yn araf draws-
ffurfio natur y rhai a elwir, yn eu di-hunanu ac yn eu perffeithio
ac yn eu huno â'r Tad ei Hun, nid yw'n dibrisio athrawiaeth
Paul, Awstin na Calfin am gyfiawnhad drwy ffydd fel y gwelsom
yn gynharach yn y bennod hon. Y mae'r cymod hwn, ar sail yr
Ymgnawdoliad, yn cael ei gysylltu'n ddiamwys â'r datguddiad ar
y Groes ac ar sail yr olaf y daw'r cyntaf yn ddigwyddiad grymus
yng nghalon dyn. Ni ellid sancteiddhad ond ar sail y cyfiawnhad.
Er mai'r cyntaf sy'n cael y sylw mawr gan Llwyd yn *Gair o'r Gair*
– ac yr oedd yn llygad ei le wrth bwysleisio mai gwaith mewnol
yr Ysbryd sy'n cymhwyso'r gwaith gwrthrychol at gyflwr dyn – ni
ellir ei gyhuddo o beidio â chysylltu hwnnw wrth angor y
datguddiad gwrthrychol fel y pwysleisir mor gadarn ganddo yn
Where is Christ? Er mai Crist yw'r Gair, Ef hefyd yw'r Oen yn y
Llythur. Rhoddir sylw i 'nerth croes Crist' yn *Gwaedd ynghymru*.
Alegori grefftus o'r Croeshoeliad yw ffrâm *Llyfr y Tri Aderyn*
gyda'r Arch (y cyfamod newydd, ar un olwg) yn sefyll am Grist
a'r Iawn, ac yno y dywedir mai 'Gwaed yr Oen sy'n golchi'r
enaid, a'r dwfr gyd a'r gwaed'.[42] Yr oedd y Golomen o leiaf yn
gadarn mai 'drwy ffydd yng nghyfiawnder un arall' y dygir dyn i
undeb cyfriniol â Christ, a'r cyfiawnhad (y gwaith gwrthrychol)
oedd *sylfaen* sancteiddhad (sef y tro goddrychol angenrheidiol
i achubiaeth neb). Gwaith graddol yw'r olaf, ond digwyddiad
unwaith-ac-am-byth yw'r cyntaf.[43] Ond yr ail sydd megis yn
cadarnhau'r cyntaf yn ôl Llwyd uchod. A dyma un rheswm
paham yr ymdrôdd yn ormodol â'r dyn mewnol yn ei weithiau.

    I grynhoi'r cwbl hyd yn hyn, gellid amlinellu safbwynt y
Calfiniaid a safbwynt Böhme a cheisio gosod Llwyd rywle yn y
canol rhyngddynt. Yn ôl y Calfiniaid y mae Duw yn ei gymodi'i
Hun â'r pechadur yng Nghroeshoeliad Crist. Gosodir pechod

---

[41]   II 165.
[42]   I 200–3, 224–5.
[43]   I 258.

dyn arno Ef, yr Oen, a'i ladd, ac y mae hynny yn bodloni cyfiawnder y Tad ac ar yr un pryd yn amlygu'i gariad graslon tuag at y pechadur sydd drwy ffydd yng ngwaith Crist drosto yn cael ei gyhoeddi'n gyfiawn gerbron Duw (er nad yw'n ddibechod: cofier *simul justus et peccator*[44] Luther). Drwy ffydd, rhodd yr Ysbryd Glân, y mae'r pechadur wedyn yn closio at Dduw gan wybod fod Crist wedi talu ei ddyled i Dduw drosto a dileu ei euogrwydd yng ngolwg gofynion y Gyfraith arno. Cyfrifir cyfiawnder Crist ei Hun yn eiddo i'r pechadur. Wedi delio fel hyn yn wrthrychol ag euogrwydd y pechadur y daw'r Ysbryd i mewn i'r enaid a'i hysgubo'n lân a phuro'r gydwybod. Felly y mae'r gwaith *gwrthrychol* yn ddigwyddiad tra bo'r gwaith *goddrychol* yn broses oes, ond y mae'r ddwy agwedd yn hanfodol mewn iachawdwriaeth.

Pan drown at Böhme gwelir ei fod yntau yn dysgu fod Duw yn ei gymodi'i Hun â dyn yn angau Crist. Ond agwedd gadarnhaol yn unig ar yr hyn a oedd eisoes *wedi* digwydd gyda'r Ymgnawdoliad yw hyn oll yn ei dyb ef. Y mae'r Gair wedi'i uno'i Hun â natur y ddynoliaeth yng nghnawd Crist gan ddileu pechod dyn a chodi'i natur i wastad newydd o ran ei berthynas â Duw. Yr hyn yw'r Groes yw *arwydd* neu symbol allanol o'r hyn yr oedd y Gair eisoes wedi'i gwblhau yn y cnawd, sef ymostwng i'r Tad ac wynebu'i ddicter yn lle dyn. Nid yw hyn ond datguddiad daearol o'r hyn a oedd eisoes wedi digwydd yn nhragwyddoldeb. Yno, y mae'r Mab yn ymostwng yn barhaus i'r Tad ac yn troi ei ddicter yn dângariad. Ac oherwydd hyn y mae'n bosibl i Dduw garu dyn eto, dim ond iddo yntau ymostwng mewn hunanymwadiad i oleuni'r Mab sy'n llefaru yn y gydwybod a dilyn ei arweiniad. Gall dyn sicrhau'i ailenedigaeth yn ei enaid drwy arfer ewyllys rydd. Yn ei gnawd y mae Crist y Gair wedi adfer yr undod gwreiddiol rhwng Duw ac Adda (dyn), ac y mae'r undod dichonol hwn – yn enaid pob dyn – yn dyfod yn effeithiol pan ddaw dyn at Dduw wrth wrando ar anogiadau mewnol y Gair yn y gydwybod a'r meddwl ac yn ymostwng iddo gan wadu'r hunan cnawdol.

Y mae'n ymddangos nad oes fawr o wahaniaeth yn y pen draw rhwng y ddau safbwynt hyn ym meddwl Morgan Llwyd oherwydd

---

[44] 'Yn gyfiawn ac yn bechadur yr un pryd'.

gwelir bod Crist, yn y ddau achos, yn bodloni cyfiawnder y Tad, ac yn agor ffordd i ddyn ddychwelyd at Dduw, y naill ffordd drwy lwybr gwrthrychol cyfiawnhad a sancteiddhad, a'r llall drwy ffordd gyfan gwbl oddrychol uniad cyfriniol â Duw. Ond gwelir bod Llwyd yn cyfuno'r ddau lwybr a'i fod o'r farn mai'r ail sy'n cadarnhau'r cyntaf. Yr unig wahaniaeth pwysig sy'n aros yw fod Böhme yn dysgu iachawdwriaeth gyffredinol drwy ogwydd personol ewyllys rydd a'i fod yn tueddu at bantheistiaeth yn ogystal. Ond y mae'n amlwg fod Llwyd yn gwibio'n barhaus rhwng llwybr Böhme a llwybr y Calfiniaid. Mater o bwyslais yw'r gwahaniaeth rhwng y ddau safbwynt: yr oedd Llwyd, yn ei flynyddoedd olaf, yn gwegian fwy at y cyntaf heb wadu na cheisio tanseilio'r ail.

5

IACHAWDWRIAETH

Fel Böhme, dysgai Morgan Llwyd fod goleuni'r Gair tragwyddol, goleuni gras cyffredin, yn fewnfodol ym mhob dyn a'i fod yn goleuo'i feddwl a'i gydwybod. Y mae'n oleuni, wrth gwrs, sy'n datguddio Duw i ddyn; ac ohono'i hun y mae'n ysgogiad dwyfol mewn dyn ar iddo gydnabod bodolaeth Duw a'i Benarglwydd-iaeth, a chydnabod hefyd ei angen am waredigaeth ddwyfol. Ond, yn wahanol i Böhme, a'r Crynwyr yn y 1650au, ni ddysgai Morgan Llwyd iachawdwriaeth gyffredinol drwy oleuni'r Gair hwn. Y mae'n gwneud yn fawr o'r syniad, fel y ceir gweld, ond y mae'n rhaid amodi ei ddyled i Böhme yng ngoleuni'r hyn a ganlyn.

Gras

Dyfynnir y paragraff canlynol o *Llyfr y Tri Aderyn* gan G. F. Nuttall:

> Ac mae rhai eraill (Druain) yn edrych am Dduw o hirbell, ac hefyd yn gweiddi am dano oddiallan, heb weled fôd ffynnon a gwreiddyn ynddynt yn ceisio tarddu a thyfu drwyddynt. Canys mae fe gyda phôb dŷn er cynddrwg yw, yn goleuo pôb dŷn ar sydd yn dyfod i'r bŷd . . .[1]

A dyma'i sylwadau arno: 'This last sentence is the most remarkable of all. In the words "however evil he be" . . . it may be said to include the primary differentia of Quakerism.'[2] Ond gallasai Nuttall fod wedi gorffen paragraff Llwyd sy'n mynd rhagddo fel hyn: 'ond er i fôd ef drwy bawb nid yw fe yn cael aros ond yn ymbell un.' Nid oes sail yn y fan hon dros dybio fod Llwyd yn dysgu iachawdwriaeth gyffredinol fel y gwnâi Böhme a'r Crynwyr. Y syniad sydd ganddo yw hwnnw am y goleuni

---

[1] I 227.
[2] G. F. Nuttall, *The Holy Spirit in Puritan Faith and Experience* (Oxford, 1946), 154.

mewn dyn sy'n ei arwain at Dduw, ac os yw'n gwrthod cydnabod Duw yna y mae'r goleuni cyffredinol hwn yn ddigonol i'w gyhuddo yn ei gydwybod am wrthod rhoi i Dduw ei eiddo'i Hun. Yn ogystal â datguddio Duw i bawb y mae'r goleuni hefyd yn oleuni cyhuddgar yn y gydwybod ac yn dangos i bawb y gwahaniaeth rhwng da a drwg ers i Adda gynt ddryllio'r cyfamod gweithredoedd gwreiddiol rhyngddo a Duw.[3] Y mae'r goleuni cyffredinol hwn, neu oleuni gras cyffredin, yn fan cyfarfod i ras arbennig. Dim ond y sawl sy'n ufuddhau i'r ysgogiad mewnol dwyfol yn y gydwybod a achubir. A gweithgarwch dirgel yr Ysbryd sy'n cywain y cadwedigion o'u plith i'r Arch yn *Llyfr y Tri Aderyn*.[4] Digon yw'r goleuni hwn hefyd i ysgogi pawb i droi at Dduw i ofyn am drugaredd, ac er ei fod yn oleuni sy'n datguddio Duw fel hyn i ddyn nid yw'n rhoi gallu i ddyn ei achub ei hun: ni all neb amodi gwaith achubol gras arbennig. Mater i Dduw yn unig yw rhoi maddeuant yn rhad i bwy a fyn. Y cyfan a wna'r goleuni cyffredinol yw gwneud dyn yn ddiesgus os yw'n gwrthod hawl Duw arno a dilyn ei fympwy pechadurus yn y byd. Ni all ddileu tystiolaeth fewnol y goleuni ond fe all ei fygu drwy bechu (cf. *Bannau* I.ii.i; I.iv.2; I.iv.1; I.iii.2).

Yn *Gair o'r Gair* digwydd paragraff sy'n gymar agos i'r hyn a ddyfynnwyd uchod gan G. F. Nuttall, sef:

AC er bod hwn yn goleuo pob un a'r sŷdd yn dyfod i'r Bŷd (Ioan 1), ac yn rhoi i Ddŷn Reswm a Chydwybod, i'r ailenedig Ysbrŷd Ffydd a Gweledigaeth, íe i'r Anifail Chwythad a Symmud, a Bòd, ac hefŷd i'r Haul a'r Lleuad a'r Sêr y Tegwch a'r Discleirdeb y sŷdd ynddynt etto i bob Péth yn òl ei Rŷw, ac yn òl Cynhwysdra ei Naturjaeth i'w dderbyn.[5]

Gwelir bod gras cyffredin yn 'rhoi i Ddŷn Reswm a Chydwybod', ac 'i'r Anifail Chwythad a Symmud', a'i fod yn rhoi i'r Cread ei 'Tegwch' a'i 'Discleirdeb'. Dyma ras creadigol Duw sy'n wasgaredig drwy bopeth sydd. Ond y mae gras achubol, ar y llaw arall, yn rhoi 'i'r ailenedig Ysbrŷd Ffydd a Gweledigaeth' a hynny yn 'òl Cynhwysdra ei Naturjaeth i'w dderbyn'. Dim ond y rhai a elwir fydd yn ymateb i alwad gras achubol.

---

[3] I 224–5.
[4] I 208; cf. 201–2, 253, 135, 175.
[5] II 166–7.

Dangosodd Nuttall fod y Piwritaniaid, at ei gilydd, yn gwahaniaethu rhwng goleuni achubol gras arbennig a'r goleuni cynhaliol, cyffredinol, yn y rheswm neu'r meddwl a'r gydwybod.[6] Ymddengys fod Llwyd yn gwneuthur hynny hefyd wrth bwysleisio cyfrifoldeb dyn a'i euogrwydd pan fo'n gwrthod gweithredu yn ôl cyfraith ei gydwybod a chloch Duw yn canu yno.[7] Achubodd y blaen ar ei gamddehonglwyr a ragdybiai heresi parthed swyddogaeth y goleuni yn y gydwybod drwy roi cyhuddiad yng ngenau beirniad dychmygol yn *Gair o'r Gair* sydd yn rhoi ei fys yn dwt ar heresi'r goleuni mewnol Bemenaidd a Chrynwraidd:

> OND mi glywaf rŷw Ddŷn yn dechrau ymholi ac anfodloni . . . A fynnwch ein dwyn ni oddiwrth yr Efengyl at Gyfraith Naturjaeth, at Olenui'r [*sic*] *Cenhedloedd*, oddi wrth yr Haul at y Ganwyll, oddiwrth Ffŷdd yng HRIST at Reswm, oddiwrth yr *Apostolion* at y PHILOSOPHYDDJON, oddiwrth y Symilrwŷdd efangŷlaidd at rŷw Gestŷll yn yr Awŷr. Beth yw hyn ond pregethu Efengyl arall, Nid wŷfi ar fedr dilŷn hŷn ac di fynnu i neb gymerŷd i twŷllo am ei Heneidiau, a gadel y Gwirionedd a'r Llythŷren.[8]

Brysiodd i'w amddiffyn ef ei hun rhag cael ei gyhuddo, ar gam, o ddysgu heresi iachawdwriaeth gyffredinol drwy oleuni mewnol. Dyfynnodd Sant Paul a phwysleisio fod goleuni natur yn gwneud dyn yn ddiesgus gerbron Duw os yw'n gwrthod cydnabod ei fodolaeth Ef. Y mae'r goleuni cyffredinol hwn yn gyrru dyn ato Ef i chwilio am drugaredd gan ei fod yn gyfrifol am ei weithredoedd ei hun. Cydnebydd Llwyd hefyd fod i oleuni gras cyffredin swyddogaeth mewn iachawdwriaeth, ond ni fynnai i neb ddyrchafu'r goleuni cyffredinol hwnnw uwchlaw'r goleuni achubol a'r datguddiad arbennig a roddwyd yng Nghrist:

> GWIR yw fod *Paul* yn peri gochel Ymlŷgrjad *Philosophi*.Ond a wyddost di beth oedd honno? Gosodjad Naturjaeth i fynu nid yn ei llê ei hun ond uwchlaw Mâb DUW a'r GAIR tragwŷddol yr hwn a'i creawdd hi, Nid derchafu Goleuni Naturjaeth yw Ganhwyllbren ei hun. Nid dangos pa fodd yr enynnodd Tâd y Goleuadau y ganwŷll honno yn y Greawdwrjaeth trwy GRIST.[9]

[6]   Nuttall, *The Holy Spirit in Puritan Faith*, 34–7; cf. Richard Sibbes, *Works*, vol. 1 (Edinburgh, 1978), 58–9.
[7]   I 224–5.
[8]   II 167.
[9]   II 169; cf. I 141, 131.

Y pwynt a wna drachefn yw fod goleuni natur yn hysbysu Duw
fel Crëwr i bawb yn ddiwahân, ac y mae'n oleuni sy'n lletya ac
yn llefaru yn y gydwybod. Y mae'n *paratoi* dyn ar gyfer derbyn
gras achubol. Atgoffeir dyn am eiriau Richard Sibbes wrth i
Llwyd sôn am ddyrchafu goleuni gras gyffredin i'w 'Ganhwyllbren
ei hun':

> The judgement of man enlightened by reason is above any creature; for
> reason is a beam of God, . . . Judgement is the spark of God. Nature is but
> God's candle. It is a light of the same light that grace is of, but inferior.[10]

Neu fel y geiriodd Walter Cradoc yr un pwynt: 'It is a light in the
soule, that is a Relique of the light that was in Adam.'[11]

Nid anghytunai Llwyd â Paul na Calfin ar fater pwysigrwydd
ac arwyddocâd goleuni naturiol, goleuni yn y meddwl a'r gyd-
wybod sy'n gyrru pawb at Dduw i ofyn yn waglaw am drugar-
edd. Y mae'n gyfraith fewnol sy'n cyd-daro i'r dim â'r gyfraith
lythrennol yn y Llyfr.[12] Ceir Llwyd yn gyson yn rhybuddio'i
wrandawr i fod yn gyfrifol a gwrando ar anogiadau mewnol
goleuni'r Gair yn y gydwybod a throi at Dduw mewn hunan-
ymwadiad i ofyn am drugaredd, ond mater i Dduw yn unig yw
trugarhau ai peidio:

> CANYS mae *Paul* ei hun dair gwaith neu bedair mewn un Llythur at y
> *Rhufeinjaid* yn daegos [*sic*] fod y pethau a wnaed (Rhuf. 1) yn datcuddjo y
> pethau sŷdd yn NUW, a bod rhai trwy Naturjaeth (Rhuf. 2) yn gwneuthur
> y pethau a gynhwŷsir yng Hyfraith DUW, Achan nad oes ganddynt
> Gyfraith arall, maent yn Gyfraith iddynt eu hunain. Ac ar y Dŷdd olaf ni
> fernir monynt yn ôl dy opiniwn di, nac yn ôl Geirjau *Moesen*, ond yn ôl y
> Goleuni a'r Gyfraith sydd yn ei Naturjaeth wrth Naturjaeth.[13]

Bydd y cenhedloedd, felly, yn cael eu barnu am eu gweithred-
oedd da a drwg yn ôl ffon fesur y gyfraith a osodwyd gan Dduw
yn y gydwybod. Y mae goleuni natur *yn* datguddio Duw iddynt
ac os ydynt yn ei wadu Ef y maent yn cael eu condemnio gan eu
cydwybod eu hun. Y mae'r *sensus divinitatis* yn y gydwybod yn

---

[10]   Nuttall, *The Holy Spirit in Puritan Faith*, 36.
[11]   Ibid.
[12]   Cf. *Bannau* I.v.
[13]   II 169–70.

gyfraith yn ogystal â bod yn ysgogiad mewnol i ddyn gydnabod Duw. Ac y mae'r goleuni hwn yn arwain dyn at Grist hyd yn oed.[14] Ni ellir beio Llwyd am ei syniad Calfinaidd am ras cyffredin felly. Ond gwyddai ei fod yn debyg o gael ei gam-ddehongli gan ei gyfoeswyr, a dywed:

> NA feia ar hyn, Canys hyn a scrifennodd *Paul* (yr hwn medd y gydwŷbod di dy hun) oedd Was i Dduw . . . Ond gochel ymosod yn erbŷn pob Pêth ar sŷdd newŷdd i ti, a'i alw yn *Heresi*, a choethi yn erbyn y Pêth a wŷddost ymlŷgru yn ddirgelaidd yn erbŷn dy gydwŷbod.[15]

Yn y bwlch uchod y mae Llwyd yn cyferbynnu swyddogaeth gras cyffredin a gras arbennig wrth sôn am 'Ysbryd Naturjaeth yn gweithjo yn dy Ysbrŷd di', ac 'Ysbrŷd Duw yn Ymrŷson' ag ef.

Nid oedd syniad Llwyd am ras cyffredin yn newydd o bell ffordd canys fe'i dysgid gan Calfin yn ei *Bannau* ac mewn ambell lyfr arall o'i eiddo. Yn y *Bannau* dywed beth fel hyn:

> there exist in the human mind, and indeed by natural instinct, some sense of Deity, [*sensus divinitatis*] we hold to be beyond dispute, since God himself, to prevent any man from pretending ignorance, has endued all men with some idea of his Godhead, the memory of which he constantly renews and occasionally enlarges, that all to a man, being aware that there is a God, and that he is their Maker, may be condemned by their own conscience when they neither worship him nor consecrate their lives to his service . . . a sense of Deity is indelibly engraven on the human heart.[16]

Yn ei esboniad ar Ioan 1:5 dywed beth fel hyn:

> There are two main parts in that light which yet remains in corrupt nature. Some seed of religion [*semen religionis*] is sown in all: and also, the distinction between good and evil is engraven in their consciences . . . natural reason will never direct men to Christ.[17]

Tra bo Llwyd yn pwysleisio pwysigrwydd ac arwyddocâd

---

[14] I 303–4.
[15] II 170.
[16] Cf. *Bannau* I.iii.1–3; Dennis E. Tamburello, *Union with Christ: John Calvin and the Mysticism of St Bernard* (Kentucky, 1994), pennod 2, yn arbennig 23–40.
[17] T. H. L. Parker, *Calvin's New Testament Commentary*, vol. 4 (Grand Rapids, Michigan, 1961), 12; cf. *Bannau*, I.iv.1; I.iv.4; I.v.15.

datguddiol y goleuni yn y gydwybod, yn union fel Calfin, ac yn dysgu mai cyfrifoldeb dyn yw ufuddhau iddo nes cael ei argyhoeddi ganddo, ni cheir mohono'n dysgu fod dyn yn rhydd i amodi gwaith gras arbennig, canys dywed yn eglur nad oes ar Dduw ddyled i neb ac nad achubir y dyn naturiol gorau oll heb i Dduw ei ddewis, ei ddeffro a'i alw yn effeithiol a'i oleuo yn wyrthiol.[18] Duw yn unig biau'r hawl i alw goleuni allan o dywyllwch ac Ef sy'n diffodd goleuni'r 'lloer' mewn dyn a rhoi iddo oleuni'r 'haul'. Gwnaeth Llwyd ddefnydd cyson a chread-igol o'r ffiguraeth gyferbyniol hon er mwyn pwysleisio'r agendor mawr a oedd rhwng Duw a dyn. Duw, meddai, sy'n '*gorchymyn i oleuni ddyfod allan o'r tywyllwch* (2 Cor. 4:6)' ac sydd 'yn gwahanu rhwng y nôs ar dydd, yn yr un enaid'.[19] Fel Calfin, gwelai nad yw pechod dyn yn dileu rhodd rasol y *sensus divinitatis* a'r *conscientia*. Y maent yn fan cyfarfod gras achubol. Ni all dyn ddileu y ddelw ddwyfol y crëwyd ef wrthi, er y gall ddewis peidio â gwrando ar lais Duw yn y gydwybod drwy barhau i bechu. Yn wir, erys dyn yn fod cyfrifol a bydd y gydwybod yn ei gyhuddo os metha yn ei ddyletswydd a dewis o'i wirfodd wneuthur drwg. Dengys y gydwybod beth yw cyfrifoldeb dyn. Y mae'r *sensus divinitatis* a'r *conscientia* yn perthyn i'r hyn y gellid ei alw yn 'ddeall yr enaid'. A chyda'r datguddiad mewnol hwn gwêl dyn ei angen am ras achubol, ond y mae'n ddirym i allu gwneud dim yn ei gylch, ac felly try yn ei dlodi ysbrydol at Dduw, ac Ef sy'n trugarhau.

Yn *An Honest Discourse* y mae Llwyd yn gwahaniaethu'n eglur bendant rhwng goleuni gras cyffredin a'r gras achubol a rydd i ddyn brofiad o ailenedigaeth, a dyma a ddywed:

> Christ hath but two ways of manifestation, *viz*. To men by the light of God of Nature; and, To the Believers by the light of the new Creation, The Rule of the Christian within, is the Law of the Spirit of Life in Christ Jesus: But the Rule of the outward man is the Law of nature.[20]

Duw yw ffynnon y *ddau* oleuni drwy'r Gair, canys

> DUW yw Tád yr holl Oleuadau (medd *Jago*) yr holl rai naturjol nen [*sic*] ysbrŷdol. Oddi wrth DDUW y mae Goleuni Rheswm fel Lleuâd. Na

---

[18] II 195: 'Na thwylla monot dy hun . . . trwy'r GAIR yn ei Wreiddyn.'
[19] I 140.
[20] II 215.

ddibrisia mono rhag cael dy droi yn Anifail direswm a'th adel. Er hynnŷ fel y mae'r Haul yn rhagori ar y Lleuad y mae'r GAIR ymma (am yr hwn y mae yn gyfreithlon i ni sôn) yn rhagori ar Ddysg y Llythŷren: Gochel dramgwŷddo, canys nid dy dŷnnu oddi wrth y GAIR a fynnwn, ond dy dynnu at yr Efengil dragwŷddol i adnabod y GAIR a ddichon gadw a newid dy Enaid: I'th ddwyn allan o'th Reswm bŷdol *philosophaidd* diffrwŷth dy hunan, at y GAIR yr hwn a'th wnaeth, a'r hwn a'th ddysg o's ymroddi iddo, I'th arwain di, nid at Synwŷr Ymmennŷddiau Dynjon, ond at Ddoethineb DUW yr hwn sŷdd uwchlaw pob Doethineb yn y Carjad ufudd agos distaw anfarwol anfesurol.[21]

Gwahaniaetha rhwng gras cyffredin a gras arbennig oherwydd nid oes ganddo fawr o feddwl o'r Neo-Blatoniaid a ddibynnai ar oleuni rheswm, goleuni natur mewn geiriau eraill, i chwilio am Dduw yn y Cread, a dywed mai ofer yn ei dyb ef yw gweithgarwch o'r fath, di-fudd yw cais y 'philosophyddion gweigion yn ymofyn am oleuni naturiaeth i adnabod y Duwdod ynghreaduriaeth y bŷd'.[22] Nid yw'n dibrisio goleuni naturiol, dim ond dweud nad yw'n oleuni achubol. Yr oedd Llwyd yn ymwybodol o'r gwahaniaeth rhwng goleuni'r Gair fel Crëwr a'i oleuni fel Achubwr. Y mae'r naill oleuni yn cynnal tra bo'r llall yn achub. Ond y Gair yw ffynnon y ddau oleuni. Yn wir, y mae adnabod yr hunan, fel y ceir gweld yn nes ymlaen yn y bennod hon, yn cynnwys gweld Duw yn gweithio mewn natur hefyd.

Yr oedd amcan gan Llwyd wrth aros fel hyn uwchben swyddogaeth neilltuol y goleuni cynhaliol yn y gydwybod a'r deall dynol. Goleuni ydyw sy'n hysbysu bodolaeth Duw i bawb ac sy'n eu gwneud yn atebol iddo Ef am eu gweithredoedd, boed dda neu ddrwg, a hefyd yn eu hysgogi i ymroi iddo Ef i ofyn am drugaredd, fel y gellid dadlau fod Duw yn achub *rhai* o bob cenedl, llwyth ac iaith, a'r rheini'n bobl na chlywsant air o sôn am na'r Groes na'r Beibl. Bwriad Llwyd yw tynnu sylw'r darllenydd 'at yr Efengil dragwŷddol i adnabod y GAIR a ddichon gadw a newid dy Enaid', gan ofalu ychwanegu 'Gochel dramgwŷddo'. Cred rhai beirniaid mai diben Llwyd oedd dysgu efengyl iachawdwriaeth gyffredinol.[23] A gwyddai Llwyd yn burion am

²¹   II 170–1.
²²   I 260.
²³   E. Lewis Evans, 'Boehme's Contribution to the English-speaking World', Traethawd Ph.D. anghyhoeddedig Prifysgol Kiel (1955), 37–8.

ddamcaniaeth 'Joachimaidd' ei athro William Erbery am y Tair Goruchwyliaeth, a bod goruchwyliaeth olaf yr Ysbryd ar fin gwawrio, adeg pryd y gellid disgwyl tywalltiad mesur llawn ohono i galonnau credinwyr, a hynny yn ddigyfrwng wrth gwrs.[24] Dichon fod yr ymadrodd 'efengyl dragwyddol' i'w gysylltu ym meddwl Llwyd â Dat. 14:6 a nodir ar ymyl y ddalen yn *Llyfr y Tri Aderyn*, er na wneir hynny yn *Gair o'r Gair* yn y dyfyniad uchod.

Y mae'n bosibl fod yr adnod hon o'r Datguddiad wedi ysgogi Llwyd i drafod cwestiwn damcaniaethol iachawdwriaeth gyfyng-edig y cenhedloedd yn *Gair o'r Gair*. Heb wadu'r Groes, y syniad sydd ganddo yw fod *rhai* o bob llwyth ac iaith wedi'u hachub[25] a hynny yn ddelfrydol yn nhragwyddoldeb[26] ar sail y cyngor iach-awdwriaeth yno rhwng Crist a'r Tad, ac mai dim ond y rhai a *apwyntiwyd* a fyddai'n cael eu hachub[27] drwy waith gwaredigol yr Ysbryd Glân sy'n cynnull y cadwedigion o 'bob cenedl, a llwyth ac iaith, a phobl' i'r uniad cyfriniol â Christ y Gair tragwyddol.[28] Dyma'r efengyl a gynlluniwyd gan Dduw a'i Fab yn nhra-gwyddoldeb.[29] Goleuni natur a arweiniai'r etholedigion o blith y cenhedloedd at Dduw, ac y mae'r goleuni hwn yn fan cyfarfod i oleuni achubol y Gair pan elwir hwy gan yr Ysbryd Glân.

Egyr Llwyd ei drafodaeth drwy ddiogelu rhyddid pen-arglwyddiaethol Duw i achub y neb a fyn, a deil fod gorfod ar iachawdwriaeth y cenhedloedd i gyd-daro â datguddiad yr Ysgrythurau:

> HYN sŷdd siccr, nad oes Jechydwrjaeth hêb Ffŷdd, na Ffŷdd hêb Glywed, na Chlywed hêb wîr Air *Duw* (yr hwn medd *Paul* yn yr un Bennod sŷdd agos attad yn dy Enau a'th Galon.) Ond o's Llyfr y pedwar *Efangylwr* fyddai'r unig Air, Bêth a ddaeth o *Abraham* a'r *Patrieirch*, y rhai a hunasant cyn scrifennu un rhan o'r *Bibl?*[30]

Sut yr achubwyd Abraham, felly, a sut y cyfiawnhawyd ef? Drwy ffydd, rhodd yr Ysbryd Glân mewn galwad rasol y'i cyfiawnhawyd bid siŵr, ac y mae rhai, fel Abraham, i'w cael sydd heb glywed am

24 I 190.
25 II 173–4.
26 I 149.
27 I 198.
28 I 207–8.
29 I 149.
30 II 173–4.

Grist yn nyddiau ei gnawd, ond sy'n cael eu harwain ato Ef gan ei oleuni fel Crëwr yn y gydwybod a'r meddwl. A ydyw pob cenedlddyn yn golledig?

> WRTH hynny ni alle un Plentyn bach chwaith glywed GAIR DUW, na'r Myrddiwnau o Eneidjau yn Affrica, yn *America*, yn *Asia*, ac yn *Europia*, ond odid y rhai na welson Fibl erjoed, ac na chlywsant enwi Enw CRIST unwaith.[31]

Serch hynny, y mae Crist wedi achub 'rhai o bob Cwrr, ac nid oes ond rhai o bob Gwlad yn gadwedig fel y dywaid CRIST yr hwn a'i gŵyr'.[32] Er bod Llwyd yn dweud fod goleuni achubol y Gair yn meddu ar swyddogaeth ddigyfrwng yn achos y cenhedloedd hyn y mae'n nodweddiadol ohono ei fod yn apelio at yr Ysgrythur am gadarnhad i'w safbwynt, ac felly rhaid ei fod yn credu nad yw'r argyhoeddi hwn ar ddyn a'i aileni yn digwydd yn groes i dystiolaeth datguddiad yr Ysgrythur.[33] Ond er hynny 'Mae'r GAIR yn ehengach na Dyscawdwŷr yr holl Fŷd, ond mae'r Ffordd i'r Bywŷd yn gyfyngach nag y gŵyr un Cnawd er hynny.'[34] Try'r etholedigion hyn at Dduw am fod goleuni natur yn y gydwybod yn hysbysu bodolaeth Duw iddynt ac yn eu hargyhoeddi fod arnynt angen gwaredigaeth, a mater i Dduw wedyn oedd eu hachub fel y ceir gweld yn adran nesaf y bennod hon. Y mae Duw wedi'i ddatguddio'i Hun i bawb yn y gydwybod, ond nid yw pawb yn gwrando ar anogiadau hon ac felly y 'Ddamnedigaeth yw'r Elynjaeth ddirgel sydd ym mhob Man yn erbyn Ewyllys datcuddiedig DUW. yn y Gydwybod, ac yn Ewyllys y Galon.'[35] Ymddengys mai gwaith credinwyr yw gwrando ac ufuddhau i anogiadau Duw yn y gydwybod a cheisio 'ymgyrhaedd ag ymbalfalu mwy ar ol Duw nag a wnaethont', er hynny, ni 'allent moi hail eni ei hunain (mwy nag y gall anifail ei ymwneuthur yn ddyn)'.[36]

Crist sy'n achub o dan yr hen oruchwyliaeth fel ag yn y cyfnod Apostolaidd ar ôl y Pentecost:

---

[31] Ibid.
[32] Ibid.
[33] Gw. pennod 1.
[34] II 174.
[35] Ibid.
[36] I 131.

Ye read of our fall in *Adam*, it was the reall Christ in God that then relieved him: Then of the Patriarchs this very same appeared to *Abraham, Lot, Gideon*, and others, especially to *Isaiah*, who cryeth out at his undoing at his appearance [cf. II 175]. And since this old dispensation (as one and the same Christ) he the fountain of immortality, was desirous to unlock the New Testament. He stepped over that great gulf to take mans dunghil into God's Sun, yet so (as without mixture) the dunghil of man might be swallowed up into the divine nature, by the influence of the Sun.[37]

Yr oedd goleuni'r Gair yn y gydwybod, felly, yn dwyn achubiaeth i'r rhai na chlywsant am y Llyfr oddi allan, ond a argyhoeddwyd gan y gyfraith fewnol yn y gydwybod ac a osodwyd allan o dan yr hen oruchwyliaeth. Cyd-drawai'r datguddiad mewnol hwn â datguddiad allanol anffaeledig y Beibl. Rhaid bod y bobl hynny na chlywsant air o sôn am Grist yn dderbyniol gan y Tad ar sail eiriolaeth dragwyddol Crist, a'r Tad a roes yr etholedigion iddo Ef eu prynu (Heb. 2:13). Ni allent 'weithredu cyfiawnder' onid ydynt yn 'gymeradwy ganddo ef' (Act. 10:35–6).[38]

Y Cyfiawnhad

Ynghyd â sancteiddhad, i'r cyfeiriad hwn y cronnwyd grymusterau deallol Morgan Llwyd fel y gallai ddangos nad achubir dyn

---

[37] I 305; cf. James A. Borland, *Christ in the Old Testament* (Chicago, 1979).

[38] Norman Anderson (ed.), *The World's Religions* (IVP, 1979), pennod 8; cf. Reinhold Niebuhr, *The Nature and Destiny of Man*, vol. 2, *Human Destiny* (New York, 1964), 109–10 a nodyn 6; George Smeaton, *The Doctrine of the Holy Spirit* (Edinburgh, 1974), 17–99. Credai Llwyd (*Gair o'r Gair*) fod paganiaid na chlywsant air o sôn am na Christ na'r Efengyl yn cael eu hargyhoeddi o'u cyflwr a'u bod 'yn ôl am ogoniant Duw' gan oleuni gras cyffredinol a dywynnai yn y gydwybod. Yn union fel Abraham neu Job achubir y paganiaid hyn gan eu hymateb cadarnhaol i alwad Duw yn y gydwybod, er mai dim ond gras cyffredinol a oedd yn eu goleuo. Am ymdriniaeth lawnach â'r syniad hwn gweler Clark H. Pinnock, *A Wideness in God's Mercy: The Finality of Jesus Christ in a World of Religions* (Grand Rapids, Michigan, 1992), 60–1. Gweler hefyd Gary Dorrien, *The Remaking of Evangelical Theology* (Louiseville, Kentucky, 1998), 179. Tybir gan rai mai dysgu iachawdwriaeth gyffredinol drwy oleuni mewnol a wnâi Llwyd. Ond nid yw hynny'n dilyn o angenrheidrwydd. Y gwir yw na fuasai pob pagan yn gwrando ac yn ufuddhau i'r ysgogiad dwyfol achubol yn y gydwybod. Y rhai cyfriol, neu'r etholedigion yn unig o blith y paganiaid a fyddai'n ymateb yn waglaw ac yn gofyn am drugaredd. Dymuniad Duw yw ar i bawb droi ato eithr nid yw pob pagan yn fodlon gwneud hynny. Ac felly, y maent yn gyfrifol am eu damnedigaeth hwy eu hunain; y maent yn ddiofal o'u hiachawdwriaeth. Duw sy'n achub ond dyletswydd pob pagan yw troi ato Ef pan glyw Ei lais yn llefaru wrtho yn y gydwybod. Duw biau trugarhau ond rhaid i'r pagan ymestyn fwy ato ar yr un pryd a'i ogoneddu Ef fel Duw ac y mae'r wybodaeth hon wedi'i phlannu yn ei gydwybod fel hedyn yn y pridd.

heb i'r Ysbryd Glân gymhwyso cyfiawnder Crist ato. Cyfiawnder ydyw ar gyfer dyn drwy ailenedigaeth y medrir ei phrofi yn sgil ei heffeithiau ar ddyn. Yr wyf am awgrymu fod syniad Llwyd am iachawdwriaeth yn hanfodol Galfinaidd gymedrol. Canol-bwyntiodd ar y ffaith mai yn y galon y daw iachawdwriaeth yn effeithiol drwy gyfrwng swyddogaeth achubol yr Ysbryd Glân a *ddanfonir* oddi uchod (*Cyfarwyddid*). Dwyn ei wrandawyr i'r profiad y soniasai'r Ysgrythur amdano oedd prif amcan Llwyd y pregethwr, ac yn ei awydd mawr a chyson i osgoi dyfod o ddyn i wybodaeth ddeallol oerllyd o gredo noeth[39] heb brofiad o ras yn cydredeg ag ef yn y galon, collodd y cydbwysedd angenrheidiol rhwng agweddau gwrthrychol a goddrychol y ffydd, ond nid aeth ei bwyslais llywodraethol ar y mewnol yn rhemp ychwaith.

Dadleuodd E. Lewis Evans fod Morgan Llwyd yn Arminydd Efengylaidd.[40] Yr wyf o'r farn y gellid mentro gwneud achos cryfach fod meddyliau Morgan Llwyd am iachawdwriaeth yn cyd-daro i'r dim ag uniongrededd Calfinaidd ei ddydd. Ffederal-iaeth, ac nid Uchel-Galfiniaeth (a wnâi gyfrifoldeb dyn i ufudd-hau i'r alwad oddi uchod yn ddianghenraid) yw'r allwedd orau i ddeall seiliau diwinyddol Llwyd parthed y pwnc hwn.[41]

Y duedd yn y gorffennol, ac yn wir yn ddiweddar hefyd, gan ddilyn W. J. Gruffydd fe ymddengys, oedd anghofio cefndir uniongrededd dyddiau Llwyd a gwrthod chwilio'r posibilrwydd fod arno hefyd ddyled cyffrous i Galfiniaeth gymedrol Piwritan-iaid fel Walter Cradoc a Vavasor Powell, dyweder. Dylid myfyrio'n drwyadl y posibilrwydd hwn, ac wedi gwneud hynny gellir gwerthfawrogi mor amodol mewn gwirionedd oedd dyled Llwyd, o safbwynt ei syniad am iachawdwriaeth, i ysgrifeniadau Jakob Böhme. Y mae'n drueni, ar un olwg, fod rhuthro wedi digwydd i briodoli tarddiad myfyrdodau'r Cymro yn llwyr, i bob pwrpas beirniadol, i'r ffynhonnell Femenaidd gan osgoi, neu wrthod, cydnabod amlochredd cymhleth meddwl Llwyd. Yn wir, y mae'n rhaid wrth ofal manwl ac amyneddgar wrth ei ddadan-soddi, o gyfeiriad Böhme yn ddiau, ond yn ogystal o gyfeiriad cefndir Calfinaidd ei oes. Heb anwybyddu'r llwybr y troediodd

[39] I 258.
[40] E. Lewis Evans, *Morgan Llwyd* (Lerpwl, 1931), pennod 2; idem, 'Morgan Llwyd' yn Geraint Bowen (gol.), *Y Traddodiad Rhyddiaith* (Llandysul, 1970), 210; ond cf. beirniadaeth eirenaidd R. M. Jones yn *Llên Cymru a Chrefydd* (Abertawe, 1977), 313–15.
[41] R. Tudur Jones, 'Athrawiaeth y Cyfamodau', yn *Grym y Gair a Fflam y Ffydd*, gol. D. Densil Morgan (Bangor, 1998), 9–16; idem, *Vavasor Powell* (Abertawe, 1971), 92–4.

Lewis Evans hyd-ddo wrth ddyfod at Llwyd, rhaid cychwyn yn ogystal â'r uniongrededd Piwritanaidd a ffurfiai gyd-destun sylfaenol meddwl Morgan Llwyd.

Y bwriad yn awr, felly, yw sefydlu Calfiniaeth gymedrol Morgan Llwyd drwy amlhau enghreifftiau o'i waith sy'n profi, i'm tyb i, ddarfod iddo lynu wrth bob un o'r Pum Pwnc Calfinaidd fel y'u gelwir.[42] Ni ellir gwneud cyfiawnder â'i neges rymus am waith Gras achubol ar y naill law, a chyfrifoldeb dyn i ufuddhau yn ei gydwybod i'r alwad oruwchnaturiol ar y llaw arall, heb ddwyn i ystyriaeth ei ragdybiau Calfinaidd amlwg. Y mae dangos fod ganddo ymwybod byw â threfn ddogmatig yn ein galluogi i chwythu'r llwch oddi ar yr hen ddehongliad rhyddfrydol a thraddodiadol amdano fel cyfrinydd chwiwus. Ys gwir yw na ellir mo'i feio am ganolbwyntio fel y gwnaeth ar yr uniad cyfriniol, er gwaethaf yr anghydbwysedd amlwg a achosodd hyn yn ei neges am iachawdwriaeth, canys yr oedd yn ddiau yn cydnabod, fel ei gyd-Galfiniaid, nad achubir dyn heb i Dduw alw'n gyntaf ac i ddyn wedyn ymateb yn waglaw i'r rhodd raslon o fywyd. Ei neges arbennig oedd cyhoeddi nad oedd neb yn nheyrnas cyfriniol Crist oni phrofasai'r ailenedigaeth effeithiol o'r Ysbryd. Er mwyn sicrhau fod credadun yn ymroi mewn sancteiddhad i ddyfnhau ei brofiad o ras a'i gymundeb â Duw, ei wreiddyn, drwy ei adnabyddiaeth ymddiriedus ddofn a phersonol o'r Gwrthrych Mawr, arhosai gyda'r cyflwr mewnol a chyferbynnu'n nerthol y dyn caeth ei ewyllys a'r dyn ailanedig gan bwysleisio ddyfned oedd tywyllwch y bwlch a'u gwahanai, bwlch yr oedd gofyn bod y gŵr cadwedig wedi mynd drwyddo, a hynny yn brofiadol wrth gwrs.[43] Gwelir bod osgo, neu duedd, ysgrifeniadau Morgan Llwyd tuag at *baratoi* crediniwr ar gyfer gwaith achubol gras fel y gallai wybod, i'r eiliad ymron, a hynny yn ôl effeithiau gras arno ac ynddo, a oedd wedi'i achub ai peidio. Ni ddywedai Llwyd fod mewn dyn allu i amodi'r gwaith grasol hwn. Syrth ei bwyslais i'r gwrthwyneb ar gyfrifoldeb dyn gerbron Duw, gan fod goleuni cyffredinol y Gair yn y gydwybod yn oleuni ysgogiadol sy'n gyrru dyn (neu fe ddylai, os yw dyn yn gwrando arno), i ofyn am achubiaeth anhaeddiannol. Eithr dim ond y rhai a elwir wrth eu henwau a fydd yn gofyn am drugaredd o ddifrif, a mater i Dduw

---

[42]   W. J. Seaton, *The Five Points of Calvinism* (Edinburgh, 1976).
[43]   Goronwy Wyn Owen, *Morgan Llwyd* (Caernarfon, 1992), 48–64.

yn unig wedyn yw rhoi bywyd yn rhad. Y mae'r alwad hon yn un gyffredinol ac yn gyfyngedig yr un pryd. Gwirionedd paradocs-aidd ydyw ond un na ellir mo'i osgoi. Wrth yr ailenedigaeth oruwchnaturiol, pan ddeuai i gyffroi'r galon, yr oedd modd ymresymu mai Duw oedd achos y newid mewnol a effeithiai ar ogwydd ewyllys dyn a bod hyn wedi'i selio gan y gwaith· pryned-igol ar y Pren.[44] Ni allai dyn ond ymateb yn negyddol neu'n gadarnhaol pan elwir arno i ufuddhau i'r alwad. Os yw'n gwrthod ildio i Dduw, ef ei hun sy'n gyfrifol am ei ddamnedigaeth ei hun. Ond, ar y llaw arall, bydd y sawl a etholwyd yn sicr o blygu i'r gwirionedd gan mai Duw sy'n gweithio ynddo i ewyllysio fod yn gadwedig.

Y Pum Pwnc Calfinaidd

1. Llwyr anallu

Dywed Llwyd yn bendant iawn nad ystyriai fod gan ddyn allu ynddo'i hun i amodi gras Duw:

> Nid oes gan ddyn o hono ei hunan na goleuni na nerth nag ewyllys i ddaioni.[45]

> nid yw dŷn o hono ei hun ond swp o wenwyn, a thelpyn o brîdd, ac anifail brwnt, cysclyd aneallus, neu welltyn glâs yn gwywo, Twrr o escyrn yn pydru. Gwâs i ddiafol ynnhommen y cnawd.[46]

> mae'r enaid yn llawn o anifeiliaid drwg: Edrych i mewn, a gwêl; Mae yno sarph gyfrwys, yn hedeg mewn rhagrith, a dichell yn y meddwl: Mae yno fwystfil anllad, yn byw yn chwantau'r cnawd: Mae yno megis teirw Basan yn rhuo yn nghyndynrwydd yr ewyllys: Mae yno gwn, yn cyfarth yn y gyd-wybod ddrwg; Mae yno flaidd, yn difa pob meddwl da: yno y mae gwiber faleisus, a meddyliau drygionus fel caccwn yn ei nyth. Or tu fewn y mae llawer o resymmau fel Arglwyddi; nes i Arglwydd yr Arglwyddi, Iesu Grist godi i fynu i reoli, ai troi nhw i gyd allan.[47]

> A thra fo meddyliau'r cnawd ynot ti, mae nhwy fel bytheuaid yn dy ganlyn di ddydd a nôs, ac yn gwneuthur swn amherffaith ynghlustiau'r Barnwr.[48]

---

[44]   I 305–6; cf. II 91.
[45]   II 90.
[46]   I 218.
[47]   I 136.
[48]   I 225.

Yr oedd y ffaith fod Morgan Llwyd yn canolbwyntio cymaint ar nodweddion mewnol dyn, boed hwnnw yn parhau mewn pechod neu wedi'i aileni, yn golygu ei bod yn amcan ganddo roddi sicrwydd i'r sawl a fuasai'n amau ei gadwedigaeth. Y bwriad mewn golwg ganddo oedd llarieiddio amheuon credinwyr eu bod yn golledig. Gwyddai Llwyd yn burion mai'r Ysbryd oedd yn deffro dyn o'i drymgwsg canys y mae'n canolbwyntio ar yr ail-enedigaeth fel digwyddiad goruwchnaturiol cwbl allweddol i achubiaeth unrhyw un. Ac yr oedd yn ddigwyddiad y gellid ymron ei ddyddio (I 258). Ni ddywed, serch hynny, fod dyn yn rhydd i amodi gras mewn unrhyw fodd, er ei fod yn gwbl Galfin-aidd ei osgo wrth bwysleisio cyfrifoldeb dyn i ufuddhau mewn edifeirwch a gweithio allan ei iachawdwriaeth drwy ofn a dychryn. Priodolir i Dduw yn llwyr y gwaith graslon o achub pwy a fyn:

> A diammau iw, fod y colledigion yn uffern yn gwybod na wnaethont mor hyn a allasent ar y ddaiar, ag er na allent moi hail eni ei hunain (mwy nag y gall anifail ei ymwneuthur yn ddyn) nhw allent ymgyrhaedd ag ymbalfalu mwy ar ol Duw nag a wnaethont.
>
> *Dyna'r ddamnedigaeth* fôd dyn yn ddiofal am ei iechydwriaeth.[49]

Achos caethiwed gwreiddiol dyn yw anufudd-dod Adda ac am hynny y mae dyn yn gyfrifol am ei ddamnedigaeth, yn fwyfwy felly pan glyw alwad yr Efengyl i edifarhau a'i gwrthod. Ond ni all ddewis cydweithio â Duw mewn iachawdwriaeth onid yw ei ewyllys wedi ei rhyddhau o'r duedd i bechu.

Yr Ewyllys

Problem yr ewyllys ydyw'r pwnc allweddol y dylid ymgodymu ag ef yn union wrth drafod soterioleg Morgan Llwyd, ac yntau'n sôn mor fynych a chyson am gyfrifoldeb dyn gerbron Duw i ymateb i'r alwad oddi uchod, ac yr oedd cyfeiriad yr ewyllys yn faes hanfodol i swyddogaeth allweddol yr Ysbryd wrth aileni dyn. Parodd hyn i rai gredu mai syniad Böhme a'r Arminiaid am ryddid ewyllys sydd gan Llwyd mewn golwg, sef dysgu fod gan ddyn allu cynhenid, neu allu wrth natur, a hynny er gwaethaf cwymp Adda, i ddewis cael ei achub os mynnai, a bod yr achubiaeth a gynigir i ddyn gan Dduw yn Iesu Grist yn dibynnu'n llwyr ar benderfyniad rhydd ewyllys dyn i ymateb i'r alwad gyffredinol hon fel nad yw iachawdwriaeth neb yn effeithiol hyd nes y bo dyn yn dewis. Dysgir felly fod dyn yn medru gosod amod ar Dduw; ei waith ef ydyw nesáu at Dduw mewn ffydd ac edifeirwch o'i wneuthuriad ei hun, canlyniad ei benderfyniad y mynnai fod yn gadwedig, ac yna bydd Duw yn cwblhau ei achubiaeth yng Nghrist. Ond dyn sy'n cymryd y cam cyntaf bob tro, ef sy'n caniatáu i Dduw ei achub.

Os gellir profi fod Morgan Llwyd yn dysgu caethiwed yr ewyllys, a barai fod ffydd ac edifeirwch yn dibynnu'n llwyr ar ras rhad Duw i gychwyn, yna nid annisgwyl fydd gweld pob un o'r pynciau Calfinaidd eraill megis yn ymhlyg yn y pwnc creiddiol hwn, sef y syniad fod dyn yn gyfan gwbl analluog i amodi rhyddid penarglwyddiaethol Duw mewn iachawdwriaeth. Yn rhesymegol, bydd canfod a yw Llwyd yn cytuno â'r Calfinydd ynghylch anallu gwreiddiol dyn yn awgrymu ei fod yn amddiffyn hawl Duw ar ddyn yn ogystal â'i hawl Ef i ddewis a gwrthod y neb a fyn, o leiaf yn ddiwinyddol, gan nad oedd yn amcan gan Llwyd bregethu Rhagetholedigaeth Ddwbl o'r pulpud. Pan gyfeiriai at ddamnedigaeth dyn nid yw'n ceisio gwadu etholedig-aeth, yn hytrach fe'i ceir ef yn maentumio ei dirgelwch, gan gyhoeddi'n unig mai ymateb i'r alwad i edifarhau y dylai'r gwrandawr yn lle ceisio deall ffyrdd dirgel Duw. Ac y mae gan ddyn gyfran yn ei ddamnedigaeth os yw'n gwrthod credu. Digon i ddyn yw edrych arno'i hun er mwyn gweld a yw naill ai'n debyg i Grist neu'n annhebyg iddo,[50] a hynny er mwyn medru dirnad a yw'n gadwedig neu'n golledig ai peidio. Osgôdd Llwyd berygl dybryd dileu cyfrifoldeb dyn i ymateb i rodd rad iachawdwriaeth a syrthio i fagl Uchel-Galfiniaeth a'i harfaeth beiriannol. Serch hynny, yr oedd ei bwyslais ar baratoi pechadur ar gyfer gras yr un pryd yn dangos yn eglur ddigon fod Llwyd yn bersonol wedi bod yn brae i'r athrawiaeth am ragetholedigaeth a dim ond wedi blynyddoedd, 16 i gyd, y daeth ef i brofi sicrwydd a heddwch mewnol ar ôl cael ei ddwyn o 'dan fellt y gyfraith'[51] am 16 mlynedd arall cyn hynny. Pan ddaeth y profiad o heddwch cyfriniol iddo yn 1651 aeth ati yn llyfrau pwerus 1653 i

50　I 94–5.
51　I 64.

geisio dwyn ei wrandawyr yn ddiogel drwy'r anialwch ysbrydol y barnai fod yn rhaid iddynt grwydro ynddo i ddyfod at y profiad o sicrwydd cadwedigaeth, ac ni ddeuai neb i'r cyflwr heddychlon hwnnw, yn ôl Llwyd, oni chawsai ailenedigaeth oruwchnaturiol i gychwyn; a byddai effeithiau honno ar galon, ewyllys a meddwl dyn yn faes holl-bwysig i'r ymchwil am ollyngdod.

Dywed yn blwmp ac yn blaen nad oedd yn barnu fod gan ddyn ohono'i hun ewyllys rydd:

Ped fai ewyllys fe fyddai allu. Ped fai'r gwaethaf yn gallel iawn ewyllysio bôd yn orau, fe fynnai fôd felly: Ond mae ewyllys pawb wedi i garcharu yn ei naturiaeth ei hun.

Ond oni elli di ddyfod allan o'th ewyllys, a'th wadu dy hun?

Na allaf. Trêch yw naturiaeth na dim, ac ni welaf fi fawr yn nofio yn erbyn y ffrŵd honno. Ie, ni all nêb i gwrthwynebu yn hîr ond y sawl sydd a naturiaeth newydd ganddo.[52]

Dwyn dyn i'r 'naturiaeth newydd' oedd holl fyrdwn llyfrau Llwyd. Wrth i ddyn fod yn gyfrifol fe ddaw i'r profiad o heddwch a dderbyniasai Llwyd wrth ymwacáu, ac o'i gael gellid rhesymu wedyn fod yr Ysbryd wrth y llyw mewnol. Dyna'i destun pan ddywed:

Di gei fod cyn farwed ag ascwrn pwdr yn y bedd, cyn i Grist ymgodi ynot, a rhaid iw tynnu yr hen adeilad i lawr, cyn gosod i fynu yr adeilad newydd . . . Na chais feddwl am Dduw, drwy dy feddwl dy hunan; canys rhaid i nerth croes Crist ladd dy feddyliau di dy hunan, ag yno di gei feddwl Crist i aros ynot. Ag yn lle dy *hen Hunan*, di gei *Hunan newydd*, yr hwn yw Crist ei hunan, yn dy galon gnawdol di.[53]

Y mae'r wyrth o ryddhau'r ewyllys o'i chaethiwed cnawdol yn golygu fod yn rhaid i ddyn farw gyda Christ ac atgyfodi gydag ef o'r bedd mewnol: 'Fe ddiffoddir yn gyntaf dy holl *wreichion*, ath *ganhwyllau* di, cyn dy oleuo ath gysuro, ni bydd nath *haul*, nath *leuad* nath *sêr* di, yw gweled.'[54] A pan ddaw Duw 'ith enaid truan

---

[52] I 162.
[53] I 142–3.
[54] I 142.

di' a chenhedlu 'ei fab Iesu ynoti' a, sylwer, 'plygu dy ewyllys yn
nerthol at ddaioni', yna 'di gei sathru Satan dan dy draed: ie a
hâd Duw ynot ti, *a siga ben y sarph*'.[55] Duw felly sy'n cymryd y cam
cyntaf wrth alw ar ddyn i ddychwelyd ato Ef eithr, rhag i neb
feddwl fod ynddo allu mewnol daionus i amodi'r alwad mewn
unrhyw fodd a symud cadwedigaeth o'r nef a'i gosod mewn dyn,
ychwanegir:

> Nid wyfi yn yscrifennu fel hyn, fel ped fae ynot ti neu finnau nerth i
> ymnewid; Ond mae nerth yn Nuw ith newid ti a minnau, ag mae Duw
> gyda ni, tra fom ni yn gwrando ar *air y cyngor* [iachawdwriaeth] *ar cymmod*.[56]

Gallai Llwyd gytuno ag unrhyw Galfinydd felly mai Duw yw
awdur cyflawn a llwyr iachawdwriaeth o'r dechrau i'r diwedd.
Nid oes gan ddyn, yn ei dyb ef, hawl o fath yn y byd ar Dduw a'i
benarglwyddiaeth ddiamod:

> Wele mae'r drŵs i'r bywyd yn agored etto. Na fydd ddiofal. Di elli etto
> fyned i mewn i'r plâs gogoneddus tragywyddol. Mae gwâedd oddiwrth
> Dduw drwy'r holl wlâd yn gwahodd pawb i mewn er trymmed yw ei
> pechodau ac er amled fu ei cwympiau. A phan ddelych yn dy ewyllys i
> mewn at Dduw, fe a rydd i ti arfau i ymlâdd ar sarph, ac a'th wna di yn
> daer i dynnu i lawr wrŷchoedd gardd y cythrael ynoti ac yn y bŷd . . .
> Canys nid o ddyn ond o Dduw y mae iechydwriaeth.[57]

> Pob peth sydd o Dduw, ac nid o ddyn, am hynny disgwil di wrtho.[58]

> there is nothing in man (unless God the Father lives in him) that can know
> Christ; the strength of imagination, and depth of reason, and heat of blind
> zeal, are all vanities in this matter. The wisest naturalist cannot as much as
> perceive this holy thing of God what he is . . . [59]

Y mae'n ddiau ddarfod i Llwyd wneuthur ei brofiad personol
o ailenedigaeth yn sail i'w genadwri angerddol i'r Cymry; ond y
mae'n allweddol, er mwyn gwerthfawrogi'r neges iasol honno,
sylweddoli ei fod wedi syrthio o dan argyhoeddiad personol dwfn

[55] I 149.
[56] Ibid.
[57] I 243.
[58] I 225.
[59] I 308.

iawn o bechod, ac fe gyferbyniodd y tyndra a achoswyd ynddo gan ras fel hyn:

> O honofi nid oes dim da
> Ond drwg ffieidd-dra ormod
> Ond ynofi oddiwrth fy Nuw,
> Mae Ysbryd byw di bechod.[60]

Ac yn *Llyfr y Tri Aderyn* wedyn dywedir ym mhig y Golomen wirion nad ystyriai Llwyd fod ganddo ddim briwsionyn o gyfiawnder mewnol a'i galluogai i wneuthur Duw yn ddyledus iddo ef, a'i bod yn ddyletswydd arno Ef i'w achub:

> Nid oes gennif na llais, na lliw, na llûn na phluen o'm gwaith a'm gallu fy hun. Nag ymffrostied nêb ynddo ei hunan . . .[61]

Yn wir, Calfinaidd ydyw grym ei bwyslais ar anallu dyn a'i golledigaeth dragwyddol heb yr ailenedigaeth oruwchnaturiol drwy gyfrwng swyddogaeth ddirgel yr Ysbryd, canys

> mae ysbryd y bŷd wedi cippio a chammu enaid dyn, er iddo ddyfod yn bûr ac yn berffaith allan o'r un daionus.[62]

> Y dynion naturiol gorau a gollir . . . nid ysbrydol yw'r naturiol, er gwyched fo yngolwg dynion.[63]

Heb alwad oddi wrth Dduw, colledig yw pawb; ac ni allai dyn yn ôl Llwyd beri i Dduw roi iachawdwriaeth iddo yn gyfnewid am ffydd ac edifeirwch hunanwneuthuredig, canys

> Dôd i bôb peth ei lê ei hun, ac di elli weled yn hawdd nad yw synwyr naturiol yn medru nofio na hedeg i Arch *Noah*.[64]

Onid yw Llwyd felly yn dysgu mai Duw yw awdur llwyr iachawdwriaeth pawb cadwedig? Onid yw'n dysgu mai Duw sy'n *rhoi*

---

[60] I 105.
[61] I 217.
[62] I 199.
[63] I 190.
[64] I 211.

ffydd i ddyn yn rhad ac am ddim fel y daw edifeirwch yn ei sgil a nesáu at y cyfamod gras?[65]

> Edrych a gwêl fel y mae efe yn dwyn oddiarnat yr hên nerth, ac yn rhoi i ddynan truan nerth newydd, ac yn i lenwi ag îrder newydd . . .[66]

Nid oes air o sôn ganddo am ddyn yn meddu ar ryddid i amodi gras; derbyn yn waglaw yn unig a wna dyn:

> Rhodd fawr anrhaethol yw Christ, a rhodd fawr yn llaw ffydd iw dderbyn, Ni all neb i phrynnu ond fe all y tlottaf i derbyn.[67]

Rhodd Duw ydyw ffydd a rhaid yw i gredadun a elwir 'gael ffydd gennifi i'm cael ac im cymryd innau [Crist]. Dyma swm y cyfammod newydd.'[68] A pha beth ydyw ffydd achubol o'r fath a roddir yn rhad i ddyn namyn

> Ysbrydoliaeth ryfeddol, nid yn unig i gredu mai'r Jesu yw Christ, Ond hefyd mai'r Christ ymma yw anwylyd a Brenin a Bywyd dy enaid ti: a darfod i'r Jesu farw drossoti i fyw ynoti, ac ith ddwyn yn ddioed at Dduw i'r gwreiddyn yn y drindod nefol, or hwn yr ehedodd dyn allan drwy gwymp Adda. Pan fo'r enaid yn canfod hyn iddo ei hun, ac yn cynnwys hyn ynddo ei hun, Dyna ddyn yn credu ychydig. Dyna ganwyll yn dechrau goleuo. Ni ddiffoddir moni.[69]

Ac oni cheir crybwyll ar derfyn y dyfyniad uchod bwnc Calfin-aidd arall, sef nad yw'r sawl a elwir gan Dduw fyth yn cwympo'n ôl yn derfynol i dywyllwch? Gwelir yma hefyd ôl syniad Böhme am yr *Ungrund* (sef gwreiddyn) a'r Drindod nefol (sef Duw), meta-ffiseg a oedd yn sail i feddwl Llwyd yn ddiau, ond ei bod wedi'i himpio'n llwyddiannus ar y cyff Calfinaidd cyn belled ag y mae a wnelo â'i syniadau craff am iachawdwriaeth.

Cyn belled ag y gellir barnu wrth dystiolaeth geiriau Llwyd ei hun, ni welir bod lle i amau na ddysgai gaethiwed yr ewyllys, caethiwed a oedd fel 'cadwyn gadarn . . . yn rhwymo dy feddwl',

---

[65]   I 149.
[66]   I 228; cf. I 165–6, 201.
[67]   I 240.
[68]   I 241.
[69]   Ibid.

meddai mewn un man.[70] A rhaid felly oedd wrth allwedd or-uwchnaturiol yr Ysbryd i ryddhau dyn o gaethiwed carchar y pechod gwreiddiol, ac ni allai neb wrthwynebu twyll y tywyllwch hwnnw 'ond y sawl sydd a naturiaeth newydd ganddo'.[71] Heb yr ailenedigaeth o'r Ysbryd, sef

Goleuni'r ysbryd glân. Heb yr hwn y mae dyn fel tŷ yn llawn mŵg, heb vn ffenestr arno i ollwng goleuni mewn, Ac ym mŵg, naturiaeth mae'r gwybed vffernol yn hedfan: Y golau ymma sydd fel ffenestr o risial. Mae'r haul o'r nêf, yn discleirio drwyddi. Ond nid yw'r dall yn gweled mor ffenestr na goleuni'r bŷd. Ac ni all nêb ganfod y Duwdod ond drwy'r Tâd, na'r Tâd ond drwy'r mâb, na'r mâb ond drwy'r ysbryd, na'r ysbryd ond drwyddo ei hunan. Mae efe yn agoryd ffenestr yn y nêf fel y gallo dyn weled y peth sydd ym monwes, ac ym meddwl yr oen, Mae efe hefyd yn agoryd vn arall yn y galon i ddyn i weled ei stafell ei hun, ac i hwnnw mae'r yscrythurau yn agored hefyd.[72]

Hwyrach bod modd olrhain profiad Morgan Llwyd o'r ail-enedigaeth mewn gwaith arall heblaw *Llyfr y Tri Aderyn*.[73] Yn *Lazarus and his Sisters*, os Lazarus yw Llwyd yn cuddio dan ffugenw – dyfais hoff, fel y dengys person y Golomen a Goodman Present yn *An Honest Discourse* – dywed mai Duw a'i dewisodd ef yn hytrach nag ef a ddewisodd gael ei achub gan Dduw:

My father's will brought me once from you through death into the other life, and now my Lords will hath fetched me again to you for his own glory; in both am I in his will, and his will is my heaven and happiness wherever and whatever I be; my own will is crucified, dead and buried, and shall never rise again. Now it is all one to me and to be here as elsewhere, in his will, to his praise; and all they that are crucified with Christ, are of this my mind: in this perfect will of my God I rest, till my change come from him.[74]

Wrth ei brofiad o farw ac atgyfodi (yn ffigurol) â Christ, sef yr ailenedigaeth pryd y rhyddhawyd ei ewyllys elyniaethus gynt a'i bywiocáu, gŵyr Lazarus mai Duw sy'n ewyllysio ynddo mwyach a bod ei ewyllys ei hun wedi'i phlygu[75] i ddilyn Christ. Dywed yn

[70] II 89.
[71] I 162.
[72] I 207–8; cf. pennod 1.
[73] I 258–62.
[74] I 292–3.
[75] I 149.

bendant nad â dyn i deyrnas Crist 'but such as are made meet for that inheritance beforehand',[76] a thrwy'r ailenedigaeth, pryd y trawsffurfiwyd gogwydd yr ewyllys mewn dyn, y mae gwybod a yw dyn wedi mynd trwy'r bwlch i'r etifeddiaeth yng Nghrist ai peidio. Dywed yn blaen nad yw meddwl dyn naturiol yn medru dewis Duw 'until first its vagabonding principle be changed'.[77] Ac onid awdur y newid cyfeiriad chwyldroadol a ddigwyddasai yn Lazarus oedd yr Iachawdwr drwy rym bywiocaus yr Ysbryd Glân? 'O Lord Jesus, that hast awakened me (by thy mighty voice of power) out of the sleep of the grave.'[78] Gŵyr Lazarus, ar sail ei brofiad o adnewyddiad, fod Duw byw wrth y llyw mewnol, ac ni ellir methu adnabod gwaith graslon Duw mewn dyn, oblegid

> it is possible for some on earth (whether in the body, or out of the body, they cannot tell) to demonstrate to others the estate of souls, if they themselves be passed quite through the gulf of the new-birth; for that spirit once born in man, revealeth all things, yea, the deeps of God.[79]

Ond heb yr ailenedigaeth oddi uchod a'r trawsgyfeirio anochel i fywyd dyn 'none escape this cliff of sin[80] and judgement, but such are here born again from out of the spirit of this world'.[81]

Yr oedd Llwyd a Böhme yn cytuno ynghylch cyffredinolrwydd y pechod gwreiddiol.[82] Ond dysgai'r Almaenwr fod ewyllys dyn yn rhydd ac y gallai, pe dymunai, ddewis cydweithio â Duw neu'n wir wrthod gwneud hynny. Gallai dyn hyd yn oed wedyn syrthio a dychwelyd i gyflwr colledig ar ôl blasu iachawdwriaeth ar un adeg.[83] Dysgai fod pawb yn gwbl rydd i gamarfer gogwydd naturiol ddaionus yr ewyllys ac os ydynt yn gwrthod dewis dilyn y Crist mewnol a'i oleuni yn y gydwybod a adferwyd ym mhob dyn adeg ei Ymgnawdoliad Ef, y mae'n ei garcharu ei hun yn y Tân mewnol sy'n wreiddyn i'w gorff creedig.[84] O ganlyniad, erys o flaen dyn ddamnedigaeth dragwyddol.[85] Yr oedd yr Arminiaid

76   I 280.
77   Ibid.
78   I 281.
79   I 272–3.
80   I 116.
81   I 289.
82   I 246; cf. II 91, 87, 188.
83   ThFC ii; ThLM xiii, 38.
84   ThLM xviii, 10; ThPDE xiii, 38.
85   DSR v, 9; CES i, 44; DEG vii, 36.

o leiaf yn priodoli arwyddocâd prynedigol i'r Groes *wedi* i ddyn ymateb i alwad Duw a dewis cytuno cydweithio ag Ef mewn iachawdwriaeth, ond ni ddysgai Böhme fod odid ddim gwerth prynedigol i'r Iawn hwnnw a dalwyd ar Galfaria, canys yr uniad cyfriniol naturiol sydd rhwng pob enaid (yn ddichonol) a'r Gair mewnfodol sy'n achub wedi i ddyn sylweddoli hynny a dewis naill ai Nef neu Uffern fel nod i anelu ato. Tro'r ewyllys a ddaw â dyn i'r cyflwr mewnol a fydd yn galluogi'r Gair i oleuo'n ffagl gariadus a ffrwyna fflam ddinistriol y Tân oddi mewn a'i droi yn dângariad; eithr dyn ei hun sy'n dewis ymwacáu ac uno â'r Gair. Os ydyw dyn am gael ei gadw, eler ati i ddilyn esiampl gwein-idogaeth ddaearol Crist, edifarhau a dyfod at Dduw mewn ffydd a gweddi hunanymwadol; yna fe'i hachubir gan oleuni mewnol y Gair sy'n harneisio'r ewyllys oddi mewn a'i throi i gyfeiriadau daionus.[86] Rhodd dyn i Dduw yw'r cam cyntaf hwn ac, megis y dywed Böhme, 'It is . . . necessary, that we convert with our wills and enter again into the New Birth, wherein Christ hath opened in our humanity.'[87] Er adfer dyn yn ddichonol i'r cyflwr yr oedd Adda ynddo *cyn* y Cwymp adeg Ymgnawdoliad y Gair, yr Adda newydd neu'r Ail Adda, ni allai goleuni mewnol y Gair hwn achub dyn heb i hwnnw yn gyntaf ddewis troi gogwydd ei ewyllys ar ôl arweiniad mewnol y Gair.[88]

Daliai Böhme felly mai mater o gytundeb mewnol rhwng dyn a Duw oedd iachawdwriaeth yn hytrach na ffrwyth cytundeb rhwng Duw a'i Fab yn nhragwyddoldeb. Y Gair, ac nid y Groes, sy'n achub yn ei dyb ef: 'for Christ by his Incarnation is become man in us . . . Christ is born in the converted sinner and he in Christ becomes the Child of God.'[89] Dyn ar ei liwt ei hun sy'n dewis ei dynged dragwyddol.[90] Ef yw'r ysgogydd, a gall osod amod ar Dduw: 'Thou has the Kingdom of heaven in thy Power . . . so also thou hast the Kingdom of Hell in a bridle.'[91]

Yn *Gair o'r Gair* gwelir Llwyd yn lleoli cadwedigaeth y crediniwr yng ngweithgarwch yr ewyllys, a dywed beth fel hyn:

---

86 ThPDE, x, 38; DSR 90.
87 CES 11.
88 ThLM xi, 70.
89 FQS xxxiii, 13; cf. 15.
90 ThPDE xxi, 22, 29; v, 15; x, 14; xx, 62; xxiv, 30; FQS xxiii, 15; ThLM xiii, 27; xiv, 71.
91 ThPDE xxii, 22.

Pan gwympodd *Adda* fe ddidolwŷd yr Enaid oddi wrth y GAIR . . . trwy Ewyllys i bechu, a thrwy Droad yr Ewyllŷs at DDUW, mae'r Meddwl yn dychwelyd . . .[92]

Er holl bwyslais Calfinaidd Llwyd ar bechadurusrwydd dyn a'i ddyletswydd i ymroi i Dduw yn ei ewyllys, nid yw'n dweud fod yr ewyllys hon yn medru dewis iachawdwriaeth ohoni'i hun. Y mae'n bendant o'r farn y dylai dyn ymroi i Dduw, ond mater i Dduw yn unig yw trugarhau ac achub dyn canys nid

oes Ewyllŷs da ond o DDUW (ag nid o'r hwn a ewyllŷsio neu a redo, ond o DDUW y mae'r Bywŷd) ac wedi i Ddyn wneuthur el [*sic*] orau nid yw DUW mewn Dylêd i un Dŷn mwŷ nag yw'r Haul i Ganwŷll Llŷgad Dŷn am ei Oleuni.[93]

Cyfeirir ni yma at Ruf. 9 lle y dywedir, mewn adran sy'n trafod etholedigaeth, fod Duw yn datguddio'i drugaredd wrth yr etholedigion yn unig, ac 'nid o'r hwn sy'n ewyllysio y mae, nac o'r hwn sydd yn rhedeg chwaith; ond o Dduw, yr hwn sydd yn trugarhau'.

Gellir casglu, felly, fod Llwyd, o leiaf yn ddiwinyddol, yn credu mewn etholedigaeth ac ewyllys gaeth i bechod, er mai dyletswydd dyn yr un pryd yw dyfod i'w adnabod ei hun a cheisio Duw canys

trwy Ddrws yr Ewyllŷs y mae i Ddŷn ymroi i DDUW. O's bydd Drws Ewyllŷs Dŷn yn agroed [*sic*] bob Amsér yn union ar gyfer Drws Ewyllŷs DUW, fe fŷdd siwr i gael Awel dragwyddol *Gair* DUW i'w lenwi ac i'w nerthu. Ond o's caûad fŷdd Drws yr Ewyllŷs, neu wŷrgam oddiwrth Ewyllŷs DUW, Ni all ef fwynhau *Paradwys*, ond yn ei Llê hi, yr Ymladdau oddifewn yn yr Anwydau a'r Meddyliau.[94]

Wel, medd rhywun, dysgu ewyllys rydd yw peth fel hyn. Eithr dywed Llwyd yn nes ymlaen:

OND (meddi di) o's trwy Ewyllŷs DUW yn gweithjo ar Ewyllŷs Dŷn, y mae DUW yn dyfod i mewn i Ddŷn, a Dŷn yn myned i mewn i DDUW . . . [95]

---

92   II 157.
93   II 195.
94   II 192.
95   II 193.

Duw 'yn gweithjo ar Ewyllŷs Dŷn' felly sy'n cadw er mai dylet-swydd dyn yw ymroi iddo Ef drwy ogwydd hunanymwadol yr ewyllys, ond o Dduw, serch hynny, y daw iachawdwriaeth:

> y Peth cyntaf yw, i ti adnabod y GAIR Tragwyddol yn y Deall, ac yno ar ol
> y Deall fe ganlyn yr Ewyllŷs, Ond edrŷch yn ofalus ar ba Bêth y mae dy
> Ewyllŷs wedi ei blannu, nid yr Ewyllŷs gwan anwastad, ond yr Ewyllŷs crŷf
> pennaf ynnot. ac ar ol hwnnw y dilyn yr holl Feddŷljau a'r Anwŷdau a'r
> Gweithredoedd.[96]

Dylai goleuni natur, neu ras cyffredin, beri i ddyn chwilio am Dduw, ond mater i Dduw yn unig yw trugarhau. Pan yw'r Eryr a'r Golomen yn *Llyfr y Tri Aderyn* yn trafod pwnc etholedigaeth, y mae'r Golomen yn datgan yn bendant Galfinaidd gymedrol fod 'gallu yn yr ewyllys i ysgog, ond nid oes mo'r ewyllys gyda gallu i ddychwelyd (fel y dywad y gigfran o'r blaen ran o'r gwîr)'.[97] Yn *Gwaedd ynghymru yn wyneb pob cydwybod* dywedir mai gwaith grasol Duw sy'n 'plygu dy ewyllys yn nerthol at ddaioni',[98] ac yn *Cyfarwyddid i'r Cymry*, lle y gwelir ôl darllen Böhme, dywedir nad oes gan ddyn yn ei gyflwr pechadurus ddim oll ynddo'i hun a'i galluoga i ddewis cael ei achub oherwydd nid oes ynddo, ar wahân i ras Duw, 'na goleuni na nerth nag ewyllys i ddaioni', ond bod Duw yn *rhoi* iddo 'fwy o oleuni ag o nerth . . . nag y mae'r dyn yn i arfer'.[99] Hyd yn oed pan yw dyn wedi ceisio Duw yn ei nerthoedd ei hun, a gwneud ei orau i adael ei natur bechadurus a byw yn dda, nid yw eto yn medru cyrraedd cyflwr cadwedig oherwydd 'nid oes mo'r ewyllys gyda gallu i ddychwelyd'. Dim ond pan 'gymmer Ewyllŷs Duw afael ar dy Ewyllŷs di', y daw achubiaeth i ddyn, a gwaith Ysbryd Crist sy'n 'traddodi ac yn darostwng ein Hewyllŷs ni ym mhob Pêth i Dduw, ac yn lladd ein cnawdol Naturjaeth . . . ac wrth weithio hyn yn yr Enaid mae fe yn cymmodi Dŷn ac Ewyllŷs DUW'. Rhaid i ddyn brofi gwaith adenedigol yr Ysbryd yn darostwng yr 'hen ddyn' ac yn ei wneud yn 'ddyn newydd' *cyn* y daw gwaith gwrthrychol Crist yn effeithiol

---

drosto canys 'nid yw CRIST trwy'r Pêth oddi allan [Calfaria] yn hollol-heddychu neb â Duw, o's bŷdd yr Elynjaeth yn yr Ewyllŷs yn erbyn DUW hêb eu lladd'.[100]

Y mae'n amlwg fod Llwyd yn dysgu y ceir ysgogiad dwyfol, neu wreichionen, yn yr enaid, sy'n gyrru dyn yn waglaw at Dduw i ofyn am drugaredd, a chan Böhme yn ddiau y cawsai'r ddysg hon am ras cyffredin. Y mae'r ysgogiad hwn, ysgogiad mewnol y Gair, ohono'i hun yn ddwyfol: rhan o rym creadigol goleuni mewnol y Gair yng nghydwybod dyn ydyw. Ond dilyn Llwyd y Calfiniaid pan ddywed mai goleuni 'cyhuddgar' yw hwn yn *Llyfr y Tri Aderyn*. Cyhoeddai ddyn yn euog gerbron Duw. Er i ddyn wedyn wneud ei orau glas yn nerth y goleuni cyffredinol hwn, y gwaith grasol a 'ddanfonir' (*Cyfarwyddid*) oddi uchod sy'n rhyddhau ewyllys farw dyn ac yn ei wneud yn wirioneddol ewyllysgar i gael ei achub. Nid yw Duw mewn 'dylêd' i neb, chwedl Llwyd, yn *Gair o'r Gair*. Y Creawdr sy'n rhyddhau'r Golomen yn *Llyfr y Tri Aderyn* ac felly 'Fe all fôd gwybodaeth heb ras (fel tânwŷdd heb dân) ond nid oes dân heb dânwydd' (I 253).

Yr oedd Llwyd yn gwybod yn burion am heresi Böhme canys yr oedd Peter Sterry, ei gyfaill a'i gynghorwr, wedi nodi nodweddion yr heresi mewn llythyr ato yn 1651/2. Yn *Where is Christ?* cydnebydd Llwyd y perygl dybryd o wanhau gwaith gorffenedig Crist ar Galfaria a dywed: 'He that writeth hath seen the deceit.'[101] Y mae'r ohebiaeth parthed Böhme a fu rhwng Sterry a Llwyd[102] yn ddiddorol gan fod problem yr ewyllys yn codi'i ben yn ogystal â heresi iachawdwriaeth gyffredinol drwy oleuni mewnol. Condemnir Böhme yn hallt gan Sterry oherwydd:

1. His exaltation of ffree-Will afer ye manner of ye Arminians. 2ly, His making yt Blessednes wch Christ hath purchased for us to bee onely ye Restitution of ye ffirst Adam, ye ffirst Paradise, & ye Bringing of us to Angels Thrones.[103]

---

[100] II 165.
[101] I 306.
[102] III 166–77.
[103] II 168; cf. M. Wynn Thomas, *Morgan Llwyd: Ei Gyfeillion a'i Gyfnod* (Caerdydd, 1991), pennod 6.

2. Etholedigaeth ddiamodol

nid oes ond rhai o bob Gwlad yn gadwedig fel y dywaid CRIST yr hwn a'i gŵŷr.[104]

Ag fel na achubir ond a ail enir, felly y sawl a ail enir, a garwyd yn rhâd or blaen.[105]

Yr oedd athrawiaeth y cyfamodau yn brotest 'y tu fewn i Galfiniaeth yn erbyn y duedd beiriannol ac amhersonol oedd ymhlyg yn athrawiaeth Rhagarfaeth', ebe R. Tudur Jones.[106] Ac yn ôl yr athrawiaeth hon, er dryllio'r cyfamod gweithredoedd rhwng Adda a Duw, rhydd yr Hollalluog ail gyfle i ddyn gan addo iddo iachawdwriaeth ar sail ei *ffydd* yn yr Iachawdwr. Ffydd y pechadur sy'n ei ddwyn i mewn i rwymau y Cyfamod Gras,[107] a Duw sy'n gweithio ffydd achubol o'r fath mewn dyn.[108]

Fel pregethwr, swydd Morgan Llwyd oedd gwahodd *pawb* i edifarhau a dyfod at Grist, Pen y cyfamod newydd, yn waglaw, canys

Wele mae'r drŵs i'r bywyd yn agored etto. Na fydd ddiofal. Di elli etto fyned i mewn i'r plâs gogoneddus tragywyddol. Mae gwâedd oddiwrth Dduw drwy'r holl wlâd yn gwahodd pawb i mewn er trymmed yw ei pechodau ac er amled fu ei cwympiau. A phan ddelych yn dy ewyllys i mewn at Dduw, fe a rydd i ti arfau i ymlâdd ar sarph, ac a'th wna di yn daer i dynnu i lawr wrŷchoedd gardd y cythrael ynoti ac yn y bŷd. Ac fe a ddysg i ti addoli'r Tâd ei hunan yn ei ysbryd ai wirionedd ei hunan, drwy garthu allan y rhagrith a'r ffalsfeddwl, Ac yna di gei ŵybod dy fôd ti mewn cyflwr cadwedig, wedi myned drwy'r porth i mewn i gyfiawnder Duw'r hwn sydd eiddo pôb vn ar sy'n nefol gredu efengil Duw. Canys nid o ddyn ond o Dduw y mae iechydwriaeth.[109]

Gan y disgwylir i ddyn fod yn gyfrifol wrth ymateb i alwad Duw mewn iachawdwriaeth cyhoeddir y newydd da i bawb yn ddiwahân: 'Na thybygwch fod drws y drugaredd wedi ei gau yn eich erbyn tra fo anadl ynoch, ac ewyllys i ddychwelyd.'[110] Dweud y

[104] II 173–4.
[105] I 149.
[106] R. Tudur Jones, *Vavasor Powell*, 92.
[107] I 240–1.
[108] I 241.
[109] I 243; cf. II 159.
[110] I 193–4.

mae eto y dylai dyn fod yn gyfrifol ac ymroi ar ôl Duw yn ei ewyllys, ond ar ôl i ddyn wneud ei orau Duw yn unig sy'n medru trugarhau: 'Canys nid o ddyn ond o Dduw y mae iechydwriaeth,' meddai uchod.

O bosibl, ni ddaeth sicrwydd am ei gadwedigaeth i Morgan Llwyd hyd nes ei fod oddeutu 33 oed. Beth, tybed, a fu'n gyfrifol am yr ansicrwydd hwn? Yn syml, hwyrach, ofn ei fod yn golledig, gan y gwyddai'n iawn am etholedigaeth ac yntau wedi bod yn ddisgybl i Walter Cradoc ac yn gyfaill mawr i Vavasor Powell. Dywed yn *Llyfr y Tri Aderyn* fod Duw wedi paratoi achubiaeth i *rai* drwy waith achubol y Gwaredwr, a dim ond y rhai a elwir a achubir 'ac oi gariad at ei blant yn benaf, ac at bawb, fe baratôdd Arch i gadw cynnifer ac a ddoent iddi, a'r rhai a appwyntiwyd a ddaethant i mewn, ac a gadwyd'.[111] Sylw R. S. Rogers ar y dyfyniad hwn yw:

> Defnyddia Llwyd iaith arferol y ddysg Galfinaidd a ofalai na châi dyn unrhyw fesur o gredid am ei gadwedigaeth. Daw'n beryglus o agos at Galfiniaeth pan ddywed drwy'r Golomen mai rhodd anhraethol yw Crist a rhodd fawr yw llaw ffydd i'w dderbyn. Daw'n nes eto pan ddywed mai'r rhai a apwyntiwyd a aeth i mewn i'r arch ac a gadwyd. Daethai'r anifeiliaid iddi o'u gwaith eu hun ond nid cyn eu hysgogi neu eu cynhyrfu. Y sawl a ddysgir gan y Tad a ddaw at y Mab, a'r rhain yw'r rhai cadwedig. Nid yw hyn oll ymhell oddi wrth Galfiniaeth uchel y Diwygwyr.[112]

Syniadau cwbl Galfinaidd yw'r rhain a restrir gan Rogers uchod ac nid oes orfod arnom dderbyn yr amodi arnynt ar dudalennau 188-9 llyfr yr ysgolhaig hwn. Nid Uchel-Galfinydd mo Llwyd beth bynnag (na'r Diwygwyr ychwaith), a dyma pam y pwysleisiai ogwydd yr ewyllys a chyfrifoldeb dyn i ufuddhau i'r alwad pan glyw hi'n cael ei chyhoeddi. Cydnebydd W. J. Gruffydd, hyd yn oed, fod Llwyd yn dysgu etholedigaeth yn *Llyfr y Tri Aderyn*,[113] ond cawn ddychwelyd at yr adran honno yn y man.

Yr oedd Llwyd yn meddu ar gred ddiwinyddol ddiamwys mewn etholedigaeth ddiamodol ac yntau wedi datgan mor bendant:

---

[111] I 198; cf. Rowland Vaughan, *Yr Ymarfer o Dduwioldeb* (1630), gol. J. Ballinger (Caerdydd, 1930), 111.

[112] R. S. Rogers, *Athrawiaeth y Diwedd* (Lerpwl, 1934), 188.

[113] W. J. Gruffydd, *Llenyddiaeth Cymru: Rhyddiaith o 1540 hyd 1660* (Wrecsam, 1926), passim; cf. I 173-5.

Fe roddes ei fab ei hun . . . i farw drosom wrth ein henwau in sicrhau ni.[114]

. . . the Ellect are secured.[115]

If the elect may be deceav-d
I will even burne my creed.[116]

The building goes on in every one of the elect . . . where the peace of God keepeth.[117]

Nid oes amheuaeth, felly, na chytunai Llwyd â Powell fod etholedigaeth yn ffaith Feiblaidd, ond wrth bregethu ymdrecha Llwyd i gadw'r arfaeth yn ddirgel, er ei fod yn pwysleisio iachawdwriaeth gyfyngedig bob gafael.

Y ffaith amlwg ei fod yn gwybod am etholedigaeth, dyna sy'n cyfrif am y brys mawr a'i nodweddai i gael ei wrandawyr i ymateb i'r alwad a phrysuro i ddyfnhau eu hadnabyddiaeth ohonynt eu hunain er mwyn gweld a oedd effeithiau goruwchnaturiol ailenedigaeth yn bresennol yn eu calonnau ai peidio, canys hebddynt colledig yw dyn yn ôl Llwyd. Fel Piwritan, nid yw'n brin o gyhoeddi fod barn Duw yn disgwyl y sawl sy'n gwrthod ymwacáu. 'Oni wrandewi di, fe a wrendu eraill, ac a edifarhant, ac fe ai cedwir hwynt, ac a'th losgir di.'[118] Gwyddai, yn ddiwinyddol, mai dim ond yr etholedigion a ddeuai yn wir ewyllysgar, canys

Duw a heliodd yr anifeiliaid, a'r adar cadwedig i mewn drwy yscogiad,[119] ac wedi i cynhyrfu, nhwy a ddaethont o'i gwaith ei hun, a'r Sawl a dywyso ef, a dywysir, a'r Sawl a ddyscer gan y Tâd a ddaw at y mâb. Ac mae ysbryd etto drwy'r bŷd yn cynnull y rhai cadwedig i mewn, ac o'r diwedd yn gadel y rhai cyndyn allan.[120]

Nid ydys yn rhagdybio etholedigaeth ddiamodol a Llwyd yn eglur iawn yn ei chydnabod ac yn ei dysgu hefyd. Ac nid

---

[114]   I 149; cf. I 240.
[115]   III 50; cf. III 68, I 149.
[116]   I 23.
[117]   III 68.
[118]   I 195.
[119]   Cf. I 174.
[120]   I 208.

annisgwyl hynny o gwbl chwaith ar ôl gweld ei fod yn dysgu caethiwed yr ewyllys. Swydd y gydwybod mewn dyn, yn ôl Llwyd, yw ei yrru at Dduw i geisio iachawdwriaeth, ond nid yw'r goleuni cyffredinol yn y gydwybod namyn tystiolaeth fewnol i fodolaeth Duw. Yn ôl Llwyd dylai dyn a ysgogir gan y goleuni hwn ymroi i Dduw mewn hunanymwadiad ewyllysgar, ond mater i Dduw yn unig yw trugarhau wrth yr etholedigion. Dywed fod i'r goleuni yn y gydwybod (y *sensus divinitatis* chwedl Calfin) gyfran yn iachawdwriaeth y sawl a elwir gan ei fod yn fan cyfarfod gras arbennig:

> mae'r gydwybod yn peri i bob dyn geisio mwy o oleuni, a gwybodaeth yw gyfarwyddo, ond mae fo yn esceuluso hyn, yn erbyn y cyngor sydd yn ei fonwes ei hunan. Ag ni chollwyd neb etto, ond y rhai a gauasant ei clustiau yn erbyn y llais oedd ynddynt. Ag er iddynt ddilyn y llais mewn rhyw bethau, a thybio (wrth hynny) fod ganddynt gydwybod dda, etto nhw wnaethont lawer peth yn ei meddwl yn erbyn eu cydwybodau. *Dwfn yw'r galon, a dirgel yw cyngor y gydwybod*, ag uchel yw swn y meddyliau ar rhesymau cnawdol, ag mae nhw yn boddi y llais main oddifewn. Ag mae Duw or diwedd yn symmud mewn barn y ganwyll, ar canhwyllbren, allan or enaid.[121]

Er bod i oleuni cyffredinol y Gair yn y gydwybod gyfran mewn achubiaeth, nid yw'n amodi gwaith Duw mewn gwaredigaeth anhaeddiannol canys dywed Llwyd yn eglur: 'Mae gallu yn yr ewyllys i ysgog, ond nid oes môr ewyllys gyda gallu i ddychwelyd.'[122] Hynny yw, oni ryddheir yr ewyllys gan Dduw. Gwelir Llwyd yn pwysleisio mai rhodd Duw yw gras cyffredin hefyd ac ni ddylid ei ddibrisio meddai, oherwydd 'GWNA yn fawr o'r Dalent a roddes DUW i ti wrth Naturiaeth, fe alle na chei di yn y Bywyd presennol ond honno.'[123] Nid yw'n honni fod dyn yn rhydd i amodi gras. Yn hytrach gwelir ef bob gafael yn pwysleisio pwysigrwydd cyfrifoldeb dyn am ei weithredoedd gerbron Duw. Swydd y gydwybod yw fod yn ganllaw moesol ac yn ysgogydd mewnol i gydnabod Crëwr perffaith a sanctaidd. Nid yw'r gydwybod, er hynny, yn rhoi *gallu* i ddyn *ddewis* cael ei achub. Ei hunig swydd yw argyhoeddi dyn ei fod yn ôl am ogoniant Duw

---

121 I 141; cf. I 131.
122 I 174; cf. Hugh Bevan, *Morgan Llwyd y Llenor* (Caerdydd, 1954), 67–8.
123 II 197.

a'i wneuthur yn ddiesgus pan wrthyd droi at Dduw pan yw Ef yn galw. Y mae'n galw ar bawb, ond ychydig sy'n ymateb i'r alwad honno. Y mae dyn *yn* rhydd i bechu, a dyna'i ogwydd byth oddi ar y Cwymp, ond nid yw'n rhydd i amodi gras.[124]

Barnai Noel Gibbard[125] fod Morgan Llwyd yn bendant yn dysgu ewyllys rydd yr Arminiaid ac, yn garn i'w honiad, â rhagddo i ddyfynnu'r ddwy frawddeg hyn o eiddo Llwyd:

> Ag ni chollwyd neb etto, ond y rhai a gauasant ei clustiau yn erbyn y llais oedd ynddynt.[126]

> Ag mae ewyllys dyn (yr hwn a wnaed yn-nhragwyddoldeb, ag erddo ag ynddo y mae yn sefyll) fel clicced ar ddrws . . . [127]

Nid oes brawf diamheuol yn y dyfyniadau hyn fod Llwyd yn Arminydd oblegid gwelir bod y dyfyniad cyntaf yn gwneud dyn yn gyfrifol am ei golledigaeth pan glyw'r alwad i edifarhau a'i gwrthod; yn yr ail, gwelir bod Llwyd yn pwysleisio'r ewyllys a'i gogwydd fel man cwbl allweddol a hanfodol i waith adenedigol dirgel yr Ysbryd Glân. Ni cheid Calfin ei hun yn anghytuno â phwysigrwydd gogwydd yr ewyllys pan fo dyn yn ymateb i'r alwad i edifarhau.[128]

Dywed Llwyd yn *Gair o'r Gair* mai camewyllysio sy'n esgor ar bechod:

> Pan gwympodd *Adda* fe ddidolwŷd yr Enaid oddi wrth y GAIR ymma trwy Ewyllys i bechu, a thrwy Droad yr Ewyllŷs at DDUW, mae'r Meddwl yn dychwelyd i'r Eirias ymma, ac i Wrês y Bywŷd ymma, ac yn hwnnw yn bŷw bŷth gyda DUW.[129]

Bydd bodlonrwydd yr ewyllys yn brawf o gadwedigaeth: 'A'r GAIR i'w Bodlonrwŷdd yr Ewyllŷs o's perffaith yw, ac un ydynt'.[130] Ond gwaith achubol Crist yn yr enaid sy'n newid y camewyllysio gwreiddiol ac yn *plygu'r* ewyllys i'r cyfeiriad cywir:

124   *Bannau* II.vi.1–8; v.10, 14–5; cf. *Yr Ymarfer o Dduwioldeb*, 102–3.
125   N. Gibbard, *Elusen i'r Enaid* (Pen-y-bont ar Ogwr, 1978), 21–2.
126   I 141.
127   II 5.
128   *Bannau* II.iv.7; ii.5–6.
129   II 157.
130   II 160.

Rhaid i'r CRIST a fu farw drosom gael bŷw ynnom, cyn iddo yn dwyn i fŷw yn y Tâd gydag ef. Ac o's yw'r GAIR hwnnw ynnom yn Frenin, mae fo yn traddodi ac yn darostwng ein Hewyllŷs ni ym mhob Pêth i DUW, ac yn lladd ein cnawdol Naturjaeth, fel y rhoddes ef Ernes yn ei Angau ei hun. Ac wrth weithjo hyn yn yr Enaid mae fe yn cymmodi Dŷn ac Ewyllŷs DUW. Ac nid yw CRIST trwy'r Pêth oddi allan yu [sic] hollawl-heddychu neb â DUW, o's bŷdd yr Elynjaeth yn yr Ewyllŷs yn erbyn DUW hêb eu lladd. Nid CRIST oddiallan neu GRIST oddifewn yn unig yw'r Achubwr, Ond CRIST oddiallan ac oddifewn ynghŷd, yr eu [sic] CRIST yw.[131]

Nid yw Llwyd yn dweud fod ewyllys dyn yn rhydd. Dweud a wna fod y Gair yn gweithio ar yr ewyllys ac yn newid ei chyfeiriad. Darostwng neu 'blygu'r' ewyllys a wna. Drwy weithio yn oruwch-naturiol ar ewyllys elyniaethus dyn y mae Duw yn cymhwyso gwaith gwaredigol Crist at y credadun ei hun:

EWYLLYS da yw DUW a thrwy yr Ewyllŷs ymma . . . yr ymroddodd ef i ac yr ymdywalldodd ef i mewn i Ddŷn. A thrwy Ddrws yr Ewyllŷs y mae i Ddŷn ymroi i DDUW.

Ni waeth i neb gredu,

O's bydd Drws Ewyllŷs Dŷn yn agroed [sic] bob Amsér yn union ar gyfer Drws Ewyllŷs DUW, fe fŷdd siwr i gael Awel dragwyddol *Gair* DUW i'w lenwi ac i'w nerthu. Ond o's caûad fŷdd Drŵs yr Ewyllŷs, neu wŷrgam oddiwrth Ewyllŷs DUW, Ni all ef fwynhau *Paradwys*, ond yn ei Llê hi, yr Ymladdau oddifewn yn yr Anwydau a'r Meddyliau.[132]

Nodi *cyflwr* a wna Llwyd uchod, nid dweud fod dyn yn meddu ar ewyllys rydd.

Os yw dyn yn ei ganfod ei hun yn ewyllysgar ac ufudd, ni all hynny ddigwydd ond drwy'r ailenedigaeth canys drwyddi hi y rhyddheir yr ewyllys a oedd gynt yn gaeth i'r hunan pech-adurus.[133] Ni waeth i neb gredu yng ngwaith Crist ar Galfaria onid yw'r Ysbryd wedi'i gymhwyso at y credadun mewn ail-enedigaeth.[134] Y tro mewnol goddrychol angenrheidiol sy'n

---

[131] II 165; cf. I 306, 143–4. a *Bannau* I.iii.
[132] II 192; cf. 193.
[133] *Bannau* III.iii.10; xxi.7; xxiv.4; II.iii.13.
[134] Cf. II 192.

dyfod â'r gwaith allanol yn effeithiol yng nghalon dyn, ac felly

> Pan fo'r gwir fugail yn llefaru, a dŷn yn i glywed, mae'r galon yn llosci oddifewn, a'r cnawd yn crynnu, a'r meddwl yn goleuo fel canwyll, a'r gydwybod yn ymweithio fel gwîn mewn llestr, a'r ewyllys yn plygu i'r gwirionedd: Ac mae'r llais main nefol nerthol hwnnw yn codi y marw i fyw, oi fedd ei hunan, i wisgo'r goron, ac yn newid yn rhyfedd yr holl fywyd i fyw fel oen Duw.[135]

Sylwer mai 'plygu' a wna'r ewyllys pan fo Duw yn gweithio ar yr enaid mewn ailenedigaeth. Ymostwng mewn ufudd-dod a wna. Ond nid yw hyn yn wir am bawb, meddai Llwyd, canys 'Ychydig ddynion a achubir'.[136]

Fel y ceir gweld, ni chondemniodd Morgan Llwyd etholedigaeth fel y gwnaeth Böhme.[137] Condemniwyd yr Almaenwr gan Peter Sterry, a oedd yn Uchel-Galfinydd, am wadu etholedigaeth. Cofier bod Sterry wedi datgan: 'Thou art the Child of the Kingdom of Christ and Election of the Father, which is, as it were, thy first Birth, before the World was.'[138] Gwyddai Llwyd yn burion am etholedigaeth fel y prawf sylwadau Sterry mewn llythyr ato.[139] Ond ymgroesodd Llwyd rhag dysgu'r rhagarfaeth beiriannol hon yn ei lyfrau; ni ddysgai ragetholedigaeth ddwbl neu Swpralapsariaeth (Uwchgwympedigaeth) a ddaliai, i bob pwrpas, fod arfaeth Duw wedi trefnu cwymp dyn. Serch hynny, credai mewn etholedigaeth ddiamodol yn ddiwinyddol.[140]

Pur anaml y ceir gan Llwyd gyfeiriad at etholedigaeth rhag esgusodi neb rhag bod yn gyfrifol i ymateb i alwad yr efengyl a oedd ganddo i'w chyhoeddi. Ond dyma enghraifft o etholedigaeth yn codi'i ben canys gwyddai'r Gigfran yn iawn am yr athrawiaeth hon ymhlith y Piwritaniaid: 'Mae Noah wedi fyngwrthod i, ac nid gwaeth i mi beth a wnelwyf os gwrthodedig ydwyf.' Nid yw'n rhyw barod iawn i ufuddhau i'r alwad, a

---

[135]   I 219; cf. 205, 201–2.
[136]   I 197.
[137]   DSR xvi, 38; ThPDE xx, 59; Stephen Hobhouse (ed.), *Jacob Boehme* (London, 1949), 134.
[138]   Vivian de Sola Pinto, *Peter Sterry, Platonist and Puritan* (Cambridge, 1934), 186; gw. bellach N. I. Matar, *Peter Sterry: Select Writings* (New York, 1994).
[139]   III 173.
[140]   I 173–5, 216; cf. 131, 141, a *Bannau* II.iv.1–8.

chyfeiria at ragarfaeth beiriannol yr Uchel-Galfiniaid. Etyb yr
Eryr hi â'r neges Galfinaidd gymedrol:

> Nid efe a'th wrthododd di. Ond dydi ai gwrthodaist ef, ac a aethost
> ymmaith. Cariad ac ewyllys da yw ef, ac nid oes dywyllwch ynddo. Hawdd
> ganddo faddeu i'r gwaethaf; Anhawdd ganddo ddigio, a gwych ganddo
> hîr-ymaros.[141]

Ceir y Gigfran wedyn yn ailfynegi safbwynt yr Uchel-Galfiniaid:
'Ond mae llawer yn dywedyd i fôd ef wedi gwrthod llawer,
a dewis rhai cyn i geni.'[142] Yn awr, try'r Eryr at y Golomen i
glywed beth yw ei barn hi. Ceir *excursus* manwl a maith gan
honno ar etholedigaeth wedi'i fynegi o fewn fframwaith meta-
ffiseg Böhme, a rhaid ei ddyfynnu'n llawn gan ei bwysiced at
bwrpas ein hymdriniaeth hyd yma.

> Mae ynhragwyddoldeb dri yn vn, sef ewyllys, cariad, a nerth, a'r naill yn
> ymgyrhaeddyd erioed a'r llall, ac yn ymborthi, ac yn ymgenhedlu yn i
> gilydd byth. Oni bai fôd pleser cariad tragwyddol i borthi'r ewyllys
> anfeidrol ni byddai nêb yn gadwedig. Ac oni bai fôd cynhyrfiad yr ewyllys
> cyntaf yn dân lloscadwy, ni byddai nêb yn golledig. Ac oni bai fôd y tri, fel
> hyn yn cydweithio, ni buasai na dŷn, nag angel, nag anifail, na dim arall
> wedi i wneuthur. Mae rhai wedi ymescor erioed yn y cariad drwy yscogiad
> yr ewyllys, yr hwn sydd yn i gwascaru fel gwreichion allan o hono ei hun,
> ac yn i tymheru yn nŵfr y difyrrwch (yr hwn yw'r Arch) nid yw gwreiddyn
> y tri ond cariad ynddo ei hun, heb gashau nêb. Ond yn yr ewyllys
> gweithgar hwnnw mae'r yscogiad yn tewŷchu y peth sydd ynddo, ac yn
> gadel heibio (fel pren ei ddail, neu ddŷn ei boeryn) y peth nad yw vn ag
> ysbryd y galon. Wele, nid yw'r cigfrain yn adnabod tarawiad y tant ymma
> yn y delyn nefol. Ond deall di (O Eryr) ac fe a ddeall y colomennod hyn
> fwyfwy. Canys fel dymma wreiddyn y matter, a ffynnon pôb peth. Dymma
> fôn derwen yr holl fŷd gweledig hwn: Dymma y cynhyrfiad tragwyddol
> sydd yn achosi pôb symmudiad ymysg yr holl greaduriaid. Ond nid yw'r
> adar ar ganghennau'r pren yn meddwl pa fodd y mae'r gwreiddyn yn
> cynnal ei naturiaeth, a nhwythau ynddi. Yr ewyllys cyntaf yw gwreiddyn
> pôb vn (fel y mae'r wreichionen yn dyfod o'r garreg) ac mae efe ei hun yn
> ymgyrchu yn wastad i fonwes y mâb, ac yn ymlonyddu yno yn y cariad;
> Ond mae llawer o'r gwreichion heb fynnu ymoeri felly, Ond yn ehedeg
> gyda Luciffer yn erbyn y goleuni a'r tawelwch tragwyddol, ac yn aros yn yr

[141] I 173; cf. *Yr Ymarfer o Dduwioldeb*, 101–2.
[142] Ibid.

yscogiad tanllyd, heb gael esmwythdra byth, eisiau dyfod iw geisio allan o'i naturiaeth ei hunain. Mae gallu yn yr ewyllys i ysgog, ond nid oes mor ewyllys gyda gallu i ddychwelyd (fel y dywed y gigfran o'r blaen ran o'r gwîr). Am hynny mae llawer yn i gwrthod ei hunain, ac yn achwyn ar *Noah*. Ac er bôd ei fonwes ef yn i chwennych, mae ei monwes danllyd hwynt yn i dal yn ei teyrnas ei hunain.[143]

Y mae'n amlwg fod y Golomen yn cael hyd i'r allwedd i wrthodedigaeth dyn yn y berthynas ymostyngol dragwyddol honno sydd rhwng y Tad a'r Mab yn y drindod Femenaidd. Tân llosgadwy yw'r ewyllys cyntaf (Tad) ond y mae'r Mab yn dân-gariad, ac amlygir trugaredd Duw tuag at ddyn drwy'r Mab am ei fod wedi ymostwng iddo mewn cariad ufudd. Trwy'r Mab, felly, y mae dyn yn ei gael ei hun mewn cyflwr cadwedig ac wedi osgoi dicter y Tad. Yn awr, dywed Llwyd fod 'rhai wedi ymescor erioed yn y cariad drwy yscogiad yr ewyllys'. Gwaith Duw sy'n ysgogi dyn fel y gwelsom wrth drafod yr ewyllys. Y mae cadwed-igaeth dyn yn seiliedig ar ymostyngiad y Mab i'r Tad. Eithr y mae rhai wedi gwrthod y Mab a mynd, o'u gwirfodd, i ganlyn Lwsiffer, y *rex mundi*, gan 'aros yn yr yscogiad tanllyd' sy'n wreiddyn eu cyrff creedig, 'heb gael esmwythdra byth, eisiau dyfod iw geisio allan o'u naturiaeth ei hunain'. Sylwn fod Llwyd yn dweud mai Crist sy'n achub oherwydd rhaid 'ceisio'r' dyn allan o bechod. Y pwynt sydd gan Llwyd, efallai, yn yr *excursus* maith hwn ar etholedigaeth yw fod 'yscogiad' yn ewyllys rhai sy'n eu dwyn i gariad Duw trwy oleuni mewnol Crist tra bo eraill wedi'u caethiwo gan eu hewyllys wrthryfelgar yn yr hunan tywyll a'u bod yn analluog i adael y cyflwr colledig hwnnw. Yn wir, y mae'n rhaid i Dduw ddyfod i'w 'ceisio' neu eu cyrchu ato Ef. Yr oedd y Golomen wedi dweud o'r blaen mai'r 'rhai a achubir a elwir', a hynny, cofier, wrth eu 'henwau'.

Y mae'r Eryr, yn nes ymlaen, yn mynegi syndod fod y Golomen o'r farn nad achubir pawb, eithr y mae honno yn cyfeirio'r Eryr at 2 Pedr 2:5. Ar ôl edrych yno, dywed yr Eryr nad yw Pedr yn dweud fod y rhai a oedd y tu allan i'r Arch wedi mynd 'i'r tân tragwyddol, na chadwyd enaid nêb ond yn yr

[143] I 173–5.

Arch'.[144] Ond y mae'r Golomen yn sicr mai o ganlyniad i alwad
rasol oddi uchod y daeth y cadwedigion i'r Arch, canys

> Duw a heliodd yr anifeiliaid, a'r adar cadwedig i mewn drwy yscogiad, ac
> wedi i cynhyrfu, nhwy a ddaethant o'i gwaith ei hun, a'r Sawl a dywyso ef,
> a dywysir, a'r Sawl a ddyscer gan y Tâd a ddaw at y mâb. Ac mae ysbryd
> etto drwy'r bŷd yn cynnull y rhai cadwedig i mewn, ac o'r diwedd yn gadel
> y rhai cyndyn allan.[145]

Nid yw'r Eryr yn sicr o gwbl o'i gadwedigaeth, ac y mae'n gofyn
'a fwriadodd ef wrth farw gadw pawb?'[146] Â'r Golomen ati yn
awr i ddyfynnu 1 Tim. 2:4 a 2 Pedr 3:9 i brofi fod Duw yn
ewyllysio na fyddai neb yn golledig. Eithr ar yr un gwynt cyfeiria
hi'r Eryr at y 'cynhyrfiad tragwyddol fel tân, neu fel chroch-
enydd',[147] gan ddyfynnu Rhuf. 9:16 lle y ceir sôn diamwys am
'lestri trugaredd' a 'llestri digofaint', a'r 'rhai a ragbaratôdd ef i
ogoniant'. Er bod y Golomen yn gorfod cydnabod etholedigaeth
fel ffaith *ddiwinyddol* y mae'n cyhoeddi'r neges Galfinaidd gymed-
rol, sef bod yr alwad yn cael ei chyhoeddi i'r byd. Rhybuddir
pawb: 'Na thybygwch fôd drws y drugaredd wedi ei gau yn eich
erbyn tra fo anadl ynoch, ac ewyllys i ddychwelyd.'[148] Yn wir, y
mae'r

> drws i'r bywyd yn agored etto . . . Mae gwâedd oddiwrth Dduw trwy'r holl
> wlâd yn gwahodd pawb i mewn . . . A phan ddelych yn dy ewyllys i mewn
> at Dduw . . . di gei ŵybod dy fôd ti mewn cyflwr cadwedig . . .[149]

Ond cofier mai Duw sy'n 'plygu'r' ewyllys ac yn ei gwneuthur
yn eiddgar i ddychwelyd ato.[150] Bu farw Crist dros y byd, eithr
nid yw pawb yn ei garu, ac er bod gallu dwyfol yn yr ewyllys
i 'ysgogi' dyn i chwilio am Dduw, nid oes gallu yn yr ewyllys i
ddychwelyd ato onid yw Ef yn dewis trugarhau wrth bwy a fyn.
Duw sy'n 'cynhyrfu' y cadwedigion a gwaith ei ras rhad sy'n eu
tywys i'r Arch.

144   I 205.
145   I 208.
146   I 216.
147   Ibid.
148   I 193–4.
149   I 243; cf. I 205.
150   I 219.

Ymddengys fod Llwyd, yn union fel Calfin, yn pwysleisio mai dirgelwch yw'r arfaeth.[151] Yr hyn y ceisiai Llwyd ei wneud yn gyson ydyw osgoi dysgu'n agored wrth bregethu rhagarfaeth beiriannol yr Uchel-Galfiniaid sydd yn gwneud cyfrifoldeb dyn i ufuddhau i'r alwad yn ddianghenraid. Myn Llwyd y dylid annog dyn i ymroi i Grist a cheisio ennill sicrwydd cadwedigaeth wrth syllu ar y mewndir eneidegol er mwyn gweld a oedd arwyddion o ailenedigaeth effeithiol yno yn y galon. Gwendid diwinyddiaeth Llwyd yn hyn o beth oedd gogordroi yn ormodol â'r Crist mewnol yn hytrach na'r Crist daearol a'i waith iawnol, ond nid yw'r ffaith ei fod yn pwysleisio'r cyntaf yn golygu ei fod yn gwadu'r ail o gwbl.

Paratoi'r pechadur

Rhaid yw dy lâdd di cyn dy iachau, a'th golli cyn dy gael.[152]

Y mae'n amlwg fod Llwyd yn ceisio paratoi pechadur edifeiriol ar gyfer gwybod pryd y deuai gras i'w fywiocáu. Gwaith y Gyfraith oedd hwn. Argyhoeddi dyn o'i lwyr lygredigaeth oedd amcan hyn fel y gellid ei ddiwreiddio ohono'i hun i'r graddau y gwyddai i'r dim pryd yr heuid y bywyd ysbrydol newydd ynddo gan Dduw, a hynny yn ôl effeithiau trawsgyfeiriadol yr ail-enedigaeth arno. Rhagetholedigaeth beiriannol a'r ofn hwnnw rhag bod yn golledig a fu'n gyfrifol am symud y llygad oddi wrth Grist a'i throi at galon dyn fel y dangosodd R. T. Kendall mor argyhoeddiadol.[153] O wneud hynny yr oeddid wrth gwrs *yn* gwanhau gwaith gwrthrychol Crist, ond o fewn cyd-destun Calfiniaeth y digwyddasai'r duedd baratoi hon.

Oherwydd pwyslais Llwyd ar brofi ailenedigaeth a dod drwyddi i'r uniad cyfriniol â Christ, uniad a effeithid mewn crediniwr gan swyddogaeth achubol ddirgel yr Ysbryd Glân, rhoes Llwyd y dròl o flaen y ceffyl yn ei syniad am iachawdwriaeth. Yn syml iawn, y bwriad oedd arloesi'r ffordd fel y gwyddai credadun ei fod yn gadwedig wrth effeithiau mewnol grymus yr ailenedigaeth. Golygai hynny fod gorfod canolbwyntio ar galon dyn yn anhepgorol

---

[151] I 173.
[152] I 243–4.
[153] R. T. Kendall, *Calvin and English Calvinism to 1649* (Oxford, 1979), passim.

er mwyn dangos beth oedd nodweddion y dyn a oedd yn gaeth i'r pechod a'i gyferbynnu wedyn yn nerthol â'r gŵr a ailaned.

Yn gymwys iawn i'n hymdriniaeth hyd yn hyn, digwydd enghraifft o'r duedd ragbaratoawl hon yn *Llyfr y Tri Aderyn* wrth i'r adar drafod etholedigaeth, neu'n hytrach iachawdwriaeth gyfyngedig, yn ogystal â thynged dragwyddol y sawl a wrthodasai ymateb i'r alwad gyffredinol ar i bawb edifarhau. Ni allai'r Eryr stumogi iachawdwriaeth gyfyngedig:

> Caled yw'r gair, a garw i ti (Golomen wirion) farnu fôd ei heneidiau hwynt yn golledig?[154]

Cam cyntaf y Golomen yw cyfeirio'r Eryr at dystiolaeth yr Ysgrythur parthed rhyddid penarglwyddiaethol Duw, ond nid eir i fanylion ynghylch yr arfaeth y tro hwn:

> Mae ysbryd y gwîrionoedd yn dywedyd yr hyn a wŷr, a hwnnw a scrifennodd drwy fŷs Pedr . . . (2 Pedr 2:5)[155]

Cyfyd gwrthwynebiad yr Eryr drachefn:

> Ond nid yw Pedr yn dywedyd i mynd nhwy i'r tân tragywyddol, na chadwyd enaid nêb ond yn yr Arch.[156]

Adwaith y Golomen yw cyfeirio at yr Arch (Crist) fel yr unig le i'r cadwedig, a siarsio'r Eryr i beidio ag ymboeni am golledigaeth neb arall ond yn hytrach y dylai edrych yn ei gylch ef ei hun:

> Ond nag ymofyn di gymmaint beth a ddaeth a [*sic*] honynt hwy, ond beth a ddaw o honot ti, mae i ti ddigon o waith dy gadw dy hunan.[157]

Ateb yr Eryr yw gofyn sut y gwyddid bod neb yn gadwedig:

> Ond pa fôdd y caiff vn wŷbod i fôd yn yr Arch wedi i blannu yn yr achubwr, gan fôd y rhan fwyaf allan o hono?[158]

---

154   I 205.
155   Ibid.
156   Ibid.
157   Ibid.
158   Ibid.

Yn lle cyfeirio'r Eryr yn awr at waith daearol Crist yn achub ar Bren a'r addewidion ynglŷn ag ef, syrth y Golomen i'r fagl baratoi drwy annog yr Eryr i droi at y dyn mewnol i gychwyn yr ymchwil am dystiolaeth oddi mewn i alwad effeithiol fel y gellid cael sicrwydd achubiaeth mewn sancteiddhad:

> Os yw'r gwir ysbryd yn rheoli ynot, fe ddengys i ti dy fôd yn gadwedig. Ac hebddo ef ni all nag addewid nag arwydd, nag ordinhâd, nag angel mo'th siccrhau di.[159]

Y mae'n amlwg wrth ymateb yr Eryr nad yw cyngor y Golomen i chwilio cilfachau'r galon o unrhyw gymorth ymarferol iddo:

> Ond pa fôdd y ceir adnabod y gwir ysbryd?[160]

A dyna'r Golomen wedyn yn myned rhagddi i nodi'r nod-weddion a ddylai berthyn i'r dyn a ailaned. Bydd effeithiau'r ailenedigaeth yn galluogi'r Eryr i ymresymu mai'r achos yw gras, a bod y galon a'r person a'i piau yn gadwedig

> Wrth ei ffrwythau nefol yn y meddyliau, a'r geiriau, a'r gweithredoedd. Nid gwiw dywedyd geiriau yn y peth ymma; ond mae efe ei hunan yn selio gyda'r gydwybod. A'r Sawl sydd yn yr Arch a wyr i fôd ynddi, ac mae'n hawdd iddo weld arall allan o honi.[161]

Y mae'n amheus a lwyddodd y Golomen i gysuro'r Eryr, ond yn hytrach ei roi ar ben y ffordd i'r un boen ag a brofasai'r Golomen yn ei hymchwil am sicrwydd achubiaeth wrth droi i mewn at y galon. Hwyrach mai ofnau personol Morgan Llwyd ei fod wedi'i ddamnio, ar un cyfnod, a barodd iddo orymdroi fel hyn â'r dyn goddrychol.[162]

Dysgu 'paratoi' y pechadur am ras a wnâi yn *An Honest Discourse* pan ddywed:

> see first, that ye be new Creatures, living by a lively Faith in hope, make an escape from your own natural disposition, make haste to know the bottom of your Spirits, linger not in getting out of your hearts bottomless *Sodom*;

[159] Ibid.
[160] Ibid.
[161] I 205–6.
[162] I 259.

sink down through self-denial into love, and humble nothingness; know your root, look to your branches, fruits and growth . . . When ye come to that nothing, ye shall understand what I say; but while ye live in the something, ye are worse then nothing in the sight of the Judge.[163]

if you examine your hearts upon your beds, be still: be calme spirited; Know you not that Christ the maker of this world is in you . . . if you understand not the Kingdom which is within you . . . look in upon Eternity in your own chamber, that ye may come to the ground of all things, and of your selves.[164]

Cyngor Böhme sy'n gyfrifol am liw y ddau ddyfyniad uchod, ac nid oes ryfedd yn y byd i Llwyd gael ei ddenu gan anogaeth hwnnw ar i wrandawr ddyfod i gyflwr o hunanadnabyddiaeth drwy hunanymwadiad. Gwaith dyn yw hyn oll; ni allai ei achub ei hun, ond gall ymbaratoi ar gyfer ymweliad nerthol Duw â'i galon. Duw yw tarddiad iachawdwriaeth ond ymateb i'r alwad a wnâi dyn a gweithio allan ei iachawdwriaeth mewn ofn a dychryn.

Credai Llwyd y byddai astudiaeth oddrychol onest yn dwyn dyn i'r cyflwr uchod o hunanadnabyddiaeth. Ac enghraifft dda o'r dull Piwritanaidd o ymosod ar bechod yw gweithiau John Bunyan.[165] Nid yw'n syn iddo orfod cyfansoddi gweithiau i larieiddio ofnau credinwyr eu bod yn golledig.[166] Ond heb gynhyrfu'r galon a rhoi'r og arni fel petai, a deffro'r gwrandawr o'i gwsg colledig, ni ellid cyhoeddi'r Efengyl. Fel y dywed Llwyd:

until every man be divided irreconcileably and effectually within his own brest, every mans hand and heart will be against his brother and fellow-creature:[167]

Sin will not be destroyed but in a war; a war cannot be till there be first a falling out between two natures within; all is at peace within the heart, while Satan is not resisted; so much corruption, so much seed for division; so far as any is at peace with self, he is in war with God: but when any is so resolved to fight with his own lusts, as never to leave pursuit till they be conquered, such a one hath the inward stillnesse and bosom of *Abraham*.[168]

---

[163] II 229–30.
[164] II 238–9.
[165] *The Works of John Bunyan*, ed. J. Newton Brown (Reiner Pubs, Swengel, Pa., 1974).
[166] John Bunyan, *Advice to Sufferers* (Swengel, Pa., 1976); idem, *Light for them that Sit in Darkness* (Swengel, Pa., d.d.); gw. Richard L. Greaves, *John Bunyan* (Grand Rapids, Michigan, 1969).
[167] II 219.
[168] I 284.

Rhaid yw i ddyn brofi iddo'i hun ei fod yn byw 'allan o ysbryd y
byd hwn' cyn y gallai ennill y rhithyn lleiaf o sicrwydd achub-
iaeth; yn wir, y mae gofyn iddo yn gyntaf suddo

> out of the old self into a new self in the inward nature, and shall ye (O
> people) get within heavens gate in this life, otherwise your work will be a
> long knocking from without the gate of God . . . [169]

Y mae'r anogiadau hyn o eiddo Llwyd ar i ddyn suddo i'w wir
hunan neu hanfod mewn hunanymwadiad ac ymwacáu o'r hen
ddyn yn ddyledus i syniadaeth Böhme am eu tarddiad. Ond ys
gwir fod Llwyd wedi cychwyn bugeilio ar sail ei brofiad personol
o ras, a'i amcan oedd dwyn ei wrandawr i'r un argyfwng dirfodol
yr aethai ef ei hun drwyddo; yn ei frys fe symudodd y pwyslais
oddi wrth Grist a'i osod ar y dyn mewnol.[170] A pharthed y duedd
hon, a thuedd yn unig ydoedd, gellir cytuno i raddau pell â
sylwadau'r ysgolhaig efengylaidd, J. I. Packer, ynglŷn â phwyslais
neilltuol Llwyd:

> Having enjoyed what seemed to him so luminously God-given an
> experience, he fell into the trap of making the experience itself the subject
> and source of his subsequent teaching. Wishing to explain and preach his
> experience, and to see all things in the light of his experience – wishing, that
> is, to treat his own experience as the sum of divine revelation – he found the
> Bible insufficient (for the Bible relates everything to God Himself, and gives
> no help or encouragement to those who would idolise experiences and put
> them in God's place); therefore he turned elsewhere, and became cap-
> tivated by Boehme, whom he rightly recognised as a kindred spirit having
> the same aim as himself . . . the gift had seduced him from the Giver.[171]

Er hynny, rhaid bod yn wyliadwrus rhag credu i'r duedd a am-
linellir uchod fynd yn rhemp yn Morgan Llwyd. Nid ef oedd yr
unig Biwritan a oedd yn euog o'r gogwyddo hwn tua'r mewnol.
Llithrodd Thomas Goodwin i'r un fagl, ac fel y dywed
F. Michael Harris amdano: 'He had made the mistake of looking
within for signs of grace and had thus been diverted from
Christ.'[172] Ond yr oedd y pwyslais mawr ar y mewnol yn gwbl

---

[169] I 287.
[170] Gw. y Rhagymadrodd.
[171] J. I. Packer, *A Goodly Heritage* (Edinburgh, 1959), Foreword, 7.
[172] F. Michael Harris, *Evangelical Times* (Dec. 1979), 11.

nodweddiadol o Biwritaniaeth yn nyddiau Llwyd. Ys gwir fod epistemeg Llwyd yn llai deallol na'r norm Calfinaidd a gynrychiolir, dyweder, gan Walter Cradoc; yr oedd yn fwy empeiraidd ei ogwydd ac yn tueddu at y pwyslais hanfodol Ailfedyddiol ar brofiad a gwaith graslon yr Ysbryd yng nghalon dyn.

Y pwynt y carwn ei wneud yw fod Llwyd ymhlith cewri ysbrydol wrth geisio paratoi ei wrandawyr gogyfer â gwaith achubol gras. Yr oedd Piwritan gloyw iawn fel Richard Sibbes yn gwneud yr un peth.[173] Ac y mae'r duedd y soniwyd amdani uchod yn esbonio llawer ar y rheswm paham y cawsai Llwyd ei lygatynnu gymaint gan Böhme. Ond bu ei Galfiniaeth etifeddol yn ddigon cadarn i'w rwystro rhag ymuno â'r Crynwyr, heb sôn am y sectau eraill. Er ei fod yn pwysleisio, fel y Crynwyr, mai dyletswydd dyn yw dyfod at orsedd gras, dysgai ef mai mater i Dduw yn unig oedd rhoi 'ffafr' i ddyn o gwbl, sef yn syml, ei ethol:

> Na thwylla monot dŷ hun, gan ddywedŷd, ni all Dŷn ddim oni nertha DUW ef. Mae DUW yr hwn yw'r GAIR yn dŷ nerthu di, a thithau yn esceuluso y Nerth y mae êf yn ei roi. Ag er nad oes Ewyllŷs da ond o DDUW (ag nid o'r hwn a ewyllŷsio (Rhuf. 9) neu a redo, ond o DDUW y mae'r Bywŷd) ac wedi i Ddyn wneuthur el [sic] orau nid yw DUW mewn Dylêd i un Dŷn mwŷ nag yw'r Haul i Ganwŷll Llygad Dŷn am ei Oleuni . . . Etto er hyn i gid, Damnedigaeth Dŷn yw camarfer yr Ewyllŷs a'r Nerth a roddwŷd iddo, ac a gynhelir ynddo, trwy'r GAIR yn ei Wreiddyn.[174]

Y mae goleuni gras cyffredin yn ddigon o dystiolaeth fewnol i yrru dyn at Dduw i ofyn am drugaredd, ond mater i Dduw yn unig yw trugarhau wrth bwy a fyn (Rhuf. 9).

3. Iachawdwriaeth Gyfyngedig

> a'r Sawl a dywyso ef, a dywysir, a'r Sawl a ddyscer gan y Tâd a ddaw at y mâb. Ac mae ysbryd etto drwy'r bŷd yn cynnull y rhai cadwedig i mewn, ac o'r diwedd yn gadel y rhai cyndyn allan.[175]

Barnai R. Tudur Jones ar un adeg fod Llwyd yn dysgu iachawdwriaeth gyffredinol a'i fod hefyd yn gwadu

---

[173] Kendall, *Calvin and English Calvinism*, 105 a passim.
[174] II 195.
[175] I 208; cf. Bevan, *Morgan Llwyd y Llenor*, 68; cf. I 116–17, 136, 158, 169, 190, 191–3, 197, 205, 227.

etholedigaeth.[176] Yr ydys am haeru y credai Llwyd, yn ddiwinyddol, mewn iachawdwriaeth gyfyngedig.

Er gwaethaf pwyslais llywodraethol Llwyd ar y goddrychol y mae, o bryd i'w gilydd, yn cydnabod tarddiad gwrthrychol hwnnw. Er enghraifft, ni chredai yr achubid dyn ond 'drwy ffydd ynghyfiawnder un arall'.[177] A phan ofyn yr Eryr i'r Golomen: 'Pam nad oes arnat ofn marw?' etyb hithau: 'Am fod vn arall wedi marw drosofi, a hwnnw yw fy meichiau i.'[178] Dros yr etholedigion yn unig y mae Iawn Crist yn effeithiol, er iddo farw dros bechodau'r byd:

> yr Ail Adda a ddioddefodd, ag yr oedd yr holl rai cadwedig ynddo ef y pryd hwnnw, ag ir rhain y mae yntau drwy genhedliad yr ail enedigaeth yn deilliaw, ag yn danfon ei ysbryd glan, sef anian Duw. Ag ni chyfiawnheir neb, ond y rhai ynddo ef a ddioddefasont gydag ef, yn y rhai y mae yntau yn byw i Dduw . . . Yr vnig ffordd ir nef iw'r ailenedigaeth yn yr Ail Adda.[179]

Ymhellach dywed beth fel hyn: 'Fe roddes ei fab ei hun . . . i farw drosom wrth ein henwau in sicrhau ni, oh! ddaued y mae fo yn ein caru ni er ein bod ni wrth naturiaeth yn elynion iddo!'[180] Y mae'r dystiolaeth a gynigir yn awr yn cadarnhau fod Llwyd, fel Calfin, yn dysgu etholedigaeth ac Iawn cyfyngedig a'u bod yn maentumio mai dirgelwch a berthyn i Dduw yn unig ydyw. Dyma godi'n awr enghraifft benodol o *Llyfr y Tri Aderyn* a hefyd o *Gair o'r Gair*.

Gofyn yr Eryr i'r Golomen: 'Oni bu efe [Crist] farw dros bôb vn arall cystal a thithau?'[181] Ac etyb y Golomen, yn gwbl ysgrythurol:

> Fe fu farw dros bawb . . . Ond nid ydynt hwy yn i garu ef, ond yn ymollwng oddiwrtho i fyw ac i farw fel *Balaam*. Ac oni bai iddo erioed ymroi a chytuno i farw, ni buase y bŷd ymma yn sefyll munud awr ar ôl cwymp Adda.[182]

[176] R. Buick Knox (ed.), *Reformation, Conformity and Dissent* (London, 1977), 79; R. Tudor Jones, *Hanes Annibynwyr Cymru* (Abertawe, 1966), 63.
[177] I 207.
[178] I 215–16.
[179] II 91.
[180] I 149; cf. Kendall, *Calvin and English Calvinism*, 210.
[181] I 216.
[182] Ibid.

Onid yw gwaith Crist felly yn effeithiol i gadw pawb yn ddi-wahân; ebe'r Eryr: 'Ond a fwriadodd ef wrth farw gadw pawb?'[183] Syrth y Golomen yn awr yn ôl ar ei gwybodaeth ddiwinyddol o'r arfaeth ddirgel a'i gadael ar hynny:

> Mae cariad y Tâd yn y mâb yn gwenu a'r bawb, ond mae digofaint y Tâd, ai Arglwyddiaeth ofnadwy yn gadel ac yn gwgu ar lawer . . . Ewyllys calon y Tâd (sef yr Achubwr) yw achub y pechadur, ond mae'r cynhyrfiad tragwyddol fel tân, neu fel chrochenydd (Rhuf. 9).[184]

Fel Calfin[185] credai Llwyd fod Crist wedi marw dros bechodau'r byd ond na fyddai ei Iawn yn effeithiol ond dros y rhai a alwyd wrth eu henwau.[186] Ac meddai R. T. Kendall ynghylch Calfin:

> Calvin insists that the death of Christ is not to be regarded 'from its external act but from the power of the Spirit'. The issue, he argues, is not 'how great' the power of Christ's death is, or 'what efficacy it has in itself, but to whom He gives Himself to be enjoyed'. 'Outwardly He shed His blood, but inwardly and spiritually He brought cleansing.' In short, He died on earth, but the power and efficacy of His death came from Heaven.[187]

Yn *Gair o'r Gair* hefyd y mae Llwyd yn pwysleisio'r ffaith nad oes wir werth i farw Crist ar y Pren onid yw wedi'i gymhwyso at gyflwr y pechadur gan yr Ysbryd:

> Rhaid i'r CRIST a fu farw drosom gael bŷw ynnom, cyn iddo yn dwyn i fŷw yn y Tâd gydag ef . . . nid yw CRIST trwy'r Pêth oddi allan yu [*sic*] hollawl-heddychu neb â Duw, o's bŷdd yr Elynjaeth yn yr Ewyllŷs yn erbyn DUW hêb eu lladd. Nid CRIST oddiallan neu GRIST oddifewn yn unig yw'r Achubŵr, Ond CRIST oddiallan ac oddifewn ynghŷd, yr eu [*sic*] CRIST yw.[188]

Gwelir Llwyd yn amddiffyn hawl Duw i ddewis ac achub y neb a fyn.[189]

183 Ibid.
184 Ibid.
185 Cf. *Bannau* III.i.1.
186 I 149.
187 Kendall, *Calvin and English Calvinism*, 16.
188 II 165; cf. I 306.
189 I 201–2, 217, 225, 228, 231, 243, 253–4; II 87, 91, 193, 195, 198.

4. Gras Anwrthwynebol

Ac dymma newydd da i rai o'r cigfrain, sef bôd gan Noah gelfyddyd ryfedd i droi cigfrain yn golomennod. *Ac yn ddiammau fe ai gwna.*[190]

Y mae'r sawl a elwir yn dyfod at y Mab ohono'i hun canys

Duw a heliodd yr anifeiliaid, a'r adar cadwedig i mewn drwy yscogiad, ac wedi i cynhyrfu, nhwy a ddaethant o'i gwaith ei hun, a'r Sawl a dywyso ef, a dywysir, a'r Sawl a ddyscer gan y Tâd a *ddaw* at y mâb.[191]

Er bod gorfod ar ddyn i fod yn gyfrifol, Duw sy'n ei 'ysgogi', Duw ydyw 'the founder and finisher of nature (and of faith much more)'.[192] Pwysleisia Llwyd ragluniaeth Duw ac na ellir gwrthsefyll ei ddibenion Ef.[193]

Sylwn mai Duw sy'n 'danfon ei holl blant ei hun allan oi tai eu hunain i yscol ei fâb'.[194] Ac Ef hefyd sy'n sefydlu'r sawl a elwir yng Nghrist, canys 'Y Duw *yr hwn a luniodd feddyliau dynion* a ddeffrotho'r enaid mewn pryd, ag ai sefydlo yn Nghrist.'[195]

Os yw'r alwad yn effeithiol a ellir ei gwrthsefyll? Dywed Llwyd:

fe ddioddefodd y Messiah yn y cnawd, ac fe a gyfiawnhawyd yn yr ysbryd, a'i hiliogaeth ynddo . . . Gwaith oedd hwn yn erbyn rheswm llawer.[196]

5. Parhad mewn Gras

Christ was crucified by him, to live his own life in him, for he was dead, and is now alive in his spirit, and shall dye no more, *nor he fall away*; without this none are saved.[197]

Nid yw'r dyn a gynhyrfwyd gan Dduw yn syrthio'n derfynol i golledigaeth canys

---

[190]   I 175.
[191]   I 208.
[192]   II 274.
[193]   I 201–2.
[194]   I 253.
[195]   I 135.
[196]   I 201.
[197]   I 305–6.

or pydew du fe ath gippiodd di
ond nid ith golli eilwaith.[198]

Er bod peryglon o bob rhyw
diogel yw ein cyflwr . . .
Er gwaeled iw fy stad am gwedd
Er amledd fy mhechodau
Drwy serch a synwyr fy nhad fry
pob peth a drŷ ir gorau.[199]

Mor sicr yn wir oedd Llwyd o'i bethau fel y gallai ddatgan yn
fuddugoliaethus ryfeddol na ddeuai niwed i'r ailanedig oddi wrth
yr ail angau.[200] Nef anocheladwy sy'n aros yr ailanedigion: 'os cei
di naturiaeth arall a chalon newydd di fyddi gyda'r colomennod
yn y llawenydd.'[201] Pendantrwydd ac nid ansicrwydd sy'n ei nod-
weddu pan yw'n cyfeirio at waith achubol Duw:

> *os daw Duw* ith enaid di, a chenhedlu ei fab Iesu ynoti a phlygu dy ewyllys
> yn nerthol at ddaioni (er maint fu dy bechodau) di gei sathru Satan dan dy
> draed: ie a *hâd Duw* ynot ti, *a siga ben y sarph*. . . ag ni chofir yr anwireddau
> mwyach, ond fe gaiff y meddwl rodio gyda Duw yn uchelderau *Paradwys*.[202]

Cynhelir y sawl a ailenir gan Dduw hyd y diwedd:

> Gwyn ei byd a barhânt hyd y diwedd mewn daioni . . . Ni all dim i ddrygu,
> ond pôb peth a gŷdweithia er lles iddo [sef yr ailanedig]. Pan na allo ddal
> ei afael ar Dduw, fe ddeil Duw ei afael ar ei hâd ynddo ef.[203]

Y Sancteiddhad

Gottbetrunkener Mann (dyn wedi meddwi ar Dduw) oedd Morgan
Llwyd, a dyna'r brif nodwedd sy'n hydreiddio ei ysgrifennu
llathraidd. Gwelsom, yn yr adran flaenorol ar y Cyfiawnhad, fod
dyn, er yn gyfrifol i weithio allan ei iachawdwriaeth mewn ofn a

---

[198] I 99.
[199] I 44–5.
[200] I 255.
[201] I 213.
[202] I 149.
[203] I 239.

dychryn, yn ddiwinyddol, yn oddefol yn y gwaith graslon o'i gyfiawnhau. Lle y cychwynnai gydweithio oedd trwy fod yn gyfrifol gyda'r Ysbryd yn y gwaith o ymadnewyddu ac ymroi i berffeithrwydd, er na fyddai'n gwbl berffaith y tu yma i'r bedd, wrth gwrs. Duw oedd piau'r gwaith o ryddhau crediniwr o gaethiwed pechod gwreiddiol a'i roi ar lwybr y bywyd, ac yr oedd y deffroad mewnol hwn yn adfywiad dirgel a ddeuai i'r amlwg ym mywyd gweithredol dyn.[204] Pan fo sancteiddhad yn digwydd yn nerth yr Ysbryd a chyda chydweithrediad dyn, deuai'r ffrwythau i'r amlwg ym mywyd mewnol ac allanol y crediniwr. Rhaid oedd fod wedi gwreiddio yn y bywyd newydd yn ôl Llwyd er mwyn bod yn gadwedig.

Gan gofio seiliau Calfinaidd amlwg syniadaeth Llwyd am wedd wrthrychol iachawdwriaeth dyn y mae'n rhaid cydnabod iddo gael cyfarwyddyd Böhme ynghylch cyfrifoldeb dyn i ymateb i ras ac i ildio i alwad fewnol y Gair mewn hunanymwadiad yn arbennig o ddefnyddiol. Duw sy'n rhyddhau dyn o'i gaethiwed yn ôl Llwyd ond, fel Böhme, credai fod teyrnas nefoedd wedi'i hau yng nghalon crediniwr,[205] a'i bod yn ofynnol iddo wadu'r hunan cnawdol drwy ddilyn anogiadau goleuni'r Gair yn y gydwybod. Y nod i anelu ato oedd ymberffeithio, a dywed Llwyd:

> NA ddywaid yn dŷ Galon, ni allafi na nêb fod yn berffaith yn y Bŷd ymma? O's yw CRIST ynnot ti, Onid yw CRIST yn berffaith yn dŷ Gorph am-herffaith di? Dadleu'r ŵyti yn erbyn Perffeithrwŷdd. Ond treia yn gyntaf, a wnaethost di dŷ orau i fod yn berffaith? A wrthodaist di bob Drwg a'r a wŷddit i fod yn ddrwg? Oni chellweiriaist di âc Oferedd? Oni esceulusaist di y Daioni a wyddit? O's gwnaethost, ni elli di farnu Bêth yw Perffeithrwŷdd, canys ni jawn-geisiaist di erjoed fod dŷ hunan yn berffaith . . . [206]

Gallai Crynwr fod wedi ysgrifennu'r ddwy frawddeg gyntaf uchod. Y mae'n amlwg fod Llwyd yn pwysleisio pwysigrwydd hanfodol hunanymwadiad a dyfnhau duwioldeb canys ceir dau gyn-aelod o'i *ecclesiola in ecclesia* yn Wrecsam yn ysgrifennu ato o Lundain gan gyhoeddi eu gobaith y deuai rhyddid a pherffeithrwydd cyflawn ryw ddydd.[207] Nod y crediniwr y mae'n

---

[204] I 131, 136–7, 143, 165–6, 201, 218, 228, 240.
[205] I 245–6, 250–1; cf. ThLM 104–5.
[206] II 194–5.
[207] III 181.

rhaid oedd ymgyrraedd at berffeithrwydd, ond y mae'n sicr na chredai Morgan Llwyd ei fod yn gwbl berffaith, yr hyn a ddysgid yn agored gan y Crynwyr. Dywed Llwyd: 'none can enjoy perfect peace till he be perfect . . . neither is there true peace in any conscience where earthliness remains.'[208] Rhaid oedd wrth alwad effeithiol oddi uchod os oeddid i gerdded ar hyd y llwybr hwn, ond byddai brwydr barhaus yn y crediniwr rhwng pechod a gwaith adnewyddol gras yn y galon:

> yet in the children of life, though the bickerings of cold winter, of bondage and corruption be not suddenly over (but they will have need of patience and effectual faith too) the summer will come on upon the Saints (and that summer is in them) and so overwhelm all their dark weaknesses, and sinful distracted sadnesses and distrusts.[209]

Y mae haf gras yn y galon felly, ond y mae gaeaf pechod yn ymryson ag ef. Mewn llythyr at Richard Baxter yr oedd Llwyd wedi dweud yn gwbl blaen: 'you must go towards perfection if you will be saved and save them that heare obey you.'[210] Ond os credai Llwyd fel hyn ym *mhosibilrwydd* perffeithrwydd y tu yma i'r bedd, nid oedd yn antinomydd gweithredol neu ymarferol, er iddo yn ddigon gwir ddatgan o safbwynt diwinyddol: 'Sinai & churches now bethinke / how all may strive for sin.'[211] Yr oedd George Fox yn credu ei fod yn berffaith fel yr oedd Crist gynt, ond dylai fod cryn arwyddocâd yn y geiriau canlynol o eiddo Llwyd:

> It is dangerous to act wthout the lords pure spirit, especially in things of eternal & also of present publique consequences, seene beforehand in this lords day. Every spirit that hath energy in acting is not Gods.[212]

Pobl fel y Rantwyr a oedd odani ganddo y mae'n debyg, ac fe'u condemniodd yn hallt mewn llythyr at Richard Baxter yn 1656.[213] Y mae'n ddiau fod Llwyd, fel Cradoc, yn antinomydd *athrawiaethol* ond prin ei fod yn antinomydd *gweithredol* a barnu oddi wrth gywair cyson ei bregethu yn ei weithiau. Yr oedd

---

[208]   I 284–5.
[209]   I 301.
[210]   II 271.
[211]   E. Lewis Evans, *Morgan Llwyd*, 182.
[212]   III 82.
[213]   II 274.

ceisio perffeithrwydd yn nod digon uniongred i anelu ato yn enwedig o gofio'r hyn sydd gan awdur yr Epistol at yr Hebreaid i'w ddweud ar y pwnc (Heb. 6:1).

A barnu wrth gywair neilltuol syniadau Llwyd am gyflwr pechadurus dyn wrth natur, nid ymddengys ei fod yn cyd-weld yn llwyr â safbwynt y Crynwyr ynghylch pechadurusrwydd a pherffeithrwydd. Fel rheol, ymgroesai'r Piwritaniaid rhag tuedd y Crynwyr i ddehongli'n gwbl lythrennol anogaeth Crist yn y Bregeth ar y Mynydd ar i bawb o'i wrandawyr fod yn berffaith (Math. 5:48). Yr oedd y Crynwyr yn credu fod y Crist dibechod yn bresenoldeb cyflawn yn ei blant a'u bod wedi cael eu rhyddhau am byth oddi wrth lygredigaeth pechod. Mewn gair, argyhoeddwyd hwy eu bod wedi eu hadfer i gyflwr gwreiddiol Adda cyn y Cwymp. Er hynny, nid oedd pechadurusrwydd fel cyflwr pawb yn amherthnasol ganddynt. Yn wir, yr oeddynt yr un mor argyhoeddedig â'r rhelyw o'r Piwritaniaid fod y ddynoliaeth yn cyfrannu o'r pechod gwreiddiol. Eithr gwahaniaethent oddi wrth y Calfiniaid yn eu dealltwriaeth o gyflwr yr etholedigion a achubwyd gan Grist. Safbwynt arferol y Piwritaniaid Calfinaidd oedd fod Iawn Crist wedi achub yr etholedigion a ddewiswyd cyn seiliad y byd ond eu bod, serch hynny, yn parhau'n bechaduriaid. Dysgai'r Crynwyr ei bod o leiaf yn bosibl i bob copa walltog gael ei achub, er mai dim ond yr ychydig yw'r nifer sy'n cyrraedd y cyflwr cadwedig ac yn mynd i mewn i wynfyd tragwyddol. Credai'r Calfiniaid na allai crediniwr wrthsefyll canlyniad etholedigaeth anhaeddiannol, eithr barn y Crynwyr oedd y gallai pawb ddewis cael eu hachub drwy Grist. Pan ddigwyddai hyn, haerent fod dyn yn cael ei dynnu o'i gyflwr pechadurus a'i fod wedyn yn cyfranogi'n llwyr ac yn llawn yn sancteiddrwydd a pherffeithrwydd Crist sy'n bresennol yn ei galon. Ond gallai'r crediniwr, yn ôl y Crynwyr, syrthio'n ôl i bechod a hynny'n arwain at farwolaeth iddo. Ni chredai Llwyd yn y safbwynt Arminaidd hwn a phrin y dysgasai erioed ei fod ef ei hun yn ddibechod, er ei fod yn anelu at berffeithrwydd fel delfryd ysgrythurol (gyraeddadwy) yn y byd hwn.

Rhoes Morgan Llwyd gyfarwyddyd bugeiliol wrth bregethu yn ei lyfrau er mwyn galluogi ei wrandawyr i ddod i gyflwr o hunan-adnabyddiaeth a gwybodaeth ynghylch eu cadwedigaeth drwy ganolbwyntio sylw ei ddarllenwyr ar yr ailenedigaeth a'i nodweddion pan ddigwyddai mewn dyn. Oddi mewn y deuai crediniwr yn sicr o'i iachawdwriaeth drwy brofiad personol o ras, a gallai ymbaratoi ar ei gyfer, fel y gwelsom uchod, er mai Duw oedd awdur y deffro gwaredigol. Gweddus felly fydd canolbwyntio yn awr ar ei ddefosiwn a'i dduwioldeb, agweddau ar sancteiddhad, er mwyn gweld sut yn union y daethai ef i sicrwydd ynghylch galwad effeithiol gwbl brofiadol.

Yr oedd i dduwioldeb Morgan Llwyd ei agweddau cymdeithasol yn ogystal â phersonol, a bu cystal â nodi hynny:

> Swm Duwioldeb iw, Câr Dduw a'th holl galon, a'th gymydog fel ti dy hun,[214]

> cymmer Galon i briodi CRIST GAIR DUW . . . A Dymma unig Fwrjad y Gennad ymma attat ti . . . sef i ti adnabod yn well, a phriodi CRIST GAIR tragwŷddol DUW.[215]

Ond cyn troi yn union at yr amodau a wna'r gyfriniaeth gymundeb hon yn bosibl, ymdrown am ychydig gyda rhai sylwadau cefndirol perthnasol i'n hymdriniaeth.

Drwy drafod Morgan Llwyd fel Piwritan radicalaidd y mae modd gwneud mesur o gyfiawnder â'i neges neilltuol, ac yr oedd honno yn ddyledus yn rhannol am rai o'i hysgogiadau i dreftadaeth ddiwinyddol ddelfrydol fawr iawn y Piwritaniaid clasurol. Dywedasai G. F. Nuttall fod y mudiad Piwritanaidd wrth gynyddu a datblygu wedi'i amlygu'i hun erbyn cyfnod Morgan Llwyd fel 'a movement towards immediacy in relation to God'.[216] Ac y mae'r Crynwyr yn enghraifft deg o benllanw'r duedd hon. Ond yr oedd Llwyd yn ddiamheuol ymysg y Piwritaniaid mwy blaengar hynny tua'r canol rhwng adenydd de a chwith y mudiad a reolid gan y datblygiad y cyfeirir ni ato gan Nuttall, yn gymaint felly nes iddo bwysleisio profiad ysbrydol fel anhepgor iachawdwriaeth effeithiol. Ond fe wnaeth hynny heb geisio gwadu ei darddiad gwrthrychol mewn gras wrth gwrs.[217] Gan i Llwyd ganolbwyntio fel hyn ar brofi ailenedigaeth ddigyfrwng honnwyd bod ynddo heresi pan nad oedd un yn ddiwinyddol. Gorfu iddo

---

[214] I 254.
[215] II 179.
[216] Nuttall, *The Holy Spirit in Puritan Faith*, 134.
[217] Cf. I 189, 207–8, 225.

wedyn gael ei gysgodi gan Powell a Cradoc yng ngolwg haneswyr gyhyd (ac eithrio E. Lewis Evans) am na fynnid rhoi sylw dyledus i'w gyfriniaeth gymundeb sylweddol a'i dadansoddi'n deg oblegid rhagdybio fod cyfriniaeth y Cymro yn niwlog ac yn tarddu yn llwyr, o ran ei hysbrydoliaeth, yn theosoffi Böhme. Yr oedd Llwyd yn ddyledwr rhannol i Böhme, fel y gwelsom yn ein penodau cynharach, am gyfran o'i ysbrydoliaeth, ond y gwir yw mai'r un argyhoeddiad mawr hanfodol ynghylch gwaith ad-enedigol yr Ysbryd Glân a oedd yn ysgogi Llwyd, fel Powell yntau, ond ei fod wedi arwain Powell ar hyd llwybr mwy gwrth-rychol fel y dangosodd R. Tudur Jones mor dreiddgar,[218] a pheri iddo ganolbwyntio ar filflwyddiaeth a materion gwladol.[219] Ar un olwg, dilyn Cradoc yn fwy na Powell a wnaeth Llwyd, a'r un argyhoeddiad a barodd i Cradoc annog ei wrandawyr i ymroi i adnabod presenoldeb mewnol yr Ysbryd. Cwbl angenrheidiol yn nhyb radicaliaid fel Powell, Llwyd a Cradoc, oedd fod crediniwr yn mynd heibio i wybodaeth hanesyddol o'r Efengyl ac i adeiladu dogma ar ei sail – heb anwybyddu hwnnw o fwriad ychwaith – er mwyn dyfod i sicrwydd byw a dwfn o ffydd achubol wrth brofi symudiadau mewnol adfywiol yr Ysbryd a'i bresenoldeb brwysg yn y galon yn gwneuthur iddi lamu mewn afiaith duwiol.[220] Rhaid felly oedd gofalu peidio ag ymfodloni ar allanolion proffes, er eu pwysiced,[221] a bodloni'n unig ar gywirdeb diwinyddol deallol fel yr oedd y Presbyteriaid wedi bod yn ordueddol o'i wneud.[222] Yn wir, pwysleisiodd G. F. Nuttall:

> the Puritan movement as a whole was a movement away from such complacency; and, though the overwhelming consciousness of the Holy Spirit's nearness was felt by the Quakers to be their own special possession, it is consciousness which appears at once in any examination of radical Puritan devotion.[223]

Heb iddo ddyfod yn Grynwr ym mhopeth ond enw yr oedd y nodwedd a amlinellir uchod yn gyfrodedd yn nuwioldeb Morgan Llwyd.

---

[218] Buick Knox, *Reformation, Conformity and Dissent*, 165–78.
[219] Nuttall, *The Holy Spirit in Puritan Faith*, pennod 8.
[220] Ibid.
[221] I 262.
[222] Nuttall, *The Holy Spirit in Puritan Faith*, 136.
[223] Ibid., pennod 9.

Ceir gan Gordon Rupp un frawddeg fechan gampus sydd i bob pwrpas beirniadol yn crynhoi dibenion homilïau Morgan Llwyd, ac sy'n rhoi bys yn dwt hefyd ar ble'n union y syrthiai ei bwyslais personol. Dyma'r frawddeg:

> It is at the point of forgiveness and the assurance of faith that the experience of conversion becomes eloquent.[224]

Er i Llwyd ymroi i osod ei wrandawr ar ben y ffordd i gyrraedd y man heddychlon hwn drwy ganolbwyntio ar ei brofiad personol o'r daith ysbrydol, ni cheir mohono yn gwadu yn fwriadol darddiad gwrthrychol y gwaith achubol mewnol, sef Calfaria.[225] Nid yw'n ceisio o gwbl danseilio sail wrthrychol gwaredigaeth dyn yn gymaint â chadarnhau mai 'bedydd Christ yw'r vn bedydd mawr, a hwnnw yw'r dwfr nefol yn yr ailenedigaeth. Heb hwn gwae ddyn.'[226] A phwysleisiodd R. Tudur Jones fod Llwyd yn ei weithiau yn gadarn parthed ei gred mai'r Groes yw sail wrthrychol gwaith goddrychol yr Ysbryd.[227]

Yn *Gwaedd ynghymru* ceir gan Llwyd adran go faith – ond gwell ei dyfynnu yma – sy'n mynegi yn burion ei safbwynt ynghylch y rheidrwydd sydd ar y crediniwr wrth waith adenedigol yr Ysbryd er mwyn ei ddwyn i'r uniad cyfriniol â'r Tad, drwy *gyfryngdod* y Mab, hyd nes y deuai Dydd y Farn a syrthio o bopeth i'w le:

> Mae dau beth yn cyssuro llawer, ond y trydydd yw sylfaen y cwbl. Y cyntaf yw fod Crist mab Duw wedi marw drosom, a thalu'r holl ddlêd i Dduw; Ond nid yw sôn am hynny ddim, oni bydd yr ail yn canlyn, a hynny yw fod Crist yn byw ynom ni, ag yn rheoli drosom, a thrwyddom, yn oleuni, yn gyssur, ag yn nerth, ym monwes yr enaid.
>
> Ond nid yw hyn chwaith ddigon, nid hyn yw gwreiddyn y matter, ond yr undeb sydd rhwng y *Tad ar enaid, yn ysbryd y Mab, yn y cariad anrhaethol.* Sef yr un fath undeb, ag sydd rhwng Duw ai Fab ei hunan. Nid y cyfryngwr yw diwedd y cwbl, canys Crist ei hunan a rydd ei swydd i fynu, wedi iddo yn gyntaf ddwyn yr enaid i mewn i undeb a chymundeb ar *Tad*, yn yr *ysbryd tragwyddol.* Canys mae'r dyn newydd yn un a Duw, ar dyn hwnnw yn unig a fydd cadwedig. Am hynny na orphwys (drwy ffydd gnawdol) yn hyn,

---

[224]   Buick Knox, *Reformation, Conformity and Dissent*, 120.
[225]   I 305, 307.
[226]   I 201.
[227]   Buick Knox, *Reformation, Conformity and Dissent*, 120; E. Wyn James (gol.), *Cwmwl o Dystion* (Pen-y-bont ar Ogwr, 1977), 17, 24.

fod Crist wedi marw drosoti, nag yn hyn chwaith, fod Crist yn dechrau codi ynot ti, ag arwyddion grâs Duw yr [*sic*] ymddangos. Ond deall ffynnon y cwbl, yr hwn yw'r *Tad ynoti*, Canys *mae dy fywyd di wedi ei guddio yn Nuw ei hun gyda Christ*, fel y mae bywyd y pren yn guddiedig yn ei wreiddyn dros amser gaiaf. Dyma wreiddyn gwybodaeth a swm yr Efengyl dragwyddol. Dos i mewn i'r stafell ddirgel, yr hon yw *goleuni Duw ynoti*.[228]

Dyma'r nod a osodasai Llwyd i'w wrandawyr. Pwysleisir yr uniad cyfriniol rhwng crediniwr a Christ, a rhwng y Tad ei Hun, uniad y medrid ei phrofi ac a wneid yn effeithiol mewn dyn gan yr Ysbryd. Ofer, meddai, yw ffydd yng Nghrist a'i waith oni phrofasid yr uniad hwn. Gwelai berygl addoli'r llythyren heb brofiad o ras yn gwreiddio yn y galon.[229] Yn wir, syniai Llwyd nad oedd i waith y Groes ddim arwyddocâd achubol o gwbl onid oedd yr ail gam yn dilyn, sef cymhwyso cyfiawnhad at gyflwr goddrychol dyn drwy adenedigaeth o'r Ysbryd, ac yna sancteiddhad y crediniwr mewn uniad cyfriniol â'r Tad ei Hun. Dyma, yn ei farn ef, y modd y cadarnheir gwaith gwrthrychol Crist, a rhaid oedd i ddyn farw ac atgyfodi yn ei brofiad i gael bywyd. Yr Ysbryd, felly, yw cyflawnydd mewnol gwaith datguddiol Crist ar y Groes.

Yr Ysbryd Glân sy'n deffro dyn o'i drymgwsg ac yn impio'r enaid yng nghorff cyfriniol Crist. Nid yw'r goleuni yn y gydwybod, goleuni cyffredinol y Gair sydd 'yn goleuo pob dyn a'r sydd yn dyfod i'r Bŷd'[230] namyn tyst allanol cyffredinol i Dduw. Hwn yw'r goleuni sy'n

datguddjo y pethau sŷdd yn NUW, a bod rhai trwy Naturjaeth yn gwneuthur y pethau a gynhwŷsir yng Hyfraith DUW, Achan nad oes ganddynt Gyfraith arall, maent yn Gyfraith iddynt ei hunain. Ac ar y Dŷdd olaf ni fernir monynt yn ôl dy opiniwn di, nac yn ôl Geirjau *Moesen*, ond yn ôl y Goleuni a'r Gyfraith sydd yn Naturjaeth wrth Naturjaeth.[231]

Yn *Llyfr y Tri Aderyn* yr oedd Llwyd wedi datgan fod goleuni cyffredinol y Gair, neu ras cyffredin, yn llewyrchu yn y gydwybod a chyfeirir ato fel y 'goleuni cyhuddgar ymma mewn

---

[228] I 143–4.
[229] II 173, 177, 183–5; I 257; cf. II 164, 188–9 ar yr Ysbryd.
[230] II 166.
[231] II 170.

dyn'.[232] Ymddengys felly fod i'r goleuni cyffredinol hwn ddwy swyddogaeth bwysig. I gychwyn, y mae'n hysbysu bodolaeth Duw i bawb yn ddiwahân. Ond, ar yr un pryd, y mae'n condemnio dyn os gweithreda yn erbyn cyfraith ei gydwybod, sef y ddeddf foesol a blennir ynddi ac sy'n ei llygru drwy bechu yn fwriadol. Y mae'r goleuni hwn felly yn gyrru dyn at Dduw i ofyn am drugaredd a maddeuant. Ond nid yw Duw mewn 'dlêd' i neb fel y dywed Llwyd yn *Gair o'r Gair*.[233] Os yw dyn i gael ei achub rhaid iddo wrth ail ddatguddiad, sef profiad o ras arbennig yn gweithio ar ei galon, a phan ddigwydd hynny y mae Duw yn '*danfon* ei ysbryd glan' i aileni dyn,[234] a phryd hynny

> Pan fo'r gwir fugail yn llefaru, a dŷn yn i glywed, mae'r galon yn llosci oddifewn, a'r cnawd yn crynnu, a'r meddwl yn goleuo fel cannwyll, a'r gydwybod yn ymweithio fel gwîn mewn llestr, a'r ewyllys yn plygu i'r gwirionedd: Ac mae'r llais main nefol nerthol hwnnw yn codi y marw yn fyw, oi fedd ei hunan, i wisgo'r goron, ac yn newid yn rhyfedd yr holl fywyd i fyw fel oen Duw.[235]

Gwaith goruwchnaturiol yw'r adenedigaeth hon; nid dyn sy'n dewis cael ei achub, canys Duw sy'n 'plygu'r' ewyllys i'r cyfeiriad cywir. Ac nid oes sawyr o bantheistiaeth ar gyfyl syniadaeth Llwyd am waith yr Ysbryd oherwydd y mae 'Rhagorjaeth rhwng Ysbrŷd DUW ac Enaid Dŷn, fel y mae Gwahanjaeth rhwng yr Haul ac un o'r Sêr'.[236]

Dysg Llwyd yn *Gair o'r Gair* fod goleuni'r Gair hefyd yn llewyrchu yn y deall, a chysylltir ef gan y gred hon â dysgeidiaeth Neo-Blatoniaid Caer-grawnt,[237] meddylwyr a honnai fod dyn yn medru ymateb i ras Duw â'r deall ansyrthiedig. Gwelir bod Llwyd yn cydnabod fod y deall, neu'r meddwl, yn gynneddf ysbrydol mewn dyn, a bod yr Ysbryd yn ei oleuo mewn ail-enedigaeth. Serch hynny, oherwydd pechod gwreiddiol, pallodd y gallu achubol yn y deall, a goleuni eilradd yw hwn hefyd yn y dyn cnawdol. Dyma'r rheswm paham nad yw Llwyd yn

232 I 224.
233 II 195.
234 II 91.
235 I 219.
236 II 160.
237 C. A. Patrides, *The Cambridge Platonists* (London, 1969); Ernst Cassirer, *The Platonic Renaissance in England* (Nelson, 1953).

ymfalchïo yn y 'rheswm cnawdol' a'r 'rheswm naturiol'. Yn wir, dywed yn *Llyfr y Tri Aderyn* eto fod y deall i'r Gigfran, sef 'y peth goreu a fedd hi', sef 'synnwyr y byd a doethineb y cnawd', yn rhwystr difrifol iddi rhag dychwelyd at Dduw. Er ei alluoced nid yw'r deall, neu'r meddwl anoleuedig naturiol, yn medru dirnad yn achubol drefn y cadw. Y mae'n hysbysu Duw i ddyn wrth gwrs, ond nid yw'n rhoi i ddyn allu dwyfol i'w achub ef ei hun. Gwaith gras sy'n sicrhau hwnnw. A gwelsom ar gychwyn y bennod hon fel yr oedd Llwyd yn gwahaniaethu rhwng gras cyffredin a gras arbennig yn *An Honest Discourse*.[238]

Wedi gweld uchod mai Duw yw Awdur llwyr iachawdwriaeth, gallwn droi yn hyderus i edrych ar beth a olyga hyn i fywyd dyn. Rhaid oedd iddo ymwacáu, marweiddio'r hunan ac ymburo, mewn gair:

> dysg *farw beunydd*, bydd rŷdd oddiwrth y byd ai bethau, gwna yr ewyllys olaf yn ddioed. Na feddwl am gael byw y foru a thrennydd, bydd fel pe buasit heb dy eni, a hyn a wnei os dysg Duw dy enaid.[239]

Mewn adenedigaeth effeithiol rhaid oedd profi darostyngiad llwyr yr hen ddyn wrth ddyfod i'r bywyd newydd, ac meddai Llwyd am yr agwedd negyddol hon ar dröedigaeth, y cyfiawnhad a'r sancteiddhad:

> (o Ddyn) cais di adnabod dy galon dy hun, a mynd i mewn ir porth cyfyng.[240]

> Rhaid yw dy ddiddymmu di, cyn dy ddiddyfnu; a rhaid iw dy ddiddyfnu di, cyn dy ddiddanu di. Fe ddiffoddir yn gyntaf dy holl *wreichion*, ath *ganhwyllau* di, cyn dy oleuo ath gyssuro, ni bydd nath *haul*, nath *leuad* nath *sêr* di, yw gweled. Di gei fod cyn farwed ag ascwrn pwdr yn y bedd, cyn i Grist ymgodi ynot, a rhaid iw tynnu yr hen adeilad i lawr, cyn gosod i fynu yr adeilad newydd. Rhaid i ti fynd allan o gof, a golwg y byd, a chymmeryd dy gyfrif yn ffwl, yn ynfyd, yn blentyn, yn ddim, yn llai na dim, cyn i ti gael gwybod dim fel y dylit . . . Na chais feddwl am Dduw, drwy dy feddwl dy hunan; canys rhaid i nerth croes Crist ladd dy feddyliau di dy hunan, ag yno di gei feddwl Christ i aros ynot.[241]

238 II 215.
239 I 147.
240 I 115.
241 I 142–3.

Y nodweddion uchod yw'r nodweddion profiadol cyntaf y dylai gŵr a ailanwyd fod yn ymwybodol ohonynt. Dyma'r dröedigaeth brofiadol. Y mae'n rhaid darganfod gwaith ymadnewyddol Duw yn y galon er pwysiced yw darllen amdano yn yr Ysgrythur.[242] Ni ellir adnabod Duw, medd Llwyd, na'i gyfarfod wyneb-yn-wyneb wrth 'bori yngwerglodd y cythrael i borthi y cnawd'.[243] Y mae hunanadnabyddiaeth yn hanfodol, ac ymddistewi rhag y byd a'i bethau melys a darfodedig yn anhepgorol, os oes ar ddyn eisiau sicrwydd ynghylch ei alwad effeithiol. Heb gloc, mi glywn guriad calon y gwir:

WELE dy waith cyntaf di yw distewi,[244] a rhoi Tàw hollawl ar bob Sŵn arall ar sydd yn dy Galon, a throi allan bob Llais Meddwl ynnot, ond Meddwl DUW ynnot, a bod heb Feddwl am ddim ond am DDUW, yr hwn nid yw ddim ar a welit. Canys tra fo'r Meddwl yn cofio, ac yn canfod ynddo ei hunan Lûnjau y da ar drŵg, naill ai'r Llawenydd, ai'r Gofid yn y Pren gwaharddedig, mewn Ofn a Gobaith, mewn Llafur neu esmwythdra Meddwl, ni all ef fwytta o Bren y Bywyd, yr hwn yw GAIR DUW . . . cais gan DDUW (nes cael) Calon ddistaw oddifewn.[245]

Cam cyntaf y pererindod mewnol felly yw ymdawelu. Nid oddi allan – er mai yno y clywir y newydd da i gychwyn – yn gymaint ag oddi mewn y mae clywed llais Duw, canys

God is not in the earthquake, fire or whirl-winde, nor in wars, bloodshed, and carnal animosities, but in the still, small, private voice.[246]

Rhaid i ddyn ymwacáu, ei wneud ei hun yn ddim drwy'r ailenedigaeth os yw am fod yn gadwedig:

Os ydiw Duw (drwy ei ysbryd bendigedig) yn dy ddiddymmu di ynot dy hun dan Groes ysbrydol ei fab Iesu Ghrist . . . di a gei weled yn eglur . . . nad oes neb yn adnabod y Gwir DDUW ond y peth sydd Ddim drwy'r Ailenedigaeth, a bod pob dyn ar y sydd yn ymbalfalu am dano yn y

[242] II 145; cf. 156, 162; I 115, 187.
[243] I 15–16.
[244] Cf. I 145.
[245] II 190–1.
[246] II 236; cf. I 219.

Rhywbeth, (fel y gwna'r dall am y mûr ganol dydd)[247] yn dyfod yn fyrr o orphwysdra y gwir DDUW Hollalluog Bendigedig yn dragwyddol.[248]

Os dygir crediniwr i hunanadnabyddiaeth mewn tröedigaeth, golyga fod Crist wedi cael mynediad i'w galon a'i fod yn peri cychwyn rhyfel cartref mewn dyn, neu fel y dywed Llwyd:

Gwir iw fod rhyfel ynot ti rhwng dwy naturiaeth, neu rhwng dy bechod ath gydwybod. Ond edrych pa vn or ddau iw dy Arglwydd, pa vn sydd ben ynot ti, Ai dy lygredigaeth ai yr wybodaeth o Dduw. I ba vn bynag yr wyti yn vfyddhau, i hwnw yr wyti yn was, ag yn ôl dy waith y bydd dy wobr. Os yn dy ewyllys dy hun y byddi fyw, achubed dy ewyllys di wrth farw. Ond os gwadu a wnei di dy ewyllys dy hun a rhodio yn ewyllys Duw yn erbyn dy naturiaeth dy hun, yna ewyllys Duw ath gymer allan or corph i aros gida Duw ei hunan, Ewyllys yr Hunan iw'r gadwyn gryfaf sydd gan ddiafol o amgylch yr enaid. Ceisied yn nerth croes Christ dorri honno yn gyntaf, a dysgu hepcor a chroesi ei ewyllys ei hunan . . . [249]

Rhaid oedd fod wedi ymddarostwng a gwadu'r ewyllys hunanol, ymwacáu a chodi uwchben y byd ac ymburo er mwyn cyrraedd yr undeb â Duw. Y mae'r dröedigaeth, a ysgogir gan y gwaith graslon o aileni dyn, yn effeithio ar yr holl ddyn yn nerthol. A 'taer' yw'r ansoddair allweddol gan Llwyd i ddeall ymroddiad ysbrydol y gŵr a ailanwyd yn effeithiol, canys

OES [*sic*] taer-geisio a thaer-wrando a wnei di, ac o's parhei di mewn Sobrwŷdd, Iselder, Hyder, a Thlodi ysbrydol: Oes ynnot ti Fwrjad crŷf, gwastadol gwreiddjol, disigl, diwyd, difrif, gallûog, bywjog i gael DUW ei hun, yna bŷdd siccr, y cei di weled dy Waelod dy hun yn NUW, ac ymsuddo i mewn i'th Waelod allan o'th Hunan i ganfod y Gwreiddŷn, ac i glywed Llais y Gair hwnnw, yr hwn a wnaeth dy Enaid, a'th Gorph, a'th Ysbrŷd di; ac i gael Blâs ar Ddisgleidjau DUW y rhai (trwy Feddyljau) y mae Efe yn eu gosod ar Fwrdd dy Galon di: Ac yna di elli deimlo Pilerau'r Pechod ynnot, a'u tynnu i'r llawr fel SAMPSON, ac ymdrech am Ddïal oddi wrth DDUW ar y Gelŷn a ddygodd oddi arnat dy Olwg mewn Cyfiawnder.[250]

[247] I 116, ll.8.
[248] III 28.
[249] II 95.
[250] II 135.

Nid afresymol mo'r deffroad mewnol oblegid rhaid oedd wrtho os oedd goblygiadau gwaith Crist ar y Groes i ddyfod yn weithredol ac yn effeithiol yn y galon. Rhaid oedd i'r credadun yntau ei ddarganfod ei hun wedi'i groeshoelio gyda Christ er mwyn lladd yr hen ddyn, neu'r hunan pechadurus, ac yna at-gyfodi oddi mewn yn ddyn newydd ac, felly, onid

> Rheswm yw i Ddŷn i roddi ei hunan i mewn i'r Cwreiddŷn bendigedig ffrwŷthlon ymma, ac dyna'r unig Ffordd i ti (O Ddŷn) trwy'r Ail-enedigaeth yn y Dwfr a'r Gwaëd o ystlys CRIST i gael Bywŷd tragwyddol i'r Enaid; sêf, wrth ddyfod i mewn i DDUW a'i Ewyllŷs, o'r hwn y daeth yr Enaid allan ar y cyntaf.[251]

Y mae'n amlwg fod Llwyd yn synio fod iachawdwriaeth dyn yn golygu undeb â Duw o ran ewyllys yn hytrach nag undod o ran sylwedd, fel a nodweddai Sant Bernard o Clairvaux, er enghraifft.[252]

Gwaith sydd uwchlaw cyfanswm doethineb dyn i'w amgyffred yw'r ailenedigaeth.[253] Heb oleuni oddi uchod erys dyn mewn tywyllwch dudew,[254] a 'chnawd' yw symbol Paulaidd Llwyd am bopeth sy'n dallu dyn rhag gweld Duw a'i gydnabod yn Grëwr a Gwaredwr. Y mae symbol y 'cnawd' yn nwylo Llwyd yn symbol cyfoethog, cyforiog o arwyddocâd, a dywed amdano:

> Y cnawd yw pôb peth dan yr haul a'r sydd o'r tu allan i'r dyn oddifewn. Pa beth bynnag sydd ddarfodedig, ac nad yw dragywyddol cnawd yw. Cnawd yw synwyr dyn, a phleser y bŷd. Cnawd yw chwaryddiaeth hên ac ifangc. Cnawd yw ymborth a hiliogaeth dŷn. Cnawd yw amser a phôb peth ar a derfynir ynddo. Cnawd yw ewyllys a dirgelwch dynion. Cnawd yw gweddiau a phregethau llawer. Cnawd yw anrhydedd gwŷr mawr ac vwchder gwŷr mân. Cnawd yw pôb peth ar a all dŷn naturiol i weled, ai glywed, ai gael, ai gynnwys. A gwellt yw pôb cnawd . . . fe elwir y cnawd ymma wrth yr enw Henddyn, am i fôd yn gyfrwys i dwyllo, yn hawdd i gofio, yn anhawdd i adnabod, yn gynnefin a dŷn, ac fel tâd iddo. Cnawd y gelwir ef, am i fôd ef am ddyn fel dilledyn, yn anwyl iddo, yn agos atto, yn rhan o hono, yn tyfu ynddo, ac yn pydru wrtho . . . Gwae, Gwae, Gwae y

[251] II 139; cf. 161, 164.
[252] Tamburello, *Union with Christ*, 40 a nn. 4, 5.
[253] II 143–4.
[254] II 144.

rhai sydd yn byw yn y cnawd; ni all y rheini na bodloni Duw, na bôd yn gadwedig, oni ddychwelir hwynt.[255]

Hwn yw'r pechod sy'n rhwystro dyn rhag cymuno â Duw. Yn wir, y 'cnawd' yw mwgwd Satan am lygaid yr enaid,[256] mwgwd sy'n ei rwystro rhag gweld a chydnabod bodolaeth Duw. Ond trwy ffoi i'r 'stafell ddirgel',[257] sef gwaelod y galon y mae gwybod os ydyw Duw wedi dyfod yno i aros ai peidio, ac wedi dod i aileni dyn.[258] Yno, bydd goleuni'r Gair fel 'cannwyll' oblegid 'Mae mewn dyn ysbryd (a chanwyll pan oleuer hi yn y meddwl) a ddichon fyw yn y diddymiad a chanfod pob peth.'[259] Nid yn unig y goleuir calon dyn gan y gannwyll hon, ond bydd hefyd yn fflam ddwyfol oddi mewn yn llosgi'r 'cnawd' ac yn puro'r pechod.[260] Yn yr ystafell olau hon y clywir yn ogystal 'lais' yr Ysbryd Glân a, phan fo Duw yn llefaru yno, yna y deffroir dyn o'i gwsg tywyll marwol, a

> Pan fo'r gwir fugail yn llefaru, a dŷn yn i glywed, mae'r galon yn llosci oddifewn, a'r cnawd yn crynnu, a'r meddwl yn goleuo fel canwyll, a'r gydwybod yn ymweithio fel gwîn mewn llestr, a'r ewyllys yn plygu i'r gwirionedd: Ac mae'r llais main nefol nerthol hwnnw[261] yn codi y marw i fyw, oi fedd ei hunan, i wisgo'r goron, ac yn newid yn rhyfedd yr holl fywyd i fyw fel oen Duw.[262]

Bydd y credadun wedyn fel oenig newydd-anedig yn adnabod llais Duw yn reddfol:

> Pa fodd yr adwaenost di lais yr ysbryd glân ymysg y cwbl?

> Oni wyddost ti y medr oen bâch adnabod llais ei fam ei hun ymmysg cant o ddefaid. Nid oes nêb a fedr ddirnad y gwîr ysbryd ond y sawl sydd ai natur ynddo, am hynny ofer yw rhoi arwyddion a geiriau iw adnabod.[263]

---

[255] I 219–20.
[256] I 220.
[257] I 232.
[258] I 214–15; II 122.
[259] III 31; cf. Diar. 20:27; Salm 18:28.
[260] I 130, 139, 140, 142, 213; II 150.
[261] II 236.
[262] I 219; cf. Nuttall, *The Holy Spirit in Puritan Faith*, 142.
[263] I 218–19.

Yr oedd Walter Cradoc yntau yn hoff o'r un ddelwedd i esbonio greddf y gŵr ailanedig a barai y gwyddai fod yr Ysbryd yn galw arno yn y galon.[264] Y 'llais' mewnol hwn yn y 'stafell ddirgel' yw dim llai na 'peraidd dafodiaith ei ysbryd glan ei hun yn y galon isel'.[265] Drwy'r ailenedigaeth y mae clywed 'llais' Duw, a rhaid 'marw' ac 'atgyfodi' gyda Christ drwy eneiniad mewnol yr Ysbryd. Rhaid oedd i gredadun fod wedi suddo 'drwy Groes Crist i wared allan o'th feddwl dy hunan'.[266]

Yn wir, y mae'r ysbryd Glân hefyd yn 'llyfr' yng nghalon y crediniwr, 'llyfr' sydd â'i dystiolaeth yn cydseinio'n odiaeth â thystiolaeth datguddiad yr Ysgrythur: nid yw'n disodli hwnnw, ond y mae'n rhaid wrth y 'llyfr' mewnol i ddeall y Llyfr oddi allan.[267] A phan egyr yr Ysbryd ei lyfr yn y galon daw geriau'r bywyd allan ohono: 'Mae llyfr Bywyd ynoti dy hunan. Ag oni agori ef iw ddarllain ag iw ufyddhau, colledig fyddi.'[268] Yn ogystal â bod yn 'llyfr' fel hyn y mae'r Ysbryd hefyd yn 'Bregethwr' mewnol sy'n darllen y gwirionedd allan o'r 'llyfr' ac felly, yn ôl Llwyd, y mae

gennym y gwir Bregethwr yn sefyll ym Mhulpyd ein Calonnau, a Llyfr ynnom a wasnaetha o's dilynwn ef, ac o's daliwn Sulw arno fel GAIR neu Ganwyll yn llosci ynnom mewn Llê tywŷll. Ac yn llê pob Llais oddi allan dilynwn ni, ac ufyddhau, i'r Llais a'r Goleuni sŷdd or tu fewn.[269]

O wrando ar leferydd mewnol y 'Pregethwr' hwn, ond gan gofio nad yw'n disodli'r llyfr a'r pregethwr allanol, gellir clywed y 'Dafodjaith wastadol ynot ti, wrthytti, a phan ymwrandawest ag ef, fe a gwympa *Babilon* o'r tû fewn i ti: Nid oes un arall i fod yn Llewyrch i'th Draed ac yn Llusern i'th Lwybrau.'[270]

Drwy swyddogaeth ddirgel yr Ysbryd Glân yn ymwneud â'r dyn goddrychol i gychwyn – digwyddiad y gellid gwybod a yw'n effeithiol ai peidio er iachawdwriaeth yn ôl y nodweddion mewnol uchod – ac yna wrth i ddyn fod yn ewyllysgar (ond cofier

[264] Nuttall, *The Holy Spirit in Puritan Faith*, 142.
[265] II 93; cf. 155.
[266] III 32; cf. I 236.
[267] II 183–5; I 251; cf. Act. 2:1–11; Dat. 5:8–9.
[268] III 30; cf. I 134–5.
[269] II 174–5.
[270] II 155.

mai Duw sy'n 'plygu'r' ewyllys i gychwyn)[271] ac ufuddhau i'r alwad y mae bod yn gadwedig yn ôl Llwyd. Bydd bodlonrwydd yr ewyllys yn ei chyfeiriad newydd adferedig, o dan iau'r Ysbryd, yn arwydd pellach digamsyniol o symudiad effeithiol i'r uniad cyfriniol gan mai'r

> GAIR i'w Bodlonrwŷdd yr Ewyllŷs o's perffaith yw, ac un ydynt: Yr un yw Gwres a Goleuni a Sylwedd y Ganwŷll sydd yn llosci o'th flaen, ac ni ellir gwahanu y naill oddiwrth y llall.[272]

Bydd yr uniad cyfriniol wedyn yn gefeilio'r galon yn gadarn i fynwes Crist 'fel y dywaid Paul' (cf. I Tim. 4:5) ac

> Yno mae GAIR dirgel DUW yn cyfarfod a Llais dy Calon di, fel Priod-Fâb a Phriod-Ferch, a'r ddau ynghŷd yn sancteiddjo'r Creadur yn ôl yr Yscrythur.[273]

Nid profiad niwlog mohono ac nid oes hugan am feddwl y crediniwr nac ymgolli arallfydol dibersonoliaeth yn Nuw; nid yw'n uniad pantheistaidd, a dywed Llwyd yn eglur

> ER nad Ysbrŷd Dŷn yw Hwn, ond bod Rhagorjaeth rhwng Ysbrŷd DUW ac Enaid Dŷn, fel y mae Gwahanjaeth rhwng yr Haul ac un o'r Sêr, er hynny ni ddylit ti feddwl i fôd ef megis yn neilltuol oddiwrth dy Ysbrŷd di, y neb a ûnwyd a'r ARGLWYDD un Ysbrŷd yw medd *Paul*, nid dau Ysbryd, fel y dywed y Deilljon. Mae fe yn goleuo trwoti ynoti fel y mae'r Haul yn discleirjo trwy'r Gwydr; neu'r Goleuni trwy yr Awŷr, neu fel y mae'r Tân trwy'r hayarn poeth . . . [274]

Wedi'r dröedigaeth a'r profiad o ailenedigaeth, daw dyn Duw i rodio yn yr 'ardd' ac yno y mae'n mwynhau'r 'rhosyn' (yr *unio mystica*) yn hytrach nag yn 'darfod ar dy draed wrth edrych dros y mûr'.[275] Bellach y mae ganddo'r 'mwyn aur' yn ei law,[276] a'r 'seren forau' yn codi ynddo ar ôl y tywyllwch gynt. Ac nid yw'r 'seren' fewnol hon namyn

271 I 219.
272 II 160–1.
273 II 147–8.
274 II 160.
275 I 117.
276 I 188; cf. II 262.

Sicrwydd gwybodaeth, Gwystl yr ysbryd, siŵr lygad ffydd ernes perffeith-
rwydd, sêl Jehovah, a thŷst tri yn vn, angor yr enaid, a'r cwbl pan fo dŷn
yn y goleuni yn adnabod cariad Duw atto, ynddo, a thrwyddo, mewn
nerth a heddwch ryfedd.[277]

Y mae'r crediniwr mwyach yn gorffwys ar 'Ararat' a'r Dilyw
wedi gostwng am fod yr 'Arch' wedi'i gadw:

Canys pan ddelo ysbryd y nêf i mewn, efe a ostega (drwy ostwng) y dwfr
diluw sydd yn dy galon di, ac yno di gei weled pennau y brynniau, a'r
meddyliau tragwyddol cariadus yn ymddangos o'r tu fewn.[278]

Bydd y wawr yn torri'n ddydd newydd ynddo, ac 'fe gyfyd yr
haul yn ddisclair arno'.[279] Wele yntau yn rhodio yn y goleuni
nefol a'r 'Perl' rhagorol yn ei law a fu gynt mor wag.[280] Dychwel-
odd drwy'i undeb cyfriniol â'r Gair i'w 'Waelod' a'i 'Wreiddyn'
yn y Tad.[281] Ac nid 'neuadd y cnawd'[282] mo'i gartref mwyach
a gwreiddyn nefol yr Ail Adda wedi'i 'blannu' ynddo ac yn
dechrau tyfu drwyddo.[283]

Gellid, o bosibl, gymhwyso disgrifiad Gordon Rupp yn weddol
ddidramgwydd at gyfriniaeth olau Morgan Llwyd, sef:

The thought of the essence of sin as egocentricity, the need for the
Christian to be crucified with Christ, for the extermination of the Old
Adam that the new man in Christ may be born, and the belief that the
Christian is called to share the fellowship of Christ's sufferings.[284]

Dyna'r prif fannau ym mhererindod ysbrydol Llwyd, ond prin ei
fod yn dweud mai dyn sy'n ei achub ei hun fel y gwnâi Böhme; y
mae'n Galfinaidd iawn wrth bwysleisio y dylai dyn gydweithredu
â'r Ysbryd yn ei iachawdwriaeth a gellid cymhwyso ato eiriau
Calfinydd arall ganrifoedd yn ddiweddarach parthed cyfran dyn
mewn iachawdwriaeth.[285]

---

[277]   I 221; cf. 201, 212, 221.
[278]   I 201–2.
[279]   I 221.
[280]   II 154.
[281]   II 135.
[282]   I 122.
[283]   II 91.
[284]   Buick Knox, *Reformation, Conformity and Dissent*, 117.
[285]   Arthur W. Pink, *Spiritual Growth* (Michigan, 1977), 20: 'Our "anointing" with the
Spirit . . . certain to follow as a cause will produce its effects.'

Duw sy'n arddu'r galon, yn ei chwynnu, yn ei gwrteithio ac yn hau ynddi hedyn y bywyd, ond y mae'r crediniwr wedyn i fod yn gyfrifol am ei dir a'i drin fel y bo'r hedyn nefol yn dwyn ffrwyth; rhaid llafurio yn yr Ysbryd a chynyddu mewn sancteiddhad a mynd ymlaen tua pherffeithrwydd canys 'yr un deyrnas sydd yn gyntaf yn yr eginin ac yna yn y dywysen, ac yn olaf yn ŷd llawn yn y dywysen'.[286] Yn wir, anogaeth Llwyd i'r crediniwr yw ar iddo adael 'ir hedyn mwstard hedeg a thyfu ynot'.[287]

Gwelir bod Llwyd yn adleisio'r Beibl wrth esbonio'r uniad cyfriniol, a cheir mynegiant ohono drwy gyfrwng ffigurau fel y winwydden a'r canghennau yn Ioan 15:5; y sylfaen a'r adeilad yn 1 Pedr 2:4–5; y gŵr a'r wraig yn Eff. 5:23–32, yng Nghaniad Solomon, Eseia 54:5–6, Jer. 3 a Hosea 2:19–20; a hefyd ffigur y corff a'r pen yn Eff. 4:15–16. Cyfeirir ni at yr uniad hwn gan Llwyd am mai dyma yw'r 'gwreiddyn' a'r 'gwaelod' chwedl Böhme, yr uniad organaidd sydd rhwng credinwyr a Christ, ac yr oedd hwnnw eisoes yn uniad delfrydol yn nhragwyddoldeb. Ceir ef wedi'i fynegi ar ei orau, hwyrach, yn y paragraff canlynol o *Llyfr y Tri Aderyn*: Crist yw'r Pen a'i gorff yw'r Eglwys ysbrydol a phob crediniwr unigol a impir yn y corff cyfriniol:

> Yr vn yw'r pen a'r corph, ar vn yw'r gwreiddyn a'r canghennau, yr vn yw'r gŵr a'r wraig, a'r ysbryd a'r enaid, a'r tân yn y tanwydd, yr vn yw yr hwn a sancteiddir a'r hwn a sancteiddia; ac yr vn yw Christ ai eglwys, yr hon sydd gnawd o'i gnawd, ag ysbryd o'i ysbryd. (1 Cor. 6:17; Eff. 5:31–2; Math. 19:6; Heb. 2:11) Y Sawl sydd ynghrist mae efe yn y wîr Eglwys hefyd: fe a dynnwyd Efa allan o Adda, a'r Eglwys o Ghrist, a Christ o gnawd yr Eglwys, a'r Eglwys eilwaith o ysbryd Christ.[288]

Y mae'n amlwg, wrth ei arddull ryddiaith, i Llwyd orfod dibynnu yn drwm ar ei alluoedd fel llenor dethau i fynegi'r profiad o ailenedigaeth a ddaeth iddo, a sut yn union oedd ei hadnabod drwy ymroddiad, hunanymwadiad ac ymwacâd. Yr oedd y profiad hwn y tu hwnt i allu geiriau a delweddau i'w adnabod a'i amgyffred.[289] Ofer oedd hyn yn ei olwg ef.[290] Serch

---

[286]   I 250–1.
[287]   I 246; cf. I 250–1.
[288]   I 206.
[289]   I 219.
[290]   M. Wynn Thomas, *Morgan Llwyd: Ei Gyfeillion a'i Gyfnod*, pennod 3.

hynny, gwnaeth ymdrech lew, ac nid methiant mohono o gwbl. Soniasai G. F. Nuttall, yn graff iawn yn ôl ei arfer, am yr anhawster a wynebai gyd-gyfrinydd i Llwyd, sef Samuel Petto, wrth i hwnnw geisio mynegi gwirionedd presenoldeb mewnol yr Ysbryd, ac y mae geiriau Nuttall yn rhai sy'n dal eu cymhwyso'n fanwl at gynnwys cenadwri Llwyd yntau am fewnfodaeth:

> the inner certitude of the reality of the Holy Spirit's presence was accompanied by a sense of the difficulty of adequately describing the experience, in such a way that others might be convinced of its genuineness and might be helped to enter into the experience for themselves . . . It is natural that those who seek to explain their inability adequately to describe the experience should fall back on the analogy of sense-perception.[291]

Ac er mai Llwyd oedd y mwyaf cyfriniol o blith y Piwritaniaid ym marn yr awdur hwn – 'if no Puritan is more mystical, it may be said also that no Puritan is more imbued with this emphasis'[292] – ni ddylid ynysu Llwyd a thybio ei fod yn unigryw yn ei bwyslais ar gyfriniaeth gymundeb.[293] Yr oedd ei brofiad, yn y bôn, yn gwbl nodweddiadol o hanfod duwioldeb Piwritanaidd.[294]

Rhybuddiodd Nuttall ei ddarllenwyr rhag cyboli â chyfriniaeth yn y cyd-destun Piwritanaidd heb fod yn gwbl eglur ar y pwynt hwn.[295] Yr oedd profi heddwch a chariad ac agosrwydd dwfn at Dduw yn brofiad oedd yn 'keenly desired and gladly welcomed by at least the more radical among the Puritans'.[296] Yn eu plith yr oedd cyfaill Llwyd, sef Peter Sterry, a gwŷr fel Francis Rous, Nathaniel Culverwell, a hyd yn oed diwinyddion o braffter anghyffredin megis Richard Sibbes, Thomas Goodwin, Samuel Rutherford a John Preston.[297] Ceid athro cyntaf Llwyd, sef Walter Cradoc, yn meithrin y duwioldeb hwn ac yn annog ei ddyfnhau, ac nid oedd yn absennol o brofiad Vavasor Powell yntau. Ond fe aeth dros ben llestri ac yn rhemp yn William Erbery ysywaeth. Golygai hyn oll fod pwyslais llywodraethol yn

---

[291] Nuttall, *The Holy Spirit in Puritan Faith*, 138–9; cf. 38 ymlaen a I 218–19, II 145.
[292] Nuttall, *The Holy Spirit in Puritan Faith*, 149.
[293] Buick Knox, *Reformation, Conformity and Dissent*, pennod 6.
[294] Nuttall, *The Holy Spirit in Puritan Faith*, 139; cf. II 162, I 142–3, 243.
[295] Nuttall, *The Holy Spirit in Puritan Faith*, 146.
[296] Ibid., 147.
[297] Buick Knox, *Reformation, Conformity and Dissent*, 115–31.

datblygu ar waith goddrychol yr Ysbryd, a sylw treiddgar Nuttall
drachefn parthed y pwynt hwn yw: 'The fact that the centre of
reference in Puritan piety was the Holy Spirit was thus bound to
have an effect upon Puritan Christology.'[298] Er gwaethaf y ffaith
fod y duedd uchod yn bresennol ac yn llywodraethol ym meddwl
Llwyd nid ymunodd â'r sectau, â'r Crynwyr yn enwedig (er ei
fod yn ystyried ei hun yn rhyw fath o geisiwr neu ymchwilydd),
na gwadu dirwedd hanesyddol a dirfodol y ffydd. Gellir
disgrifio'r nodwedd hon ar ei feddwl yn gymwys iawn gyda
geiriau gofalus G. F. Nuttall unwaith eto:

> there is no inclination to weaken insistence upon the unique quality of the
> workings of God's Spirit in Christ, and through Christ in men's hearts.
> 'Some thing in Nature' may have 'reference to this Gospel' but can never
> go beyond it. 'Those things which are written in the book of nature do not
> cross anything written in the Scripture.' Puritan piety admits no attempt to
> seek communion with God's Spirit except as within the bounds of the
> revelation through Christ.[299]

Cyn troi i graffu ar eglwysyddiaeth Morgan Llwyd, hwyrach y
dylid cyfeirio'r darllenydd yn gryno iawn at enghraifft wych ac
aeddfed a geir ganddo o'r hyn a elwir gan Gordon Rupp yn
'devotion of rapture'.[300] Ynddi costrelwyd profiad cyfriniol
Morgan Llwyd yn arbennig o ddisgybledig a chynnil heb owns o
wastraff nac ymchwydd geiriol, a hynny o fewn cwmpas diw-
inyddiaeth ddigon sylweddol hefyd, er nad cyfundrefnedig
ychwaith, sef mewn 'un o gampweithiau bach melysaf yr ail
ganrif ar bymtheg'.[301] Y gân dan sylw wrth gwrs yw ei
'Caniadau: Ar ol Tôn Psalm 113'.[302] Myfyrdod dwys ar Ganiad
Solomon ydyw, a bu'r gân ysgrythurol hon yn faes arbennig a
ffrwythlon i bregethau Peter Sterry a Walter Cradoc ill dau, heb
sôn am eu brodyr eraill.[303] Dychwelodd Llwyd fwy nag unwaith
at Ganiad Solomon am ysbrydoliaeth. Yn wir, canodd gân

[298]   Nuttall, *The Holy Spirit in Puritan Faith*, 45; cf. pennod 9.
[299]   Nuttall, *The Holy Spirit in Puritan Faith*, 146; cf. Buick Knox, *Reformation, Conformity
and Dissent*, 174, 176.
[300]   Buick Knox, *Reformation, Conformity and Dissent*, 119.
[301]   R. M. Jones, *Llên Cymru a Chrefydd* (Abertawe, 1977), pennod 9.
[302]   I 81–2.
[303]   Nuttall, *The Holy Spirit in Puritan Faith*, 148.

Saesneg ar sail y penodau agoriadol.[304] Y mae hefyd ar gael benillion sy'n amlwg yn dal perthynas agos â'r gân Saesneg honno a hefyd â Chaniad Solomon.[305] Dyma'r gân Gymraeg:

1. fy Nuw, cusana fi ath fin.
   melysach iw dy serch nar gwin.
   Di iw anwylyd fenaid i:

2. Aroglau d'ennaint hyfryd yw,
   dy enw a wna y marw yn fyw.
   fe hoffa'r gwir forwynion di.

3. O dywaid i mi, Ple ith gawn,
   yn porthi'r nefol braidd brydnhawn.
   ni byddaf lonydd nes dy gael.

4. O pam y troi di heibio fi
   chwant f'enaid iw dy fonwes di.
   Rwi'n ffyddlon er fy mod i'n wael.

5. fel hyn attebodd Duw ynghrist:
   f'anwylyd. Cyfod, na fydd drist.
   fe ddarfu'r gauaf du ar glaw.

6. Mae'r blodau'n tyfu ymhob rhych.
   O Gwrando lais y durtur wych.
   Tyrd, Awn i rodio law yn llaw.

7. fy Eglwys bûr, fy mhriodferch,
   fy nghlomen fwyn, am chwaer am serch,
   yn aros yn ystlysau'r graig.

8. Dy lais ath wyneb dangos di,
   Mae i ti groesaw gidam' fi
   Myfi iw'r Oen, dydi iw'r wraig.

304 III 204–5.
305 I 10–11.

6

YR EGLWYS

O'r braidd yn wir na ellid disgwyl i'r lle canolog a roddasai Morgan Llwyd i'r Ysbryd Glân, a'i bwysigrwydd allweddol Ef yn y gwaith graslon a hanfodol hwnnw o aileni dyn yng Nghrist, beidio ag effeithio ar ei eglwysyddiaeth. A phrin nad oedd honno yn Gynulleidfaol ac yn drwyadl Biwritanaidd hefyd gydol ei yrfa ddaearol.[1] Gorffwysai tua'r canol rhwng eglwysyddiaeth nodweddiadol Gynulleidfaol gwŷr fel John Owen a Thomas Goodwin ar y naill law, a radicaliaid fel William Erbery, John Saltmarsh a William Dell ar y llall. Er gwaethaf ei gred ddiysgog ef, fel yr olaf, mai gwisg i'w diosg pan ddeuai Crist drachefn oedd ffurflywodraeth eglwysig, sef addoli trefnus a gweinyddu sacramentau'r Bedydd a'r Swper, nid arweiniodd ei argyhoeddiad dwfn mai ofer oedd yr allanolion hyn heb bresenoldeb anweledig yr Ysbryd Glân ef i ddiystyru na chondemnio, yn null y Crynwyr, nac addoliad trefnus na phregethu'r Gair a gweinyddu'r sacramentau gan weinidogaeth ordeiniedig sefydlog.

Yr oedd ei argyhoeddiadau yn nes o lawer at safbwyntiau cymedrol Walter Cradoc na rhai George Fox a'r gwŷr a enwyd uchod nad oeddynt namyn Crynwyr ym mhopeth ond enw. Yn wir, rhagredegwyr i Fox oeddynt, a gwrthwynebent yr arfer o gynnal gweinidogion ag arian cyfundrefn y degwm gan lwyr esgeuluso gweinyddu'r sacramentau. Ni cheir Morgan Llwyd yn rhuthro dros y tresi i eithafion adweithiol fel hyn, a dylid bod yn llawer mwy hwyrfrydig i ragdybio ddarfod i'w bwyslais ef ar *ysbrydolrwydd addoliad* ei arwain i goledd syniad y Crynwyr am eglwys, a hynny yn unig ar sail y ffaith fod rhai aelodau o'i gynulleidfa yn Wrecsam wedi ymuno â'r Crynwyr wedi'i farwolaeth ym Mehefin 1659. Nid aeth pawb atynt, ac onid yw'r ffaith hon hithau o gryn arwyddocâd hwyrach? O ran hynny, ymunodd rhai o aelodau cynulleidfaoedd Vavasor Powell yntau â'r Crynwyr, ac nid oedd ef yn agosáu nemor at eu safbwyntiau. Os

---

[1] Trafodir mater y degwm yn Rhan 1, pennod 2, o'm traethawd Ph.D. anghyhoeddedig, 'Astudiaeth Hanesyddol a Beirniadol o Weithiau Morgan Llwyd o Wynedd (1619–1659)', Prifysgol Cymru, Aberystwyth, 1981–2.

gofynnir felly a gyrhaeddodd Morgan Llwyd safbwynt yr eglwys-
un-dyn – safbwynt Crynwraidd yn ei hanfod gan nad oedd bwys-
igrwydd fel y cyfryw yn eu golwg hwy i ffurflywodraeth eglwysig
na nodweddion gweledig y drefn gyhoeddus o addoli – y mae'n
rhaid rhoi ateb negyddol.

Nid oedd ei eglwysyddiaeth yn ddiddisgyblaeth nac yn
amddifad o ymwybod cryf â gwrthrychedd addoliad ac athraw-
iaeth. Nid Crynwr oedd ef o gwbl. Prin fod y pwyslais ar y dyn
mewnol fel man cwbl allweddol a llwyr hanfodol i waith achubol
yr Ysbryd Glân wedi datblygu a thyfu i fod yn aflywodraeth
athrawiaethol ac eglwysig. Onid gormodedd yw honni fod y tro
goddrychol a roddai i'w neges am iachawdwriaeth, a'r pwysig-
rwydd wedyn i addoli yn rhyddid yr Ysbryd Glân, heb fod o dan
reolaeth awdurdod allanol o unrhyw fath? Dywed beth cwbl
nodweddiadol o'i Galfiniaeth gymedrol a'i eglwysyddiaeth Gyn-
ulleidfaolaidd hefyd pan siarsodd y Crynwyr i beidio â gadael i'w
pwyslais ar y mewnol, pwyslais a ystyrid gan Llwyd yn rhannol
gywir,[2] eu harwain i ddiystyru na dirmygu gwrthrychedd y ffydd:
'instead of vilifying of outward things (as the manner of some is)
seek after the Christ who is hid through all these: for Christ filleth
the Scripture.'[3] Yr awdurdod o hyd ganddo oedd yr Ysgrythur, ac
yn union fel ei brofiad o ras, cyd-drawai ei heglwysyddiaeth
hithau â'r datguddiad hwn. Ni fynasai ef fynd yn groes i'r Gair
erioed.[4]

Yr Eglwys Weledig ac Anweledig

nid eglwys ond yr ysbrydol, nid ysbryd ond yr ail Adda, nid teml i Dduw
ond meddwl pûr dyn, nid teml barhaus i ddyn ond yr Hollalluog, a'r Oen,
nid vndeb ond vndeb yr ysbryd tragywyddol, nid canu, nid cymmun, nid
vno, nid gweddio, nid ymaelodi mewn vn Eglwys oni bydd ysbryd y pen yn
rheoli mewn nerth.[5]

Yr oedd E. Lewis Evans o'r farn na 'ddysgodd y Crynwyr ddim

2 II 269.
3 I 306–7; cf. 303–6.
4 II 198; cf. 177, 183–4.
5 I 207.

byd mwy plaen, ac nid aethant erioed ymhellach na hyn'.[6] Rhaid bod yn ofalus, serch hynny, rhag mynd i eithafion er bod peth gwirionedd amodol yn y sylw. Dylid craffu ar y ffaith nad diystyru nodweddion gwrthrychol 'eglwys' yw bwriad Llwyd yn gymaint â'u gwneud yn amodol ac yn ddibynnol ar bresenoldeb bywiol yr Ysbryd Glân a'i arweiniad: 'oni bydd . . .', meddai. Diau y cytunai ef yn sylfaenol â'r hyn a ddywedir yng Nghyffes Ffydd Westminster parthed pwysigrwydd trefn eglwysig a gweinidogaeth sefydlog i bregethu'r Gair a gweinyddu'r Bedydd a'r Swper.[7] Heb na gwadu na diystyru'r rhain o fwriad fel y gwnaethai'r Crynwyr, yr oedd pwyslais Llwyd yn gorwedd ar hanfod ysbrydol addoliad, ac ysgogwyd ef yn ei eglwysyddiaeth gan y delfryd Piwritanaidd am eglwys o saint gweledig, eglwys a oedd cyn nesed i'r Eglwys ysbrydol anweledig ag yr oedd modd iddi fod.[8] Barnai Llwyd mai diwerth oedd esgyrn a chnawd eglwys unigol heb fêr ysbrydol y ffydd, ac oni ddywedodd hynny'n eglur wrth bwysleisio'r berthynas briodasol sydd rhwng Crist y Pen a'i gorff cyfriniol, sef ei Eglwys? Rhaid, meddai ef, wrth 'ysbryd y pen yn rheoli mewn nerth' i wneuthur eglwys yn eglwys o gwbl, ac

> Nid oes vn grefydd a dâl ddim ond y creadur newydd (Gal.6:15). Ac nid oes ond vn drws i mewn yno, a hwnnw yw'r ailenedigaeth yn enw Christ.[9]

Yr oedd wedi'i drwytho yn y syniad Protestannaidd am eglwys i gychwyn gan ystyried fod ei hanfod yn gorwedd yng nghymundeb y saint â Christ yn ei Ysbryd Ef.[10] Dyfnhau'r pwyslais hwn a wnaeth Llwyd. Fel Piwritan yr oedd yn wrthun ganddo eglwysyddiaeth y Pabydd a'r Anglican fel ei gilydd am na wreiddiwyd mohonynt yn yr Ysgrythurau ond yn hytrach ar draddodiad dyn, a hefyd oblegid eu hoffeiriadyddiaeth. 'Am y llyfr Gwasanaeth ni thâl ef fawr Sôn am dano,' meddai; 'Mae hi yn llawn bryd i'w gladdu, rhag i neb gael drwg oddiwrtho, yr hên bethau a ânt heibio.'[11]

[6] E. Lewis Evans, *Morgan Llwyd* (Lerpwl, 1931), 82; ategir hynny gan G. F. Nuttall, *The Holy Spirit in Puritan Faith and Experience* (Oxford, 1946). 149.

[7] A. A. Hodge, *The Westminster Confession of Faith* (Edinburgh, 1978), xxv–xxx.

[8] Gw. Rhan I, pennod 1 o'm 'Astudiaeth Hanesyddol a Beirniadol'.

[9] I 254.

[10] William Cunningham, *Historical Theology*, vol. I (Edinburgh, 1979), pennod 1.

[11] I 254.

Ni cheid gwir eglwys, meddai, os oedd yn osgoi dilyn patrwm
yr Ysgrythur,[12] 'Canys proffesu maent i bôd yn adnabod Duw ac
yn ei gweithredoedd yn gwadu fôd Duw wedi i caru, (Tit. 1:16)
ac yn ei gweled, ac iw barnu.'[13] Yr oedd y sectau, fel yr hen
eglwysi plwyf, mor euog â'i gilydd yn y mater hwn, yn ôl
Llwyd.[14] A'i anogaeth i'r crefyddwyr hynny a addolai â'r deall yn
eglwysi'r Presbyteriaid hwythau oedd am iddynt osgoi addoli'r
llythyren a dianc o'r hen ddyn drwy Groes Crist i ryddid yn yr
Ysbryd Glân:

> Am hynny diangc di allan o honot dy hunan, ac o'r hên balasau plwyfol, ac
> o'r hên eglwysydd pwdr, rhag iddynt gwympo arnat, ac i tithau gwympo
> danynt i'r bedd a'r pwll.[15]

Er gwaethaf safiad digymrodedd Llwyd dros ysbrydolrwydd
addoliad, erys yn ffaith yr un mor ddiymwad fod eglwysyddiaeth
Morgan Llwyd yn ystod y cyfnod yr eisteddai Cymanfa West-
minster, ac yn ystod y degawd dilynol hefyd, yn gwbl Gynulleid-
faolaidd. Yr oedd yr un mor atgas ganddo eglwys wladol unffurf
Anglicanaidd neu Bresbyteraidd ar y naill law ac anhrefn
wrtheglwysig y sectau ar y llaw arall. Mynnai droedio'r ffordd
ganol o ran rhyddid i addoli yn Ysbryd Crist heb ddiystyru
canllawiau addoliad cydnabyddedig y Cynulleidfaolwyr, a dywed-
odd hynny mewn llythyr ar ffurf cân i'r 'Dissenting Brethren' a
eisteddai yn y Gymanfa uchod:

> Church government some idolize, some utterly neglect,
> and tread not in true paths of peace which all should well affect.[16]

Oes oedd epistemeg Morgan Llwyd yn gyfosodiad o'i
Galfiniaeth gymedrol etifeddol a'i bwyslais hanfodol Ailfedyddiol
ar brofiad – pwyslais a ddyfnhawyd wrth iddo ddarllen Böhme
ac Erbery – nid oedd ei eglwysyddiaeth yn ddidrefn ychwaith, er
ei bod yn ddiau o dan ddylanwad ei epistemeg nodweddiadol. Er
mai'r Ysbryd biau ei bwyslais, troediai'r ffordd ganol, gymedrol,

[12]   I 206.
[13]   I 207.
[14]   I 253–4.
[15]   I 207
[16]   I 15.

gan gredu'n gryf y dylid glynu wrth nodweddion allanol a gwel-
edig eglwys gynnull nes y deuai'r Arglwydd i ddiosg y brethyn
oddi amdani a datguddio ei Eglwys fawr Ysbrydol, a'r pryd
hynny,

> When all saints uniformed are, externalls fade away
> till then, observe plaine church comands & walke as dawns the day.[17]

Cythruddid ef yn fawr gan ddiffyg disgyblaeth eglwysig ac anti-
nomiaeth y sectau, a chyhoeddasai'n ddi-flewyn-ar-dafod: 'so
satan getts of all these sects – the pareings and the pelfe'.[18]

At ei gilydd, Cynulleidfaolwr oedd Llwyd mewn eglwysydd-
iaeth a'i bwyslais yn disgyn ar ysbrydolrwydd hanfodol addoliad,
pwyslais nad arweiniodd ef i ddiystyru gwisg drefnus allanol yr
eglwys gynnull unigol. Yr oedd ei syniad am 'eglwys' yn drwyadl
Brotestannaidd a Phiwritanaidd, ac nid ystyriai fod yr un eglwys
yn gwbl 'bur' oblegid

> Mae yn sicr Efrau ymysg gwenith, ac mae etto wlŷdd ymysg y llysiau, a
> Judas ymmysg yr Apostolion, a nadroedd dwfr ymysg y pyscod, Ond er
> hynny Gwae a wrthodo dda am fôd drŵg wrth ei ystlys, a gwae a gam-
> gymmero y naill am y llall.[19]

Gweinidogaeth Bregethwrol ac Addoliad Cyhoeddus

> O lett his saincts bee knitt in love
> his gospel preached bee
> lord bring in many to thy selfe
> & so rejoyce shall wee.[20]

Yr oedd y Piwritaniaid, at ei gilydd, yn gytûn ynglŷn â'r mater
na cheid eglwys oni phregethid y Gair, gweinyddu'r sacramentau
i gredinwyr, a disgyblu'r praidd gan sicrhau gwarchod purdeb
athrawiaeth ar eu cyfer.[21] Rhaid oedd wrth weinidog i fod wrth y

[17] I 16.
[18] I 25.
[19] I 229.
[20] I 33.
[21] Horton Davies, *The Worship of the English Puritans* (London, 1948), passim.

dylestswyddau bugeiliol. Ystyrid mai prif foddion gras oedd
pregethu'r Gyfraith gyda'r Efengyl, a dibynnai galwad effeithiol
yr unigolyn ar waith dirgel a rhydd yr Ysbryd Glân. Pwrpas y
Gyfraith yw argyhoeddi gwrandawr o'i gyflwr (Rhuf. 3:20) a'i
anallu i gyflawni gofynion y Ddeddf yn ei manylion eithaf, a'i
anfon at Grist yn waglaw am drugaredd a maddeuant rhad (Gal.
3:24). Pwrpas cyhoeddi'r Efengyl yw dangos Crist yn Iachawdwr
digonol fel na allai pechadur ond gorffwys mewn ffydd ac edifeir-
wch ar ei waith cyflawn a gorffenedig Ef.

Y mae'n gwbl amlwg oddi wrth gywair 'homiletig' cyson
gweithiau Morgan Llwyd na ddibrisiai ef mo'i alwad neilltuol i
bregethu'r Gyfraith a'r Efengyl, a dichon yn wir fod ei gynulleidfa
yn Wrecsam yn cael dogn gyson a helaeth o bregethau grymus
hyd y diwedd. Âi ar deithiau pregethu ledled gogledd Cymru, a
cheir ef wedi colli ei lais yn Llŷn a oedd yn 'llawn o dywyllwch', a
gwiw oedd ganddo bregethu efengylaidd digymrodedd:

> Pregethwr, nithiwr a wna   i filioedd
>   foliannu Jehova
> Pregethwr os pregetha
> holl lais Duw, a wna les da.[22]

Yn ôl Robert Jones, Rhos-lan, yn *Drych yr Amseroedd* (1831)[23] yr
oedd Morgan Llwyd yn bregethwr tân a brwmstan – neu o leiaf
dyna'r argraff a gaf i – a dywed awdur anhysbus *A Winding-sheet for
Mr Baxter's Dead* (1685) lawer wrthym am y pwys difrifol a ystyriai
Llwyd a oedd ynglŷn â'r alwad i bregethu Crist, yn gymaint felly
fel y gadawodd argraff go barhaol ar gof ei gyd-wladwyr:

> Extra-ordinary for his love to his countrymen, to whose soul-service he was
> entirely devoted, for which he was eminently qualified being the deepest
> truest Welshman and the most absolute British orator [pregethwr
> Cymraeg] perhaps that ever was in the ministerial function.[24]

Dichon fod ei barablu o'r pulpud fel gordd ar eingion a'r
gwreichion yn tasgu dros y gynulleidfa ofnus. Cadwai nodiadau

---

22   I 68; cf. 108: 'My inmost I must preach always'.
23   G. M. Ashton (gol.), *Drych yr Amseroedd* (Caerdydd, 1958), passim.
24   II lxxvii.

ar bregethau,[25] arfer cyffredin gan y Piwritaniaid, ac yr oedd hyd yn oed yn fwriad ganddo gyhoeddi 'Abstract of all serm'.[26] Rhaid felly mai nodiadau a ddefnyddiai wrth bregethu'n gyhoeddus a bod y gair llafar ysbrydoledig yn holl bwysig ganddo, a thybiaf i mai estyniad ar y 'llafar' hwn, yn rhannol, yw arddull ei ryddiaith. Nid oedd yn arfer ganddo ysgrifennu ei bregethau, fe ymddengys, na'u darllen yn nhraddodiad yr Anglicaniaid a'r Presbyteriaid.[27]

Ond yn gwbl gyson â'i bwyslais ar offeiriadaeth pob unigolyn ni fuasai Llwyd, ddim mwy na Cradoc, yn condemnio arfer lleygwyr dawnus o bregethu ar dro a gweddïo yn fyrfyfyr gan mai mwy derbyniol yn eu tyb oedd y gwŷr duwiol hyn na'r pregethwyr chwyddedig a 'sgrifennai eu pregethau gweigion'.[28] Ni all na chytunai Llwyd wedyn â Cradoc pan gyhoeddodd hwnnw yn dreiddgar:

> I have observed that souls that are far from God, they must always go upon their knees, but a soul that is near can pray standing, or walking, or talking as that good man that you read of in the Book of Ezra, he can pray with his hat on, he can pray in his bed, or where you will, when he is in communion with God.[29]

Osgoi addoli'r llythyren yn brennaidd a oedd wrth wraidd pwyslais y ddau ohonynt ar ysbrydolrwydd hanfodol addoliad. Onid ydys yn camddehongli, ac yn camsynied yn ddybryd, gellid yn weddol ddibetrus ddal fod yn amheus gan Llwyd drefnwasanaeth 'marwaidd' y Presbyteriaid ar yr aden dde ar y naill law, a diffygion difrifol trefnwasanaeth alaethus y Crynwyr ar yr aden chwith ar y llaw arall. Mynnai ef lynu o hyd wrth fesur o wrthrychedd mewn addoliad cyhoeddus heb lyffetheirio rhyddid a digymhellrwydd addoliad gwir ysbrydol, wrth gwrs. Gallai fod wedi rhoi'r gorau i ganu salmau 'in mixt Assemblyes',[30] nid oblegid llacrwydd hwyrach, ond yn syml oblegid gofal ynghylch purdeb addoliad, a gallai fod ei *ecclesiola in ecclesia* yn Wrecsam

[25]   III 86–9.
[26]   E. Lewis Evans, *Morgan Llwyd*, 4–5.
[27]   Dywed Nuttall, *The Holy Spirit in Puritan Faith*, 85–6, passim pennod 5, ffaith y gellid ei phriodoli i Llwyd hefyd, sef: 'In radical Puritanism the ministers practised extempore prayer and preaching and encouraged both in the laity; but a separated ministry . . . remained. In Quakerism the separated ministry was entirely abandoned.'
[28]   I 90; cf. 85, 186.
[29]   Nuttall, *The Holy Spirit in Puritan Faith*, 70, passim pennod 4.
[30]   Ibid. 73, troednodyn.

('a select order of new lights') yn arfer canu salmau ac emynau cynnar; ac oni fydryddodd rai salmau, a hynny hwyrach yn benodol ar gyfer ei gynulleidfa?[31]

Sacramentau'r Bedydd a'r Swper

We know that ordinaunces pure, are in themselves but dry.[32]

By breaking bread we show thy death and mind thy wondrous love.[33]

Gwyddys yn burion am bwyslais y Piwritan ar bregethu efengylaidd argyhoeddiadol grymus ac ystyrid agor y Gair yn anhepgorol mewn eglwys, eithr y duedd fel y cynyddai'r mudiad, ac yn fwyaf penodol oddi mewn i Gynulleidfaoliaeth – a hynny ar sail rhag-esiamplau neu gynseiliau cynharach – oedd ystyried y sacramentau yn nodweddion eglwysig nad oedd yn ofynnol wrthynt wrth addoli gan mai symbolau'n unig oeddynt wedi'r cyfan. Gwelir bod y Crynwyr wedi cario'r duedd, fel popeth arall yn eu Cristnogaeth, i'r terfyn absoliwt. Ond, er bod Llwyd yn cyfranogi o'r un argyhoeddiad ynghylch ystyried y sacramentau yn allanolion ac nad oedd gwir hanfod addoliad yn gorwedd ynddynt yn wrthrychol – argyhoeddiad a oedd yn osgoi sagrafennaeth – nid oedd yn dibrisio na'r Swper na'r Bedydd yn null y Crynwyr fwy nag y ceir ef yn esgeuluso pregethu'r Gair.[34]

Gwanhawyd gafael y sacramentau ar y Cynulleidfaolwyr ymhell cyn y 1650au,[35] nid oblegid diffyg disgyblaeth, ond yn

---

[31] III 2–15; cf. sylw Nuttall, *The Holy Spirit in Puritan Faith*, 66: 'The more radical Puritans, acutely conscious of the working of the Holy Spirit, immediately, in their hearts, increasingly felt there to be no place in worship for liturgies or read prayers . . . These became for them, in fact, a positive hindrance to spiritual freedom of access to God, and were regarded by them, therefore, as sinful, that they quenched the Spirit within, which "itself maketh intercession for us".'

[32] I 16.

[33] I 9.

[34] Cf. sylwadaeth berthnasol Nuttall, *The Holy Spirit in Puritan Faith*, 91–2, passim pennod 6: 'Religiously, the Puritan movement was a movement towards immediacy, towards direct communion with God through His Holy Spirit, in independence of all outward and creaturely aids, and could be "content with nothing short of absolutes"; yet were not the ordinances, in a sense, outward and creaturely aids? Again, ecclesiastically, the Puritan movement was rooted in a repudiation of the sacerdotal system, was a violent reaction against everything savouring of Papistry; and the sacraments had been the hinge of the priesthood's power. In relation to the sacraments there thus remained in many Puritans' minds something of an unresolved tension . . .'

[35] Ibid. 94–5.

rhyfedd iawn oherwydd y gofal mawr hwnnw rhag eu gwein-
yddu ymhlith anghredinwyr. Rhaid oedd wrth weinidog i'w
gweinyddu, ac os nad oedd un wrth law, yr arfer oedd gohirio'r
gweinyddu hyd nes y deuai gweinidog heibio o'r diwedd.[36] Gres-
ynai Walter Cradoc yn 1650 fod y duedd hon, o bosibl, wedi
arwain niferoedd i ddellni ac i ddiystyru'r sacramentau yn gwbl
agored, a dichon mai dyma'r cynulleidfaoedd a lithrodd i ferw'r
aden chwith eithaf, ac y mae'n werth sylwi eu bod wedi rhoi'r
gorau i'r arfer Piwritanaidd o bregethu'n gyhoeddus a darllen y
Gair hyd yn oed:

> the devil . . . hath brought us from repetition of the word and from singing of
> Psalms, and many from baptizing the infants of the godly, and divers from
> the Supper of the Lord, and from hearing the word of God preached.[37]

Ychydig yn ddiweddarach condemniodd Morgan Llwyd yr un
datblygiad, a dywedai'n bigog:

> And for the things called Ordinances and institutions, be not thou a
> mocker and scorner, as if all outwards were under thy feet, (if it be so
> indeed, why dost thou eat, drink, sleep, marry, sell or work in the clay?) let
> not Satan puff in thee a vain mind.[38]

Hyd yn oed cyn i'r Crynwyr ymddangos yn ffurfiol yn 1653
cafwyd Llwyd, yn 1651, yn rhybuddio cynulleidfa o ymchwilwyr
yn swydd Gaer, yn ardal Malpas hwyrach, i beidio â diystyru na
llywodraeth eglwysig drefnus nac addoliad cyhoeddus a gynhwysai
weinyddu'r ddau sacrament, er y gwyddent oll mai'r Ysbryd sy'n
cymell gwir addoliad ac nid oedd anghytundeb rhyngddynt ar y
mater hwn. Rhybuddiai ef yn erbyn y tueddiadau goddrychol
eithafol a nodweddai Erbery a John Saltmarsh:

> we may ought, A must grow in the Kcnowledge & grace of the Lord Jesus,
> and though in some things our strength is to sitt still, yett must wee soberly
> walke in the Manifold Chambers & Galleryes of the Scriptures, Church
> ordenances . . . observe all Christ Ordenences, Meet oft together, divide not
> about words . . . [39]

---

[36] Ibid. 98.
[37] Ibid.
[38] I 306.
[39] III 48–51.

Dichon ei fod yn ystyried fod rhagor o werth yn y Swper[40] nag yn y Bedydd, er na welai ddim o'i le mewn bedyddio oedolion ac yn sicr ni fynnai ymatal rhag cymuno â'r Bedyddwyr. Nid oedd ychwaith yn gwadu gwerth atgyfnerthol a symbolaidd y sacramentau hyn i gredinwyr, er iddo ddal yn gwbl ddiamwys nad oedd gras yn gorwedd ynddynt i'r digred, er bod budd ysbrydol yn eu sgil i'r sawl a ddeuai atynt mewn ffydd.[41] Y tebyg ydyw na fyddid yn camddehongli nac yn gwyrdroi tystiolaeth wrth awgrymu ei fod yn bedyddio plant credinwyr, os mynnai'r rhieni hynny, a chyn belled â'u bod hwy'n deall mai'r eneiniad oddi mewn oddi fry yn unig a oedd o werth ysbrydol effeithiol. Gofynnai'r Eryr yn *Llyfr y Tri Aderyn*: 'mae llawer yn dywedyd mai trwy fedydd y mae i ddyn fôd yn gadwedig. Ac mae llawer o sôn yr awron am y bedydd.' Ac ateb y Golomen wirion yw myned heibio i'r arwydd symbolaidd at yr eneiniad Ysbrydol dirgel, a gwelir nad diystyru'r sacrament yw'r amcan, yn gymaint â phwysleisio ei gwir arwyddocâd graslon fel y gellid osgoi sagrafennaeth:

> Mae bedydd adfyd (hwnnw yw erlidigaeth) mae hefyd fedydd dyfrllyd, hwnnw yw bedydd y bedyddiwr gynt, (yr hwn a bassiodd fel y seren forau). Gyd a hynny mae bedydd tanllŷd ysbryd y gwrthiau, Ond bedydd Crist yw'r vn bedydd mawr, a hwnnw yw'r dwfr nefol yn yr ailenedigaeth. Heb hwn gwae ddyn.[42]

Mewn llythyr at Henry Jessey[43] yr oedd Morgan Llwyd wedi datgan ei fod yn cael peth budd o ddarllen *Of Christ's Testaments* (1652) gan Jakob Böhme. Gan gofio holl gefndir syniadol gwahanol Llwyd a Böhme, y mae'n arwyddocaol iawn mai pwysleisio gwerth ysbrydol a symbolaidd y sacramentau hyn a wnâi'r Almaenwr, ac yr oedd yn atgas ganddo yntau sagrafennaeth.[44] Er hynny, y mae o'r pwys mwyaf inni sylweddoli bwysiced ydyw cofio na ddilynodd Morgan Llwyd yr alegorïaeth dywyll a niwlog a adeiladodd Böhme o gwmpas ei esboniadaeth bersonol ar y sacramentau. Dywed ef fod y Bedydd yn symbol am arllwys yr Ysbryd mewnfodol yn nerthol i mewn i'r dyn

---

[40] I 9.
[41] I 16.
[42] I 201, cf. 202.
[43] III 189.
[44] ThPDE xxi, 30–5.

goddrychol allan o 'gawg' cynhenid y Logos mewn dyn,[45] peth
llwyr wahanol i syniad Llwyd am eneiniad a ddeuai oddi uchod,
a hynny ar sail yr Iawn.

Er bod pwyslais Böhme yn amlwg ar realiti goddrychol y
Bedydd ysbrydol, ni cheir Llwyd yn dysgu'n union yr un esbon-
iadaeth ychwaith, er gwaethaf ei bwyslais yntau ar arwyddocâd
mewnol yr ailenedigaeth.[46] Nid hermetiaeth Böhme wedi'i
gwisgo'n gyfrwys mewn geirfa Gristnogol sydd gan Llwyd.[47]

Yn ddiddorol iawn ceir sôn am si a oedd ar led y pryd hwnnw
fod cynulleidfa Morgan Llwyd wedi peidio ag arfer y Swper,
gweddïo, addoli'n ffurfiol a chyhoeddus mewn llythyr gan Walter
Thimelton o Iwerddon ar 5 Hydref 1653[48] at Morgan Llwyd;
peth sydd ynddo'i hun yn awgrymu fod eglwys gynnull Llwyd yn
Wrecsam yn rhoi'r pwyslais llywodraethol ar addoliad digymell
yn rhyddid yr Ysbryd Glân erbyn hyn. Yr oedd y gŵr hwn yn
aelod o gatrawd John Jones o Faesygarnedd, fe ddichon, a gwelir
mai'r Cyrnol a grybwyllasai'r si wrtho gyntaf:

> in ye evineing majr Jones began to discourse with us, who is exceeding
> zealous for the writting on the sands, & Johnes Baptizime of which thinge
> he first began to Speake, Shewing the danger of neglecting such a
> Command, and how such obedience did commend us to God, wth many
> like Sayings; Then Coll Jones enquired whether it were true of the Saints
> of Wrexham as was reported, for it is reported you have given over
> praying, breaking bread, & all meetings, &c. you may Judge what maner of
> Spiritt is amonge them . . .[49]

Gwyddys bod y Cyrnol John Jones yn Gynulleidfaolwr Calfin-
aidd gofalus a chymedrol a droediai rhwng addoliad sych fel
corcyn ar y naill law a gorfrwdfrydedd peryglus y sectau ar y llaw
arall.[50] Yr oedd yn ddigon eangfrydig i beidio â gadael i arfer y
Bedyddwyr o fedyddio oedolion fennu dim arno na'i rwystro
rhag cydgymuno â hwy.[51] Dyna oedd safbwynt Walter Cradoc a
Morgan Llwyd yntau. Os gwir oedd y si uchod, yna rhaid bod

45   ChT 18.
46   Ibid., 22.
47   Ibid., 71.
48   III 188.
49   Ibid.
50   Nuttall, *The Holy Spirit in Puritan Faith*, 93.
51   Ibid., 97.

cynulleidfa Morgan Llwyd yn Grynwyr i bob bwrpas oddeutu 1653. Ond, rhaid bod yn wyliadwrus a meithrin gofal ynglŷn â'r mater hwn. Tua'r cyfnod hwn canodd Llwyd gân gwynfannus ac wrth ei chywair neilltuol y mae'n gwbl amlwg ei fod ef yn bersonol yn gresynu fod rhywrai yn ei eglwys yn gwrthod eistedd i Swper gyda gweddill y gynulleidfa, a dichon yn wir mai rhagredegwyr i'r Crynwyr oeddynt hefyd! Rhai fel John ap John ac Edward More a ymunodd â mudiad Fox yn fuan wedyn. Alaethu y mae Llwyd, nid moliannu'r datblygiad hwn:

> But now the bryers are come up
> and thorns and thistles tall
> therefore with Christ they do not sup
> in ordinances all.[52]

Yn *Llyfr y Tri Aderyn* fe allai fod Llwyd yn dweud y mynnai ef gadw at yr arfer o weinyddu'r sacramentau, er y mae'n bosibl y gellid dehongli 'ordinhadau' yn llawer ehangach i olygu gorch-mynion Duw yn ei air yn gyffredinol. Ceisiai fyw, meddai ef:

> allan o Hunan, yn yr Ysbryd glân, ar Ghrist, i Dduw, yn ôl yr Yscrythurau, etto dan ordinhadau.[53]

Ymataliodd Llwyd yn weddus[54] rhag dilyn Dell, Saltmarsh ac Erbery a gariodd y duedd i ganolbwyntio ar oddrychaeth ymhell y tu hwnt i'r ffin a wahanai'r Crynwyr oddi wrth y Piwritaniaid clasurol a radicalaidd (i raddau llai).[55] Aeth eglwysyddiaeth y triwyr hyn yn rhemp ac yn annisgybledig.[56] Ond yr oedd gofal Llwyd a'i ymwybod â threfn athrawiaethol yn ogystal â threfn addoli cyhoeddus Cynulleidfaol yn agweddau pwysig iawn ac arwyddocaol ar ei ddibyniaeth ar safon wrthrychol yr Ysgryth-urau ym mywyd defosiynol preifat a chyhoeddus y Cristion

---

[52] I 89.
[53] I 262.
[54] Cf. barn deg Nuttall, *The Holy Spirit in Puritan Faith*, 99: 'In the glowing terms with which both Cradock and Llwyd describe the immediacy of their spiritual communion with God there is little or no mention of the ordinances; but personally, in practice, they both held to sacramental observancs. In them as in most radical Puritans, the relative depreciation of the ordinances is only implicit and must be felt from their tone, or deduced *a silentio*.'
[55] Ibid., pennod 10.
[56] Ibid., 100–1.

ailanedig. Agwedd bwysig ar ei afael gadarn ar yr un gwrth-rychedd oedd ei ddisgwyl eiddgar am yr Ailddyfodiad, a rhaid troi i syllu ar ei argyhoeddiadau ynghylch y Diwedd yn awr er mwyn gweld maes arall yr oedd ef yn llawer mwy Piwritanaidd na Bemenaidd ei athrawiaeth yn ei gylch.

7

ESCHATOLEG

Duw a ymddangosodd yn y cnawd a gyfiawnhawyd yn yr ysbryd, a welwyd gan angelion, a bregethwyd i'r cenhedloedd, a gredwyd iddo yn y bŷd, a gymmerwyd i fynu mewn gogoniant, ac a ddaw eilwaith mewn anrhydedd mawr, ac am dano ef yr ydym ni yn disgwyl.[1]

Teyrnas nefoedd wedi'i chyflawni yng nghalon y gŵr ailanedig a aeth â bryd Llwyd yn y 1650au, ac yr oedd honno wedi'i dwyn o dan reolaeth y Cwymp, yr Iawn, y Pentecost a'r disgwyl efengylaidd am yr Ailddyfodiad, pryd y digwyddai Barn ac atgyfodiad y cnawd. Yr oedd argyhoeddiad o'r fath yn hanfodol yn nes at athrawiaeth y Piwritaniaid Calfinaidd, fel y'i mynegwyd yng Nghyffes Ffydd Westminster,[2] nag ydoedd at filenariaeth lythrennol Vavasor Powell, neu Llwyd yn ystod ei gyfnod cynnar fel milenarydd.

Gwyddys yn burion fod Llwyd yn filenarydd eithafol hyd oddeutu 1651–2,[3] ond wedi'r profiad a gafodd y pryd hynny – a chael cymorth William Erbery i'w roi ar ben y ffordd i ddyfnhau ei adnabyddiaeth o bresenoldeb mewnol yr Ysbryd Glân ac, wrth gwrs, wedi iddo ddarganfod Böhme i swcro'r aros llywodraethol a chynyddol uwchben y dyn mewnol – cefnodd Llwyd ar ei filenariaeth gynnar gan ddychwelyd, yn ddiau wedi methiant Senedd y Saint yn 1653, os nad yn wir cyn hynny, at safbwynt llai eithafol a mwy alegorïaidd a lled-Awstinaidd. Ond er iddo amodi ei gronoleg ar gyfer Ailddyfodiad Crist yn ei Berson i reoli am y Mil Blynyddoedd fel hyn, a phwysleisio 'Crist oddi mewn', ni phylodd ei obaith y rhithyn lleiaf yn yr Ailddyfodiad gwrthrychol i farnu'r byw a'r meirw yn y Diwedd. Yn *Llyfr y Tri Aderyn* fe'i ceir yn pwysleisio realiti presennol teyrnas nefoedd mewn crediniwr, a hynny cofier *cyn* i'r cefndeuddwr mewn athrawiaeth filflwyddol ddigwydd rhyngddo a Vavasor Powell, arweinydd Cymreig y Pumed Freniniaethwyr, yn 1654. Swm a sylwedd y cwbl yw fod

---

[1] I 210.
[2] A. A. Hodge, *The Westminster Confession of Faith* (Edinburgh, 1978), xxxii–xxxiii.
[3] I 27.

Llwyd wedi dychwelyd, *via* Erbery a Böhme, a hynny'n gam neu'n gymwys, at y pwyslais hanfodol hwnnw ar deyrnas nefoedd 'o'ch mewn y mae',[4] ac yr oedd hwnnw'n ei dro wedi'i ddarostwng yn bendant iawn i'r gobaith gwresog a oedd ganddo yn yr Ailddyfodiad terfynol pryd y deuai Crist, nid i lywodraethu'n bersonol ar deyrnas theocrataidd o'i bencadlys byd-eang yn Jerwsalem, eithr yn hytrach i atgyfodi'r meirwon a barnu'r byd a rhoi ei deyrnas ysbrydol i'r Tad.

Marwolaeth y corff

Nid yw Llwyd yn ceisio gwadu'r angau cyffredinol hwn; fe'i ceir yn dilyn yr Ysgrythurau wrth honni nad yw'r enaid/ysbryd yn pydru gyda'r corff (Math. 10:28; Luc 12:4) ac, yn wir, ystyriai nad oedd y diddymiad hwn namyn rhyddhau'r enaid oddi wrth y cnawd. Y mae'n newydd da i'r crediniwr ond yn wae i'r dyn anghyfrifol a wrthododd Grist a'r drugaredd a gynigiwyd iddo ar sail yr Iawn:

> Grim death (mistake it not) is no such Saviour as will change any soul or spirit in its gate of passage; for it leaves the mind in the nature where he found it; only his work is to cut and loosen the corporeal marriage-knot between soul and body; that only is the office of death . . .[5]

Angau yw'r 'dynged' a dducpwyd ar ddyn yn sgil y Cwymp a rhaid i gredinwyr hyd yn oed farw gan fod y broses o ennill buddugoliaeth ar bechod yn golygu rhyddhau'r enaid oddi wrth y cnawd i gychwyn (Gen. 2:17; 3:19; Rhuf. 5:12, 17; 6:23), ond fe'u hunir drachefn pan ddaw Crist i farnu. Myn Llwyd bwysleisio fod dyn yn marw yn y natur y bu byw ynddi, a dywed:

> Agorwch eich llygaid a gwelwch, fod ysbryd pôb un (wrth dorri o'r corph) yn aros yn y naturiaeth yn yr hon y bu fo byw. Os llygredig oedd y meddyliau llygredigaeth tragwyddol iw ei lettŷ.[6]

---

[4] R. Newton Flew, *The Idea of Perfection* (Oxford, 1934), passim; Derec Llwyd Morgan, *Y Beibl a Llenyddiaeth Gymraeg* (Llandysul, 1998), pennod 4, 'Morgan Llwyd a'r Diwedd'.
[5] I 281–2; cf. Preg. 12:7; Luc 6:9.
[6] I 255.

Ymddengys y sgwrs honno rhwng Mary a Lazarus yn 1655 am ymadawiad yr enaid gydag angau'r corff braidd yn ofergoelus erbyn hyn, ond serch hynny, nid yw'r ffansi yn tanseilio'r syniad pwysicach am angau'r corff a pharhad yr enaid.[7]

O ran hynny, y mae'r awgrym yn y rhan nesaf o'r sgwrs[8] fod graddau o ragoriaeth ymhlith eneidiau'r cyfiawn a'r anghyfiawn, fel ei gilydd, yn Feiblaidd o ran y syniad a fynegir (Dat. 12:3; 1 Cor. 9:6).

Y cyflwr canolig

a'r ysbryd hwnnw [yr Ysbryd Glân] sy'n dwyn rhai i baradwys tra fo ei cyrph hwy ar y ddayar.[9]

Nid oedd *Paradwys* Morgan Llwyd yn cyfateb i syniad Böhme. Ceir yr Almaenwr yn annog ei ddarllenwyr i weddïo dros eneidiau'r ymadawedig,[10] peth na ddysgir gan Llwyd.

Nid tan ar ôl yr Ailddyfodiad a'r Farn Olaf yr â'r ysbrydion i Nef ac Uffern dragwyddol, a rhaid felly fod 'lle' iddynt yn y cyf-amser. Credai Llwyd fod yr ysbrydion cyfiawn ac anghyfiawn, fel ei gilydd, yn aros mewn lleoedd ffenomenolaidd, nid i'w puro, fel y dysgai'r Purdan Pabyddol, ond yn hytrach i aros y Farn a'r cartref terfynol. Ei derm ef am y 'cyflwr dros dro' i'r cyfiawn ydyw *Paradwys*, a dywed yn ddigon eglur yr hyn a olygid ganddo wrth hynny:

I say that the godly souls immediately are in paradise without their bodies, but not in the most perfect eternall state, till God be all in all.[11]

Dysgai'r Pabydd fod yr eneidiau perffaith yn mynd i'r Nef yn syth bin tra bo eneidiau'r pechaduriaid yn disgyn i fangre neilltuol i'w puro dros dro fel y gallont hwythau hefyd gyrraedd hyfrydwch Nef dragwyddol. Dyma'r Purdan Pabyddol, wrth gwrs. Ond dylid bod yn wyliadwrus rhag gwaddoli Llwyd â chred debyg canys nid Purdan yw Paradwys Morgan Llwyd. Nid

7   I 273
8   I 273–4.
9   I 213.
10 FQS xxiv, 8.
11 I 278.

yw'n sôn amdani hi fel man i buro eneidiau o gwbl. Clustfeinier ar ymddiddan Martha a'i brawd Lazarus parthed y Purdan Pabyddol, a sylweddolir bod brath yn y condemniad:

> Dost thou my brother Justifie the Papists Purgatory at all? Dost thou give a resurrection to that doctrine that lay long dead among the Protestants?

> I justifie not their conceits of merits at all, nor their several Limbus, and chambers of torments; yea, when they talk of purgatory, they know not what it is, nor where it is (whether in the air, earth or sea), nor who are tormented there, nor who torments them, nor how far they go in, nor when they may come out; they dream, but cannot give account of what they hold.[12]

> ... the Popish purgatory? (that fals meritorious airy pit) ...[13]

Arwyddocâd y ffaith hon yw na wadai Llwyd fodolaeth Nef ac Uffern i'r cyfiawn a'r anghyfiawn, ac yn ddiau ni chais mewn unrhyw fodd wanhau ronyn ar ddigonolrwydd Iawn Crist yn null y Pabydd. Pan geir ef yn ceisio cyfiawnhau'r enw *Paradwys* i sefyll am gyflwr yr eneidiau rhwng angau'r corff a'r atgyfodiad cyffredinol, fe'i ceir yn nodweddiadol yn cyfeirio'r darllenydd at yr Ysgrythur. Gofyn Martha i'w brawd a ydyw'n ceisio gwahaniaethu rhwng Nef a Pharadwys, a lle'r oedd y sail dros gyfiawnhau hynny.

Ac etyb Lazarus, sef Morgan Llwyd:

> It is plain. The repenting thief on the cross was that day with Christ in Paradise (which is the Kingdom of Christ, the fifth Monarch) but not in highest joy or heaven, till his body came to him. And it is evident that Christs paradise will first be revealed in the last dayes, before he deliver up the Kingdom to the father, that so Christ first, and the father may be all in all.[14]

Teyrnas ysbrydol y cyfryngwr felly – neu ei gorff cyfriniol, sef yr Eglwys anweledig – yw *Paradwys* Morgan Llwyd, ac yn bendant iawn nid Purdan y Pabydd. Nid yw'r deyrnas hon i'r saint

---

[12] Ibid.
[13] I 281.
[14] I 278–9.

namyn 'pleasure and private rest with God'[15] nes y daw'r Dydd
Olaf. Yn ddiau, Uffern yw 'lle'r' eneidiau colledig ac nid Purdan;
yno y maent yn disgwyl mewn eisiau am fabwysiad eu cyrff a'r ail
angau tragwyddol.[16]

Yr Ailddyfodiad

Our Lord is coming once againe as all the scriptures say.[17]

Y ffeithiau holl bwysig yw ei fod yn dilyn yr Ysgrythur wrth
gredu fod yr arwyddion a ragflaenai'r Ailddyfodiad wrthi'n cael
eu cyflawni yn y cyfnod hwnnw, neu o'r hyn lleiaf, ar fin cael eu
cyflawni;

> Mae'r holl ysgrythurau, ar taerion weddia
> ar Dayargrynfaâu yn dangos
> fod cwymp y penaethiaid, a Gwae yr offeiriaid
> a Haf y ffyddloniaid yn agos.[18]

Dywed yr Ysgrythur y digwydd daeargrynfâu, rhyfeloedd, newyn,
rhyfeddodau ac arwyddion wybrennol (er enghraifft Math.
24:29–30; Marc 13:24–5; Luc 21:25–6) cyn yr Ailddyfodiad.
Pregethir yr Efengyl i'r Cenhedloedd (Math. 26:14; Marc 13:10;
Rhuf. 11:25), a gwelir yr etholedigion o blith cenedl Israel yn troi
at y Meseia a'i dderbyn yn Iachawdr (2 Cor. 3:15; Rhuf. 11:25).
Ceir Llwyd yn dysgu fod tröedigaeth Israel yn orfodol cyn y deuai
Crist fel rhan o'r cyflawni ymadroddol anhepgorol, ac yr oedd yn
gred gyffredinol ymhlith y Piwritaniaid y byddid yn *gweld* y
digwyddiad pwysfawr hwn.[19] Bydd cynnydd mewn drygioni
Satanaidd a thrai yr un mor llifeiriol yn yr ufudd-dod i Dduw gan
gyrraedd penllanw wedyn gydag ymddangosiad y Gwrthgrist
(2 Thes. 2: 3–4). Yn gyffredinol yn oes Llwyd credid mai Eglwys
Rufain oedd ymgorfforiad y Gwrthgrist,[20] a'r olion o Rufeindod a

15   I 279.
16   I 255.
17   I 9.
18   I 83; cf. 197.
19   I 9, 44, 54; 83; cf. I. H. Murray, *The Puritan Hope. A Study in Revival and the Interpretation of Prophecy* (Edinburgh, 1975), 43–5.
20   Christopher Hill, *Antichrist in Seventeenth Century England* (Oxford, 1971), 62–77.

geid yn Eglwys Esgobol Lloegr. Cwestiynid hyn, gyda llaw, gan yr
adwaith Arminaidd o dan archesgobaeth William Laud. Yr oedd
rhai o'r radicaliaid ar aden chwith y mudiad Piwritanaidd erbyn y
1640au hwyr yn argyhoeddedig fod gan Bresbyteriaeth hithau ei
chyfran yn ymgorfforiad y Bwystfil.[21]

Yr oedd Morgan Llwyd yntau yn credu fod difetha'r
Babaeth,[22] dymchwel gallu'r Twrc yn y Dwyrain,[23] ac ennill y
rhyfel yn erbyn yr Isalmaen yn y 1650au cynnar[24] oll yn rhag-
ymadrodd i'r Ailddyfodiad agos. Yn gyfrodedd yn y caneuon
cynnar ceir cywair heintus y Pumed Breniniaethwyr a'u hath-
rawiaeth lythrennol am deyrnasiad personol a gwrthrychol Crist
am y Mil Blynyddoedd, a dichon mai cywir y farn y ceir y
mynegiant llawnaf o'u hargyhoeddiadau hwy yng Nghymru yng
nghanu'r Morgan Llwyd cynnar.[25]

Y Milflwyddiant llythrennol[26]

Call mee a chiliast if you please.[27]

Yr oedd cwestiwn dyrys milflwyddiant llythrennol daearol yn
bwnc o bwys nid bychan yn nyddiau Morgan Llwyd. Pe baem
yn cymryd Cyffes Ffydd Westminster yn safon barnu ei filenar-
iaeth gynnar ef[28] gwelid bod Llwyd yn gwyro yn beryglus oddi
wrth ddysgeidiaeth Awstinaidd, Galfinaidd a Diwygiedig y
Piwritaniaid yn y Gymanfa honno.

Y ddysgeidiaeth arferol o Gyngor Effesus yn OC 430 hyd at oes
Morgan Llwyd ac wedyn oedd ystyried y mileniwm y ceir
cyfeiriad ato yn Dat. 20 yn alegoräidd a'i fod yn sefyll am
gyfanswm y blynyddoedd rhwng gogoneddu'r Iesu a'r Pentecost
ar y naill law, a'i Ailddyfodiad i farnu'r byd ar y llaw arall.
Yr oedd Awstin yn dehongli'r atgyfodiad cyntaf (Dat. 20:4) yn
nhermau *ailenedigaeth* y sant yn y fuchedd hon gan ystyried mai

---

[21]   Ibid., 97.
[22]   I 22–3, 60.
[23]   I 83.
[24]   I 77.
[25]   Thomas Richards, *A History of the Puritan Movement in Wales* (London, 1920), 186.
[26]   Lorraine Boettner, *The Millennium* (Michigan, 1979), penodau 1 a 3 yn fwyaf
arbennig; cf. t.336 yn ibid.
[27]   I 27 ('1648').
[28]   Hodge, *The Westminster Confession of Faith*, 380–9.

cyfeiriad at fabwysiad y corff ar y Dydd Olaf yw'r ail atgyfod-
iad y sonnir amdano yn Dat. 20:12–13. Erlidir yr Eglwys yn y
'cyfnod alegorïaidd' hwn, a chyflawnir yr arwyddion y ceir sôn
amdanynt mewn gwahanol rannau o'r Gair – a neilltuir i drafod
apocalyptiaeth – cyn ymddangosiad Crist.

Er gwaethaf dehongli gofalus fel hyn, cafwyd mudiadau
milenaraidd o dro i dro yn y cyfnod canol[29] ac nid annhebyg
i'r daliadau milflwyddol llythrennol hyn oedd milenariaeth
Brotestannaidd yr unfed ganrif ar bymtheg a chyfnod Llwyd
hefyd.[30] Yr oedd John Calfin wedi mynd cyn belled â chondem-
nio'r gred mewn milflwyddiant llythrennol.[31]

Rhwng 1550 a 1650 digwyddodd cynnydd mawr ym mhoblog-
rwydd y syniad am filflwyddiant llythrennol yn y dyfodol agos, a
hynny o ganlyniad i ymdrechion gwŷr dysg i'w pharchuso, gwŷr
megis y Parchedig Thomas Brightman, y Presbyteriad, a John
Henry Alsted a Joseph Mede.[32] Parodd y cynnydd apocalyptaidd
yn rhengoedd y deallusion fod Awstiniaeth (cyn belled ag y mae
a wnelo â'r syniad hwn) wedi'i hamodi; hynny yw credid
mewn milflwyddiant cwbl lythrennol yn hytrach na'i alegor-
eiddio, a cheir Piwritaniaid nodweddiadol Galfinaidd fel John
Owen a John Cotton hyd yn oed yn dysgu fod mileniwm
llythrennol *wedi* digwydd rhwng OC 300 a 1300. Ar ôl y flwyddyn
honno rhyddhawyd Satan, fe honnid, a gellid disgwyl i Grist
ymddangos yn fuan yn eu cyfnod hwy. 'Ôl-filflwyddwyr' oedd
y ddeuwr uchod felly.[33] Amodasent yr Awstiniaeth alegorïaidd
gymaint fel mai hawdd cyfiawnhau cyfeirio at y Piwritaniaid
hyn a ddysgai fod milflwyddiant llythrennol *wedi'i* gyflawni yn
y gorffennol yn nhermau lled-Awstinaidd, a than ddylanwad
deongliadau Thomas Brightman y digwyddodd yr amodi hwn.[34]
Disgwylient am yr Ailddyfodiad a Dydd Barn i'w ganlyn yn
hytrach nag am sefydlu teyrnas wtopaidd lythrennol. Ar wahân i'r
ychydig Biwritaniaid a lynai'n daer wrth y safbwynt alegorïaidd
Awstinaidd-Galfinaidd (Presbyteriaid gan mwyaf), gellid honni yn

---

[29]   N. Cohn, *The Pursuit of the Millennium* (London, 1978), passim; R. S. Rogers,
Athrawiaeth y Diwedd (Lerpwl, 1934), 108–39.
[30]   Ernest Lee Tuveson, *Millennium and Utopia* (London, 1964), 20 a passim.
[31]   *Bannau* III.xxv.
[32]   Brian G. Cooper, 'The academic re-discovery of apocalyptic ideas in the
seventeenth century', *Baptist Quarterly*, xviii (1960), 351–63; xix (1961–2), 29–34.
[33]   Peter Toon, 'Puritan eschatology: 1600 to 1648', *Westminster Conference Report*
(1968), 50–1.
[34]   Ibid. 51–4; Murray, *The Puritan Hope*, 45–6.

weddol ddidramgwydd mai 'ôl-filfflwyddwyr' lled-Awstinaidd fel Owen a Cotton oedd mwyafrif Cynulleidfaolwyr cyfnod Morgan Llwyd.

Ymhlith y Cynulleidfaolwyr Calfinaidd, serch hynny, yr oedd 'cyn-filfflwyddwyr' (*pre-millennialists*), rhai *ceidwadol* fel Thomas Goodwin a Jeremiah Burroughs a eisteddodd yn y Gymanfa yn Westminster. Ymddengys fod y milenariaid ceidwadol hyn yn credu mewn milfflwyddiant daearol llythrennol, ond yr oeddynt yn ofalus i beidio â dilyn y Pumed Breniniaethwyr; yn hytrach, dehonglent y milfflwyddiant llythrennol yn nhermau wtopia *ysbrydol* yn unig, ac ni chredent yn nheyrnasiad daearol Crist yn ei Berson am y cyfnod heddychlon hwnnw, er eu bod yn dysgu y deuai Ef i'w sefydlu. Dilyn deongliadau John Henry Alsted a wnâi'r milenariaid ceidwadol hyn wrth ddyddio cychwyn yr heddwch ysbrydol yn 1694.[35] Wedi dryllio ei gyfeillgarwch â Vavasor Powell gellid mentro dyfalu fod Llwyd wedi camu'n ôl at safbwynt gwŷr fel Goodwin rhag eithafiaeth y Pumed Breniniaethwyr. Ond lleiafrif oedd y milenariaid ceidwadol yng nghyfnod Morgan Llwyd.[36]

Cyd-destun cynnar Morgan Llwyd oedd milenariaeth eithafol, er na ellid bod yn rhy bendant ynglŷn â hyn ychwaith, a barnu wrth ei adwaith wedi methiant Senedd y Saint yn 1653 – peth sy'n awgrymu y cefnogai ef y milenariaid ceidwadol yn y Senedd honno a gamodd yn ôl rhag eithafiaeth y Pumed Breniniaethwyr.[37] Credai'r *chiliasts* neu'r Pumed Breniniaethwyr[38] y byddai Crist yn ymddangos yn fuan yn y cyfnod hwnnw ac y byddai'n aros yn ei Berson i reoli yn yr wtopia dros Fil o Flynyddoedd gyda'r saint a'r merthyron a atgyfodwyd. Ysbrydolwyd y mudiad milenaraidd *eithafol* (o'i gyferbynnu â'r milenariaid ceidwadol) gan *The Personall Reigne of Christ Upon Earth* (1642) gan John Archer. Yn ddiddorol iawn, proffwydoliaeth Daniel 2:31–46 yn fwyaf arbennig oedd cloddfa deongliadau'r gŵr hwn.

Synnid bod Crist i ymddangos ddwywaith. Y tro cyntaf deuai i

---

[35]   Toon, 'Puritan eschatology', 57–8.

[36]   Murray, *The Puritan Hope*, 271 nodyn 21, gweler pennod 3. Barn Toon, 'Puritan eschatology', 57, yw fod mwyafrif gweinidogion Cynulleidfaol a nifer da o rai Presbyteraidd hefyd yn filenariaid ceidwadol, hynny yw 'cyn-filfflwyddwyr', yn y cyfnod 1648–60.

[37]   Tai Liu, *Discord in Zion. The Puritan Divines and the Puritan Revolution 1640–1660* (The Hague, 1973), passim.

[38]   B. S. Capp, *The Fifth Monarchy Men* (London, 1972); P. G. Rogers, *The Fifth Monarchy Men* (London, 1966).

sefydlu'r milflwyddiant ac atgyfodi cyrff y merthyron, a hwy'n unig, fel y gallont gyd-deyrnasu gydag Ef a thrwy hynny gyflawni Dat. 20:4. Arweinwyr y Saint yn ystod y Mil Blynyddoedd – y Bumed Frenhiniaeth – fyddai'r Apostolion, gyda'r Cristnogion Iddewig ris yn is, a'r Cristnogion Cenhedlig o danynt hwythau wedi'u dosbarthu yn ôl graddfeydd eu cyraeddiadau ysbrydol. Jerwsalem fyddai pencadlys y deyrnas fyd-eang – y theocrasi. Ar waelod y gymdeithas theocrataidd ceid yr anghredinwyr, caeth-weision i'r Saint. Ar derfyn y cyfnod o heddwch deuai Crist am yr eildro, yn rhyfedd iawn, i ddinistrio Gog a Magog, atgyfodi cyrff yr anghyfiawn a'u barnu oll.

Amcangyfrifai Archer y diddymid y Babaeth, sef ymgorfforiad y Gwrthgrist, yn 1666, ac y byddid yn y cyfamser yn gweld yr Iddewon etholedig yn derbyn Crist yn Feseia o tua 1656 ymlaen. Erbyn 1700 byddid wedi cyflawni'r arwyddion rhagymdroddol, y ceir cyfeirio atynt hwnt ac yma yn yr Ysgrythurau, a dylai Crist ddyfod atynt y flwyddyn honno i sefydlu'r wtopia ddaearol.[39]

Y mae gryn dipyn yn haws i ni gategoreiddio fel hyn wrth edrych ar Eschatoleg y Piwritaniaid gan ein bod yn syllu arnynt drwy sbectol hanes, a diau fod cymysgwch ym meddyliau'r rhelyw o'r radicaliaid, ond y pwynt pwysicaf i'w gofio, er gwaethaf yr hollti blew uchod, yw fod y mudiad Piwritanaidd, at ei gilydd, o'r aden dde hyd y chwith, yn disgwyl i Grist ymddangos yn y cyfnod hwn.

Galwodd Llwyd ei hun yn *chiliast* yn 1648,[40] ac yn y flwyddyn honno ceir ef yn cynnig tri dyddiad posibl ar gyfer yr Ail-ddyfodiad, sef 1650, 1656 neu 1665, gan ychwanegu yn llawer mwy cyffredinol: 'But within mans age, hope to see / all old things flung away.'[41] Y mae'n amlwg y gwyddai'n iawn am y gronoleg a weithiwyd allan mor ofalus gan y gwŷr dysg. Wrth weithio ar y dystiolaeth Feiblaidd a'i dehongli'n gwbl lythrennol, deuai'r cronolegwyr i gasgliadau rhyfeddol a chwbl ddi-sail am gychwyniad milflwyddiant llythrennol. Un ffordd o'i ddyddio oedd cymryd mai adwaith Julian yn OC 360 neu 366 oedd un man cychwyn posibl a chymhwyso at y dyddiadau hyn y 1,290 o ddyddiau a geir yn Daniel 12:11. Yn gyson wedyn â'r egwyddor ddehongli cymerid mai blynyddoedd oedd y 1,290 dydd, ac o'u

[39] E. Lewis Evans, *Morgan Llwyd* (Lerpwl, 1931), pennod 3.
[40] I 27.
[41] I 22.

hychwanegu at 360 neu 366 ceid y byddai'r Ailddyfodiad naill
ai'n digwydd yn 1650 neu 1656:

$$360 + 1290 = 1650$$
$$366 + 1290 = 1656$$

Ffordd arall eto o ddyddio oedd cychwyn y tro hwn â dyddiad
teyrnasiad agoriadol y Pab yn OC 400 neu 406. Cymhwysid at y
dyddiadau hyn 1,260 dydd Dat. 11:3 a'u troi yn flynyddoedd
gan eu hychwanegu at 400 neu 406 a chael mai'r dyddiad fyddai
1660 neu 1666.

$$400 + 1260 = 1660$$
$$406 + 1260 = 1666$$

Yn ogystal â rhoi 1650, 1656 a 1665 yn y gân uchod (I 23–30),
rhydd Llwyd 1660 hefyd fel dyddiad posibl yr Ailddyfodiad.[42] Yn
wir, fe ganodd:

> Cyn mil a chwechant a chwe deg
> mae blwyddyn deg yn dyfod.[43]

Trydydd dull o ddyddio'r Ailddyfodiad oedd dyblu rhif y
Bwystfil yn Dat. 13:8, sef 666. Cychwynnid y tro hwn â dyddiad
Cyngor Nicea yn OC 325, ychwanegu'r rhif dwbl ato, a cheid
bod cychwyn y milflwyddiant yn digwydd yn 1657:

$$666 + 666 + 325 = 1657$$

Ac oni cheir Morgan Llwyd yn 1653 yn rhybuddio'r Cymry i
ymbaratoi 'cyn dyfod 666'?[44] Yr oedd yn hoff o chwarae â'r rhif
6 mewn cerdd fel hon:

> In number sixe if Christ comes not
> hee will kisse mee before
> Hee will untye my natures knott
> I shall bee seene no more.[45]

[42] I 60.
[43] I 87.
[44] I 153.
[45] I 80.

Credid yn gyffredinol y byddai Crist yn ymddangos yn fuan, naill ai i farnu'r byd ac atgyfodi pob cnawd, yn ôl y lled-Awstiniaid, neu i sefydlu milflwyddiant *ysbrydol* yn ôl y milenariaid ceidwadol, neu Ei wtopia theocrataidd daearol yn ôl y Pumed Breniniaethwyr. Ond cyn hynny rhaid oedd fod arwyddion penodol wedi'u cyflawni. Un o'r digwyddiadau ystyrlon hynny oedd dienyddio Siarl 1 yn 1649, a chanodd Llwyd gân orfoleddus ar yr achlysur.[46] Credai fod y Saint yng nghanol profedigaethau'r Rhyfeloedd Cartref yn dioddef er mwyn Crist dan law Satan a'r Gwrthgrist a bod yr Arglwydd ar fin dyfod yn fuan i'w gwaredu.[47] Fe ddeuai 'o fewn oes gŵr'[48] i sefydlu'r heddwch, ac ar ei derfyn digwyddai y Farn Fawr, canys 'Christs coming, and end of the world / are two distinctive times.'[49] Ac yn y dyddiau olaf yr ym-leddir yr Armagedon.[50]

Heb amheuaeth yr oedd Morgan Llwyd yn filenarydd eithafol lythrennol yn y 1640au, a cham gwag eithriadol oedd rhifyddeg y disgwyl cyn belled ag y mae a wnelo ag ef, ond fe giliodd yn y 1650au gan ddychwelyd at safbwynt ceidwadol gŵr fel Goodwin a'i bwyslais ar *ysbrydolrwydd* y milflwyddiant.[51]

At ei gilydd dyma brif nodweddion eschatoleg y categorïau Piwritanaidd cyn belled ag y bo'r Ailddyfodiad (neu filflwyddiant) yn y cwestiwn:

(1) dileu gallu'r Pab a'r Twrc yn yr oes honno;

(2) troi rhai o'r Iddewon at y ffydd;

(3) cyfnod byr o hyfrydwch ysbrydol, neu filflwyddiant yn achos y Pumed Breniniaethwyr;

(4) yr Ailddyfodiad terfynol, atgyfodiad y meirw a'r Farn fawr.[52]

Yn *Cyfarwyddid i'r Cymru* ceir awgrym fod Llwyd wedi dychwelyd hyd yn oed at safbwynt lled-Awstinaidd erbyn y 1650au hwyr, a cheir ef yn cysylltu'r Ailddyfodiad yn amlwg iawn â Dydd Barn yn hytrach na'u gwahanu fel y gwnaethai ynghynt:

---

[46] I 22.
[47] I 4–5.
[48] I 22, 121, 194, 198.
[49] I 30.
[50] I 26, 196–7, 198.
[51] G. W. Owen, 'Morgan Llwyd a Milenariaeth', *Y Traethodydd*, 145 (Ebrill, 1990), 100–6, am sylwadau perthnasol.
[52] I 30.

mae'r swyddog mawr, sef mab Duw, wrth y drws. A phan ddel i mewn, ag ymddangos yn y byd yma, fe orchymyn gasglu yr holl ddefaid ynghyd ar y naill law iddo, ar holl eifr ar y llaw arall. Ag yno y terfynir yr holl ym- raniadau neillduol ag ai llyngcir yn yr vn didoliad yma. Tyred Arglwydd Iesu. Tyred chwippyn. *Amen.*[53]

Atgyfodiad y cnawd

Yr oedd Morgan Llwyd, yn ddiau, yn credu yn atgyfodiad cyffredinol pob cnawd, a dywed fod cyrff y cyfiawn 'yn huno ynghrist' ac yn cael eu hatgyfodi 'fel y cyfyd yr haul yn ei ogoniant a'i nerth'.[54] Ond bydd cyrff y colledigion hefyd yn gweld golau dydd ar Ddydd y Farn ac 'ni thal eu cyffroâd nhwy o'r bedd moi alw yn adgyfodiad' am eu bod 'yn pwyso tua a'r dyfnder' uffernol.[55] A'r dyfnder sy'n disgwyl yr eneidiau a wrth- ododd ufuddhau i'r alwad i edifarhau a derbyn rhodd rad y drugaredd yn Iesu Grist, yw Uffern, sef y

> pwll diwaelod, a hwnnw yw'r ail angau, a'r angau mawr hwnnw yw'r vffern, a'r llîd anrhaethadwy sy'n llosgi pechod a phechaduriaid cyndyn fel afon o frwmstan.[56]

Ar y llaw arall onid i'r Nef yr â'r eneidiau cyfiawn? Sef i'r

> vwchder, hwnnw yw diwedd yr ailenedigaeth. Nid oes nêb ai hedwyn ond y rhai sy'n hedeg allan o honynt ei hunain iddo, ac yn byw ynddo.[57]

Agwedd ar yr un iachawdwriaeth ddwyfol yw mabwysiad corff yr enaid yn ogystal â'i atgyfodiad cyntaf, neu'i ailenedigaeth yn y byd hwn neu, fel y dywed Llwyd yn gwbl Awstinaidd:

> Mae yn yr Ailenedigaeth ddwy ran. Vn i'r enaid, a'r ysbryd . . . a'r llall i'r corph yn y diwedd, yr hon a elwir, mabwysiad y corph . . . y mae'r corph yn y bedd heb ei eni hyd yr adgyfodiad . . .[58]

[53]   II 94.
[54]   I 211–12.
[55]   I 212.
[56]   Ibid.
[57]   Ibid.
[58]   I 214–15.

Y Farn Fawr

yn y diwedd y mae barnu, yn yr hwyr y bydd dydd y farn . . . [59]

Crist fel cyfryngwr yw'r barnwr, ond fe'i cynorthwyir yn y gwaith cyfiawn hwnnw gan yr angylion a'r saint. Caiff y cenhedloedd eu barnu yn ôl cyfraith Natur, yr Iddewon a'r Cristnogion, a phawb a ŵyr am yr Efengyl yn ôl cyfraith y Llyfr (Rhuf. 2:12). Ni all yr un cnawd wrthsefyll y 'tân ysbrydol' a'r 'tân naturiol' oddieithr y sawl a gadwyd drwy ffydd yn yr Arch.[60] Ni saif neb yn y dydd ofnadwy hwnnw ar wahân i'r eneidiau a brynodd Crist, a Christ yw'r Gwaredwr hyd y diwedd; yn wir

glŷn yn galed wrth yr Arglwydd Iesu ar iddo fôd yn feichiau drosot ar ddydd y farn . . . [61]

Rhaid i grediniwr fod yn fythol barod am yr Ailddyfodiad a Barn Duw, canys 'mae'r priodfab yn barod, ar brenin, ar barnwr, wrth y drŵs'.[62] Er bod Dydd y Farn yn ddigwyddiad cosmig, gwrthrychol a chataclysmig, y mae eisoes wedi cychwyn mewn dyn yn y fuchedd hon:

Mae dydd barn wedi dechrau yn barod yn y gydwybod, ac fe ai datcuddir yn yr amlwg pan ymddangoso y Duw mawr.[63]

Nid yw Llwyd, er hynny, yn gwadu Barn wrthrychol.

Nef, Uffern, Tragwyddoldeb a'r Holl yn Holl

Mae nêf dragwyddol, ac vffern fel ffŵrn a bery bŷth.[64]

Ar ôl barnu, bydd Crist yn rhoi ei Deyrnas i'w Dad:

A phan rodder y deyrnas i'r Tâd, ni bydd anhrefnusdra, ond pawb a eiff iw le, ac iw waith tragywyddol yn ôl ei naturiaeth a'i weithredoedd.[65]

[59]   I 221.
[60]   I 203–4.
[61]   I 224.
[62]   I 222.
[63]   Ibid.
[64]   I 213.
[65]   I 209, 230.

Nid oes gwadu nad Nef ac Uffern fel lleoedd ffenomenolaidd yw arhosfan yr ysbrydoedd. Â'r colledigion i Uffern yr ail angau.[66] Ond 'ni all yr ail angau niwed i'r ailanedig'.[67] Yno yn y Nef bydd bywyd o gymundeb clòs tragwyddol â Duw yn aros yr ysbryd-oedd a orffwysodd gynt yng Nghrist (Dat. 21:3). Lleoedd ydynt, ac nid cyflyrau (modern) mohonynt yn bendant ddigon.[68]

Gwir fod Llwyd yn dweud fod Nef ac Uffern yn cychwyn oddi mewn i ddyn yn y byd hwn, ond gormod fyddai honni ei fod yn *gwadu* bodolaeth y lleoedd tragwyddol ffenomenolaidd ar gyfer y saint a'r colledigion.[69]

---

[66]   I 212.
[67]   Ibid.
[68]   I 213. Rhy ysgubol yw haeriad Hugh Bevan, *Morgan Llwyd y Llenor* (Caerdydd, 1954), 68: 'bu'n rhaid iddo wrthod y gred draddodiadol mai lleoedd yw Nefoedd ac Uffern . . . Felly esbonia Nefoedd ac Uffern fel cyflyrau y mae dynion yn eu gwneud iddynt eu hunain, yn hytrach na fel lleoedd y cyrchir hwy iddynt wrth farw.' Cf. I 213, 226.
[69]   I 213, 276, 286.

8

AMRYWIOL FARNAU

Yn hytrach na thrafod barnau gwrthgyferbyniol yr ysgolheigion a fu wrthi'n astudio Morgan Llwyd ers ymron ganrif yng nghorff y gyfrol hon, teimlwyd mai doethach fyddai gohirio trafodaeth o'r fath tan y diwedd. Pwnc canolog ein cyfrol oedd anuniongrededd honedig Morgan Llwyd neu'n hytrach ei uniongrededd sylfaenol, a barnwyd bod craidd ei feddyliau – am iachawdwriaeth yn bennaf ac yn flaenaf – yn drwyadl Galfinaidd gymedrol wedi'r cwbl, a hynny ar waethaf y ffaith amlwg ein bod yn cydnabod yn llawn ac yn llwyr ddyled ogleisiol Llwyd i'r elfennau syniadol anuniongred Bemenaidd sy'n gyfrodedd â'i Galfiniaeth yn ei syniadau cymhleth ac amlochrog am ddyn a Duw. Dylid pwysleisio, hwyrach, nad y bwriad o bell ffordd oedd gwaddoli Llwyd â 'chyfundrefn' syniadol cyflawn dwf, boed honno'n Galfinaidd neu'n Femenaidd, canys pregethwr ydoedd yn anad undim arall, a phregethu a wnâi yn y rhan fwyaf o'i weithiau yn hytrach na thorchi llewys uwchben tract ar ddiwinyddiaeth gyfundrefnedig. O gofio hyn, gwelir mai ymgais (anghyflawn) i ddosbarthu ei syniadau o fewn rhyw fath o drefn resymegol oedd casglu ei syniadau amlochrog o dan benawdau arferol diwinyddiaeth systematig. Gosod 'trefn' felly ar ei feddyliau yn hytrach na'u 'cyfundrefnu' fel y cyfryw oedd y nod yn y gyfrol drwyddi draw, a hynny yn unig er mwyn ymdrechu, orau y gellid, i oleuo peth ar y cymhlethdod gwead sydd i'r meddyliau hynny.

Ceisir wrth gloi felly gynnig ymdriniaeth fras â'r amrywiaeth barn a hynny yn erbyn cefndir y syniadaeth Galfinaidd a amlinellwyd yn y gyfrol hon. Canolbwyntir sylw yn gyntaf ar ymateb cyfoeswyr Llwyd i'w neges ddiwinyddol, sef yn benodol, y Cyrnol John Jones o Faesygarnedd a Vavasor Powell, yr Uchel-Galfinydd. Yna, trown at waith beirniadol ac esboniadol ysgolheigion Cymraeg cyfnod aur rhyddfrydiaeth ddiwinyddol troad yr ugeinfed ganrif ac wedyn, sef yn fwyaf arbennig, yr Athro W. J. Gruffydd a'i ddisgybl y Parchedig Ddr E. Lewis Evans. Yn olaf ymdrinnir â barn ysgolheigion diweddarach na hwy sydd, at ei gilydd, yn uniongredwyr Calfinaidd. Tuedda'r rhain naill ai i bwysleisio uniongrededd Llwyd – beirniaid megis yr Athro R. Geraint Gruffydd a'r Parchedig Ddr Noel Gibbard – neu ar y llaw arall i bwysleisio uniongrededd gwaelodol Llwyd, sef i raddau yn achos y diweddar Athro R. Tudur Jones, ond sydd wedi'i sefydlu'n llawn i bob pwrpas gan yr Athro R. M. Jones. Bu'r ddau ysgolhaig yma wrthi'n ailaredig y maes gan agor cwysi beirniadol newydd i'r sawl a fyn eu dilyn. Eithr yn 1984 a 1991 cafwyd ymdriniaethau hydeiml ar Llwyd, y naill yn Saesneg a'r llall yn Gymraeg, gan yr Athro M. Wynn Thomas yntau, a phwysleisiodd ef anuniongrededd Llwyd o'r newydd. Yna, mewn ymdriniaeth gyffrous â'r traddodiad cyfriniol yng Nghymru, ailbwysleisiodd R. M. Jones uniongrededd sylfaenol Llwyd drachefn. Dengys barnau gwrthgyferbyniol y ddau ysgolhaig hyn yn eglur brif dueddiadau beirniadol yr ysgolheigion medrus hynny a fu wrthi'n trafod holl bwnc dyrys cymhlethdod meddwl Morgan Llwyd fyth ers tro'r ugeinfed ganrif. Ond, wrth gwrs, bydd angen wrth fynd ymlaen groesgyfeirio hwnt ac yma at yr ysgolheigion hyn gan bwysiced eu barn at ddiben ein hymdriniaeth. Gobeithir dangos fod y *status quaestionis* yn gwegian rhwng dau ddehongliad posibl, a mater i'r darllenydd wedyn fydd rhoi'r cwbl yn y glorian a dyfod i gasgliadau drosto'i hun ynglŷn â holl bwnc uniongrededd neu anuniongrededd honedig Morgan Llwyd.

Y Cyrnol John Jones o Faesygarnedd, mewn llythyr o Ddulyn yn 1653,[1] oedd un o gyfoeswyr cynharaf Morgan Llwyd i awgrymu, a dim ond awgrymu, y dylai ymgadw rhag gwyro oddi ar briffordd nodweddiadol y Piwritaniaid Calfinaidd wrth iddo fynegi ei neges am iachawdwriaeth. Cyfyd ofnau'r Cyrnol ynghylch mynegiant Llwyd ym mharagraff agoriadol *Gwaedd ynghymru yn wyneb pob cydwybod*,[2] mynegiant a oedd, yn ei dyb ef, yn annodweddiadol o Biwritan Calfinaidd.[3] Gwelir ei fod yn cytuno i'r carn â Llwyd ynghylch pwysigrwydd ac arwyddocâd ei neges, ac nid yw'n ei gyhuddo o heresi. Ond pwnc canolog

---

[1]   III 138–9.
[2]   Gw. W. Ll. Davies, 'Argraffu llyfrau Cymraeg cynnar. A argraffwyd llyfr Cymraeg yn Iwerddon cyn 1700?', *Journal of the Welsh Bibliographical Society*, vol. 4, No. 2 (July, 1938), 114–19.
[3]   III 138.

llythyr y Cyrnol oedd mai'r dull symlaf a mwyaf dealladwy i
fugeilio eneidiau oedd cyhoeddi'r neges am iachawdwriaeth, a'i
hesbonio, drwy ddilyn rhigolau mynegiant arferedig yr
Ysgrythurau fel a wneid gan y Calfiniaid clasurol yn y cyfnod
hwnnw. Rhaid oedd glynu wrth grisialder meddwl, yn enwedig â
mudiadau y goleuni mewnol ar aden chwith eithaf y mudiad
Piwritanaidd yn cychwyn ar ei *Blütezeit* y pryd hwn. Ac oni fu'r
Cyrnol yn llygad-dyst i'w heresïau poblogaidd?[4] Gwyddai'n
burion, y mae'n debyg, am safbwynt athrawiaethol Llwyd ynglŷn
â'r Ysbryd Glân a'i dystiolaeth fewnol am iachawdwriaeth
(gweler pennod 1), ac ni phoenid ef gan hynny, fe ymddengys;
mynegiant radicalaidd Llwyd a barai annifyrrwch iddo.

Erbyn 1657 cyhoeddasai Llwyd y cyfan o'i weithiau, ac yn
Chwefror y flwyddyn honno anfonodd ei hen gyfaill, Vavasor
Powell, lythyr piwus a chyhuddgar ato.[5] Ceir yn y llythyr plaen
hwn fod ofnau'r Cyrnol John Jones wedi'u gwireddu, sef y
byddai rhywrai yn sicr o ddwyn cyhuddiad o heresi yn erbyn
Llwyd. Dywed Powell yn gwbl ddi-flewyn-ar-dafod:

> it wilbe small ioy to me & other saints to heare that beloved & blessed
> M.LL dos degnerate soe much in his Doctrine, as to hold many of the old
> Arminian & popish principles, as freewill perfection &c. or ye Socinian D.
> as to enervate ye power of Christs death or intercession. I doe not say you
> doe, but look you to it . . .[6]

Drylliwyd eu cyfeillgarwch, ac os Powell, o bosibl, oedd gwrth-
rych dienw llythyr a ysgrifennodd Llwyd yn Chwefror 1658,[7]
gwelir pwy a feiir am ledaenu'r newydd am heresi Morgan
Llwyd.[8] Ond, heb amheuaeth, bu arddull ddelweddol gyfoethog
Morgan Llwyd yn faen tramgwydd difrifol i John Jones a Vavasor
Powell, ac yr oedd hyd yn oed Richard Baxter, mewn llythyr at
Llwyd yng Ngorffennaf 1656, wedi'i rybuddio yn daer i ymgroesi
rhag arfer arddull ffigurol gyfoethog.[9] Er bod arddull Llwyd yn
annodweddiadol o Biwritan, ym marn Baxter, nid oedd ei
feddyliau cymhleth am iachawdwriaeth dyn yn annodweddiadol

4   Ibid.
5   III 146–7.
6   III 146.
7   III 194–5.
8   III 194.
9   G. F. Nuttall, *The Welsh Saints* (Cardiff, 1957), 58.

o'r Calfiniaid yn Lloegr y pryd hynny. Yn wir, fel y ceisir dangos yn y gyfrol hon, ymdrôdd Llwyd yn seicolegol ddadansoddol â'r mewndir eneidegol ac nid oedd yn amddifad ychwaith o fewnwelediad ysbrydol digon uniongred.[10] Er gwaethaf ofnau Powell prin fod Llwyd yn heretig fel yr awgrymwyd yn ein pennod ar iachawdwriaeth.

Yn hanner olaf y ddeunawfed ganrif, a thrwy gydol y bedwaredd ganrif ar bymtheg a hynny ar sail datblygiadau cynharach – hyd yn oed mor gynnar â Tomos Acwinas – ymosodwyd ar ddiwinyddiaeth y Diwygwyr Protestannaidd, a hwyrach Galfiniaeth yn fwyaf penodol, gan garfanau sgeptigiaeth athronyddol Locke, Berkeley a Hume yn ogystal â chan y fateroliaeth fecanyddol anghrediniol a gynhyrchid yn sylfaenol gan Ddarwiniaeth.[11] Y mae hyn yn symleiddio eithafol wrth reswm. Ond wrth ymdrechu i'w diogelu eu hunain ar dir honedig rheswm, adwaith y diwinyddion oedd ffoi oddi wrth reswm, a gorgyfaddawdu â'r ddyneiddiaeth ryddfrydol a gwyddonol a gosod seiliau dyneiddiol a goddrychol cyfatebol i ddiwinyddiaeth hithau er mwyn ei galluogi i ddal ei thir, rywsut rywfodd, o flaen y fath ymosodiad a'r fath ymgais difrifol i'w diorseddu. O ganlyniad man cychwyn diwinydda bellach oedd nid astudiaeth sobr o Ddatguddiad Arbennig Duw yn yr Ysgrythurau, er cymaint yr astudio a fu arnynt, yn gymaint â chyflyrau ymwybyddiaeth a moeseg a'r emosiynau cynhwynol a arweiniai at wneuthur cred yn niwlog ac amhendant ac, wrth gwrs, yn amodol ar ryddid dyn yn hytrach na chanlyniad rhodd rad o ras. Dirywiodd diwinyddiaeth Friedrich Schleiermacher (1768–1834) ac Albrecht Ritschl yntau (1822–89) i fod yn ddim namyn goddrychaeth ac astudiaeth o grefyddau cymharol.[12] Nid oedd rhyddfrydiaeth ddiwinyddol heb ei beirniaid wrth gwrs, ac un ohonynt oedd yr Esgob J. C. Ryle.[13] Ond arweiniodd y ddiwinyddiaeth hon at bwyslais afiach ar fewnfodaeth Duw ar draul ei drosgynnaeth, a hefyd at ddibrisio

---

[10] Goronwy Wyn Owen, *Morgan Llwyd* (Caernarfon, 1992), 48–64.

[11] J. Gwili Jenkins, *Hanfod Duw a Pherson Crist* (Lerpwl, 1931); James Byrne, *Glory, Jest and Riddle: Religious Thought in the Enlightenment* (London, 1996); Alister E. McGrath, *Historical Theology: An Introduction to the History of Christian Thought* (Oxford, 1998), 214–25.

[12] Colin Brown, *Philosophy and the Christian Faith* (London, 1974), penodau 2 a 3; G. R. Cragg, *The Church in the Age of Reason 1648–1789* (Harmondsworth, 1977); B. A. Gerrish, *A Prince of the Church. Schleiermacher and the Beginnings of Modern Theology* (London, 1984); Klaus Scholder, *The Birth of Modern Critical Theology* (London 1990).

[13] J. C. Ryle, *Holiness* (Cambridge, 1977), 10–11; G. C. Berkouwer, *The Work of Christ* (Grand Rapids, Michigan, 1976), 12–13, cf. Introduction.

canon yr Ysgrythur fel awdurdod ysbrydoledig.[14] Ymgollwyd yn ormodol yng ngweinidogaeth y Crist hanesyddol,[15] er ei phwysiced, a hynny ar draul y Crist diwinyddol, y Duw-ddyn a'i aberth cyflawn, yn gymaint felly nes ei ddiraddio ac esgor ar yr Efengyl gymdeithasol (er ei phwysiced drachefn) fel unig neges Cristnogaeth gan anwybyddu fwyfwy neges iachawdwriaeth ar sail Croes Crist er dileu canlyniadau pechod Adda (dyn). Dyma gyflwr a methodoleg diwinyddion yr ugeinfed ganrif gynnar yn gyffredinol (er nad pawb ychwaith) nes i *Römerbrief* Karl Barth ddisgyn 'fel bom ar gae-chwarae'r diwinyddion' yn 1919.[16] Ac, fel y gwyddys yn burion, bu gan Barth ei ddilynwyr, neu ei edmygwyr, yng Nghymru hefyd.[17]

Nid oes a fynnom yn y fan hon ag adwaith Barthiaeth i'r hen ryddfrydiaeth ddiwinyddol, ond yn hytrach na dychwelyd at gydbwysedd gofalus dros ben mewnfodaeth-drosgynnol y Diwygwyr Protestannaidd, a hwyrach Galfiniaeth yn fwyaf arbennig, ni wnaeth Ysgol Barth maes o law namyn esgor ar ffurf arall ar Foderniaeth, a Neoryddfrydiaeth, pryd y blodeuai Dirfodaeth mewn crefydd a llên,[18] a hynny yn nannedd seciwlariaeth gynyddol hefyd.[19] Gorbwysleisiai Karl Barth drosgynnaeth Duw, a gwanhau ei fodolaeth Ef yng nghylch profiad dyn. Ar y llaw arall, ceid y Dirfodwyr yn dileu y wedd resymol ar y ffydd

[14]   D. M. Lloyd-Jones, *Awdurdod* (Dinbych, 1970); gwrthgyferbynner â C. H. Dodd, *The Authority of the Bible* (Glasgow, 1960); B. B. Warfield, *The Inspiration and Authority of the Bible* (Phillipsburg, NJ, 1979); T. A. Thomas, *The Doctrine of the Word of God* (Phillipsburg, NJ, 1977); H. G. Reventlow, *The Authority of the Bible and the Rise of the Modern World* (London, 1974).

[15]   Albert Schweizer, *The Quest of the Historical Jesus* (London, 1996).

[16]   Harri Williams, *Y Crist Cyfoes: Astudiaeth o Saith Diwinydd Diweddar* (Caernarfon, 1967), 43; A. D. R. Polman, *Barth* (Phillipsburg, NJ, 1979); G. Wynne Griffiths, *Datblygiad a Datguddiad* (Lerpwl, 1964).

[17]   D. Densil Morgan, *Torri'r Seiliau Sicr: Detholiad o Ysgrifau J. E. Daniel* (Llandysul, 1993).

[18]   Francis A. Schaeffer, *Escape from Reason* (Bristol, 1976); H. R. Rookmaaker, *Modern Art and the Death of a Culture* (Bristol, 1978); Harri Williams, *Y Crist Cyfoes*; S. U. Zudema, *Sartre* (Phillipsburg, NJ, 1978); Ridderbos, *Bultman* (New Jersey, 1979); D. H. Freeman, *Tillich* (New Jersey, 1978); Douglas J. Hall, *Remembered Voices: Reclaiming the Legacy of 'Neo-Orthodoxy'* (Westminster John Knox, Kentucky, 1998).

[19]   Owen Chadwick, *The Secularization of the European Mind in the Nineteenth Century* (Cambridge, 1979); Berkouwer, *The Work of Christ*, 18: 'secularization . . . essentially is *forgetting* Christ, because secularization is the isolation of the world within its own immanence.'

gyda'u sôn am naid wrthresymol i'r tywyllwch.[20] Cafwyd chwalfa ddiwinyddol ddigyffelyb yn hanes yr Eglwys Gristnogol, a phery ei chanlyniadau hyd y dydd hwn.[21]

Yn erbyn y cefndir eang hwn (a bu gorsymleiddio eithafol, wrth reswm) y mae gorfod arnom edrych ar ddehongliad W. J. Gruffydd ac E. Lewis Evans o feddwl Morgan Llwyd. Gellid gosod Gruffydd yn weddol ddidramgwydd yng nghyfnod aur rhyddfrydiaeth ddiwinyddol yng Nghymru,[22] ac yr oedd hyd yn oed yn ffitio fel maneg am gategori cyntaf cyfriniaeth fel y'i holrheiniwyd gan yr Athro Zaehner.[23] Yn wir, yr oedd Jakob Böhme[24] yn gyfrinydd a oedd wrth fodd calon W. J. Gruffydd, ac edmygai yntau'n fawr y 'dull cyfriniol ar grefydd a llên'.[25] Mewn anerchiad i Gymdeithas Hanes yr Annibynwyr ymosododd yn gïaidd ar 'Galfiniaeth hanner pann' yr Annibynwyr, a gobeithiai o'i galon y gwelid ei disodli gan gyfriniaeth fwy dynol.[26] Disgynnai ei bwyslais ar ddwyfoldeb hanfodol dyn, a dywedodd yn groyw ddigon na allai 'neb ganfod Duw heb fod yn rhan ohono'[27] – 'Dirgelwch personoliaeth a hunan yw dirgelwch cyfriniaeth . . .';[28] yn wir, 'Un o gampau'r cyfrinydd yw gallu canfod, neu'n hytrach wybod, yr Unoliaeth hon.'[29]

Dywed Gruffydd yn bendant nad oedd le mewn cyfriniaeth i'r 'ddysg Galfinaidd am bechod ac am iawn masnachol . . . yr Ymgnawdoliad ac nid yr Iawn yw ban pellaf ei diwinyddiaeth'.[30] Er bod elfen o wirionedd yn y fan hon fel ym mhob heresi, rhaid cofio'r un pryd nad oedd Gruffydd yn rhyw barod iawn i ystyried

[20]   J. Macquarrie, *Existentialism* (Harmondsworth, 1978); John Passmore, *A Hundred Years of Philosophy* (Harmondsworth, 1978).
[21]   Harvie M. Conn, *Contemporary World Theology* (Phillipsburg, NJ, 1976); S. N. Gundry, A. F. Johnson (eds.), *Tensions in Contemporary Theology* (Chicago, 1978); G. C. Berkouwer, *A Half Century of Theology* (Grand Rapids, Michigan, 1977).
[22]   Geoffrey Thomas, 'Rhai agweddau ar y dirywiad diwinyddol Cymreig', yn E. Wyn James (gol.) *Cwmwl o Dystion* (Abertawe, 1977); Harri Williams, *Duw, Daeareg a Darwin* (Llandysul, 1979); R. M. Jones, *Llên Cymru a Chrefydd* (Abertawe, 1977); John Emyr, *Dadl Grefyddol Saunders Lewis ac W. J. Gruffydd* (Pen-y-bont ar Ogwr, 1986).
[23]   R. C. Zaehner, *Mysticism Sacred and Profane* (Oxford, 1957); Meredydd Evans, 'Cyfriniaeth W. J. Gruffydd', *Taliesin*, 21 (Rhagfyr, 1971), 52–72.
[24]   Gerhard Wehr, *Jakob Böhme mit Selbtzeugnissen und Bilddokumentem* (Reinbek bei Hamburg, 1991); Pierre Deghaye, *La Naissance de Dieu ou La doctrine de Jacob Boehme* (Paris, 1985); Gerhard Wehr a Pierre Deghaye, *Jacob Boehme* (Paris, 1977); Hans Grunsky, *Jakob Boehme* (Stuttgart, 1956); Alexandre Koyré, *La Philosophie de Jacob Boehme* (Paris, 1979).
[25]   W. J. Gruffydd, *Llên Cymru: Rhyddiaith o 1540 hyd 1660* (Wrecsam, 1926), 172.
[26]   W. J. Gruffydd, 'Morgan Llwyd a Llyfr y Tri Aderyn', *Y Cofiadur*, 3 (1925), 11.
[27]   W. J. Gruffydd, *Llên Cymru*, 181.
[28]   Ibid.
[29]   W. J. Gruffydd, *Islwyn* (Caerdydd, 1942), 13.
[30]   W. J. Gruffydd, *Llên Cymru*.

y gallai Calfinydd rhonc fel Ann Griffiths, dyweder, fod yn
gyfrinydd a'i phrofiad yn tarddu yng ngweithredoedd goruwch-
naturiol yr Iawn a chyngor achubol y Tad a'r Mab.[31] Gan fod
olion diau darllen Böhme ar Llwyd, prysurodd Gruffydd i
ragdybio fod cyfriniaeth y Cymro yn wrth-Galfinaidd hollol, yn
wir, yn rhyddfrydol o'r brig i'r bôn, pan nad oedd felly mewn
gwirionedd fel y ceisiwyd dangos yn y gyfrol hon. Wrth geisio
gwahaniaethu rhwng Calfiniaeth a meddwl Jakob Böhme rhoes
Gruffydd ei fys, yn eironig iawn, yn llygad heresi Böhme.[32] Yr
oedd Dr Lewis Edwards gynt wedi cydnabod fod olion Calfinaidd
digamsyniol ar feddwl Llwyd,[33] ond eu diystyru a ddarfu W. J.
Gruffydd.[34] Yn wir, yn ogystal ag anwybyddu ei Galfiniaeth
gymedrol, aeth ati i wneud Llwyd yn Femenydd trwyadl.[35] Nid
Calfinydd mohono o gwbl, fe haerai, ac yntau'n 'dysgu cyfun-
drefn fewnwelediadol yn ei lle . . .'[36] Eithr ar yr un gwynt
cydnebydd fod Llwyd wedi'i glymu 'ei hun yn ormodol yn ffurfiau
allanol cyfriniaeth Jacob Boehme',[37] gwahaniaeth trawiadol
hynod bwysig a phellgyrhaeddol ei arwyddocâd mewn gwir-
ionedd i efrydwyr Morgan Llwyd. Sylwodd y diweddar Hugh
Bevan ar beth o'r gwahaniaeth hwn.[38] Ac oni bu i Dr Tecwyn
Evans sylwi ar nodwedd bwysig arall a geir ym meddwl Llwyd a

---

[31]   J. R. Jones, 'Ann Griffiths', *Efrydiau Athronyddol*, 13 (1950), 38–40; R. M. Jones,
Ann Griffiths: Y Cyfrinydd Sylweddol (Pen-y-bont ar Ogwr, 1976); idem, *Pedwar Emynydd*
(Llandybïe, 1970), Rhagymadrodd; idem, *Cyfriniaeth Gymraeg* (Caerdydd, 1994), pennod 4;
A. M. Allchin, 'Diwinydd a chyfrinydd: tystiolaeth ei llythyrau a'i hemynau', yn Dyfnallt
Morgan (gol.), *Y Ferch o Ddolwar Fach* (Caernarfon, 1977); R. Tudur Jones, 'Hapus dyrfa:
nefoedd oes Victoria', *Llên Cymru*, 13 (1980–1), 254–5 am Ann Griffiths, a 269–74 am
Islwyn.
[32]   W. J. Gruffydd, *Llên Cymru*, 184–5.
[33]   Lewis Edwards, *Traethodau Llenyddol* (Wrecsam, d.d.), 137, 139.
[34]   W. J. Gruffydd, 'Morgan Llwyd a Llyfr y Tri Aderyn', 20.
[35]   Ibid., 20–1; cf. Berkouwer, *The Work of Christ*, pennod 1, am syniad Gruffydd fod
arwyddocâd cosmig yn gorwedd yn yr Ymgnawdoliad, ac mai digwyddiad eilradd oedd
Calfaria, er enghraifft t.23, n. 6: 'The idea that the incarnation of God is given with the
idea of mankind was quite widespread in the 19th century'; a hefyd t.23: 'this idea of
'incarnation even without sin' is frequently found in certain theological and philosophical
connections far removed from the ancient confession of the Church. This was especially
the case in the nineteenth century, during which the speculative philosophy of Hegel
strongly dominated theology, and specifically Christology. This philosophy strongly
accentuated the idea of God's becoming *man*, far more than the Word becoming *flesh*, and
the incarnation was explained as the gradual unification of God and man by a gradual
process of evolution'; a t.25: 'the idea of "incarnation even without sin" is opposed to the
exclusive-soteriological motive of the incarnation.'
[36]   W. J. Gruffydd, '"Cewri'r Ffydd": Morgan Llwyd o Wynedd', yn W. J. Jones
(gol.) *Coffa Morgan Llwyd* (Llandysul, 1952), 18.
[37]   Ibid., 18–19.
[38]   Hugh Bevan, *Morgan Llwyd y Llenor* (Caerdydd, 1954), rhagymadrodd xv, cf. 141.

ddiystyrwyd i raddau pell iawn gan Gruffydd, nodwedd a oedd hefyd yn absennol o ymwybod cyfriniol Böhme, sef y lle mawr a chanolog a rydd Llwyd i'r Crist Croeshoeliedig yn *Cyfarwyddid ir Cymru?*[39] Ond disgybl ffyddlon i Böhme oedd Llwyd ym marn W. J. Gruffydd – meddyliwr gwrth-Galfinaidd a chyfrinydd rhyddfrydol – ac yr oedd felly yn heretig, er na welai Gruffydd hi felly. Ni chytunir â'r farn hon yng nghorff y llyfr hwn.

Disgybl i W. J. Gruffydd ar un cyfnod oedd E. Lewis Evans, ysgolhaig a alwodd ei hen athro yn un o bennaf dehonglwyr meddwl Morgan Llwyd.[40] Lewis Evans oedd yr ysgolhaig cyntaf yng Nghymru, ers dyddiau'r Parchedig William Hobley, i efrydu Llwyd yn systematig a sefydlu'r dehongliad traddodiadol ohono, a'r mwyaf trefnus hefyd, yn ei draethawd MA a gyhoeddwyd yn llyfr gyntaf yn 1930.[41] Bwriad yr ymchwil honno oedd cyfundrefnu meddwl Llwyd (ar sail theosoffi Böhme).[42] Rhagdybiai Evans, yn union fel Gruffydd o'i flaen, fod cyfundrefn Femenaidd cyflawn dwf gan Llwyd. Wedyn, ceisiodd ddadlau o blaid Arminiaeth Llwyd a'i fod am y pegwn eithaf i Galfiniaeth ei oes,[43] ond gellir cytuno ag ef mai cyfrinydd oedd Morgan Llwyd.[44] Eithr nid cyfriniaeth sylweddol Brotestannaidd a Diwygiedig a oedd gan Evans mewn golwg wrth sôn am gyfriniaeth Llwyd; yr hyn y syniai amdano yn hyn o beth yw'r gyfriniaeth ryddfrydol a gwrth-Galfinaidd honno a oedd mor ffasiynol yn ei ddydd.[45] Pan soniai am gyfriniaeth Llwyd, cyfriniaeth ddi-Groes, yn union fel Gruffydd, a olygid ganddo. Ni chredent ill dau y gallai cyfrinydd fod hefyd yn Galfinydd, Calfinydd a bwysai ar athrawiaethau'r Iawn a dawn yr Ysbryd Glân.[46] Cofier bod Calfin o'r farn fod goleuni'r Ysbryd Glân mewn gras cyffredin yn goleuo pob dyn.[47] Arhosai yng nghyd-wybod pawb ac y mae'n ddatguddiad cyffredinol o Dduw fel

---

[39]   D. Tecwyn Evans, 'Morgan Llwyd y Proffwyd a'r Piwritan', yn W. J. Jones, *Coffa Morgan Llwyd*, 12.

[40]   Ibid.

[41]   E. Lewis Evans, *Morgan Llwyd* (Wrecsam, 1931).

[42]   Ibid., rhagair, iii.

[43]   Ibid., 41–2; cf. beirniadaeth drawsgyfeiriadol R. M. Jones yn *Llên Cymru a Chrefydd* (Abertawe, 1977), 313–17; ac yn ddiweddarach yn ei *Cyfriniaeth Gymraeg* (Caerdydd, 1994), 40–5.

[44]   E. Lewis Evans, *Morgan Llwyd*, 89.

[45]   Ibid., 75.

[46]   Ibid.

[47]   *Bannau* I, III.

Creawdr drwy'r byd.[48] Gwelsom fod Llwyd yn derbyn ac yn
dysgu'r athrawiaeth hon ond cydnebydd yr un pryd fod ar ddyn
angen ei ddeffro mewn ailenedigaeth i fod yn gadwedig, a gwaith
adnewyddol yr Ysbryd Glân sy'n dwyn pechadur o dywyllwch i
oleuni. Oddi uchod y daw'r alwad hon (*Cyfarwyddid i'r Cymru*).
Eithr peth arall yw honni, fel y gwna E. Lewis Evans, fod Llwyd
'yn 1656 wedi cael gafael sicr ar ffordd y bywyd fel y gwelai'r
Crynwyr hi.'[49] Prin fod Llwyd yn dysgu iachawdwriaeth
gyffredinol drwy oleuni mewnol fel y gwnâi'r Crynwyr; dysgai'n
hytrach etholedigaeth a'r iachawdwriaeth gyfyngedig a oedd yn
ymhlyg yn yr athrawiaeth fel y ceisiwyd dangos ym mhumed
bennod y llyfr hwn. Nid oedd Llwyd yn euog o heresi'r
Crynwyr.[50]

Credai Evans ymhellach 'y gellid plethu gwaith y naill
[Böhme] a'r llall [Morgan Llwyd] fel edafedd o'r un cnu'.[51]
Olion cyfundrefn Böhme a geir yn syniadaeth Morgan Llwyd, a
thybed, yn wir, nad oedd yn ymlafnio i adeiladu system o'r fath?
Y mae olion syniadau Böhme yn bendifaddau ar feddwl Llwyd
fel y dengys ein penodau ar Dduw a'r Creu, Dyn a'r Cwymp, a
Pherson a Gwaith Crist. A chofiwn hefyd fel y datganodd W. J.
Gruffydd fod Llwyd wedi aros gydag allanolion system Böhme.[52]
Pwysleisiodd M. Wynn Thomas mai diddordeb yn yr hyn a oedd
gan Böhme i'w ddweud am yr enaid a nodweddai Llwyd.[53] Gyda
chymorth theosoffi Böhme y cydblethodd E. Lewis Evans feddyl-
waith y Cymro a'r Almaenwr.[54] Credai'n bendant fod Llwyd yn
heretig, a'i farnu wrth gwrs wrth safonau Calfinaidd ei oes.[55]
Ond chwarae teg iddo, cydnebydd ar yr un gwynt fod dysg
Llwyd, serch hynny, wedi'i wreiddio mewn Calfiniaeth, ond
tybed yn wir a ddarfu iddo lithro drwy 'a ferment of ideas to an
Evangelical Arminianism'?[56] Ac a yw'n wir ddiwrthdro fod
Böhme wedi gwaredu Llwyd 'from the terrifying decrees of High

---

[48]   R. M. Jones, *Cyfriniaeth Gymraeg*, 54–9.
[49]   E. Lewis Evans, *Morgan Llwyd*, 76.
[50]   I 173–5; R. M. Jones, *Cyfriniaeth Gymraeg*, 42–5.
[51]   E. Lewis Evans, *Morgan Llwyd*, 126–49, 150–70, 168.
[52]   W. J. Gruffydd, '"Cewri'r Ffydd"', 18–19.
[53]   M. Wynn Thomas, *Morgan Llwyd* (Cardiff, 1984), 23.
[54]   E. Lewis Evans, 'Cyfundrefn feddyliol Morgan Llwyd', *Efrydiau Athronyddol*, V
(1942).
[55]   Ibid., 24.
[56]   E. Lewis Evans, 'Boehme's Contribution to the English-speaking World',
Traethawd Ph.D., Prifysgol Kiel (1955), t. 26. Ceir copi yn 'Casgliad E. Lewis Evans' yn
Llyfrgell Genedlaethol Cymru, Aberystwyth.

Calvinism'?[57] Ceisiwyd dangos yn ein pennod ar iachawdwriaeth nad oes bendantrwydd yn y byd mai Bemenydd ac Arminydd oedd Morgan Llwyd, a bernid wrth fynd heibio nad Uchel-Galfinydd prennaidd mohono ychwaith.

At ei gilydd, y mae'r ysgolheigion hynny a ddibynnodd yn drwm ar ddehongliad Evans yn rhwym o bwysleisio anuniongrededd Llwyd: dyna farn yr ysgolhaig o Ffrancwr, Serge Hutin, er enghraifft.[58] Dilyn ef sylwadau Evans yn *Jacob Boehme Society Quarterly*[59] ac yng nghyfrol Palmer.[60] Credai, er na fedrai ddarllen Cymraeg, fel yr eddyf ef ei hun, fod 'tous les ouvrages du mystique gallois sont d'inspiration specifiquement boehmiste' (y mae'r cyfan o weithiau'r cyfrinydd Cymraeg o ysbrydoliaeth Femenaidd benodol).[61] Ond buddiol hefyd yw nesáu at bwnc meddwl Llwyd o gyfeiriad y tueddiadau syniadol a oedd yn ymhlyg mewn Piwritaniaeth radicalaidd yn y cyfnod hwn, tueddiadau a gysylltai â phwyslais Methodistiaid y ddeunawfed ganrif ar brofiad ysbrydol fel y pwysleisiwyd gan y Dr D. M. Lloyd-Jones.[62] Barnai'r Athro G. F. Nuttall fod nodweddion cyfriniaeth ar waith amryw o'r Piwritaniaid hyn,[63] a bod y syniadau a nodweddai Walter Cradoc, er enghraifft, hefyd yn bresennol ym meddwl Morgan Llwyd.[64] A gellid yn wir gymhwyso geiriau Nuttall at gynnwys meddwl Llwyd, yn enwedig o ran ei bwyslais ar waith yr Ysbryd Glân, datguddiad cyffredinol mewn Natur, y profiad o'r ailenedigaeth a'r ymchwil am oleuni pellach, neu ail fendith. Y mae'r nodweddion 'Cradocaidd' hyn i'w cael yng Nghalfiniaeth Llwyd hefyd ac yn peri fod gorfod arnom edrych arno yn fwy fel Piwritan radicalaidd nag fel Bemenydd trwyadl.

Yn gyffredinol tuedd ysgolheigion Cymru yw gorbwysleisio anuniongrededd Llwyd. Dilyn E. Lewis Evans a wnaeth Syr

[57] Ibid., 34; cf. 27, 35–7; idem, 'Morgan Llwyd', yn Geraint Bowen (gol.), *Y Traddodiad Rhyddiaith* (Llandysul, 1970), 210.

[58] Serge Hutin, *Les Disciples Anglais de Jacob Boehme aux XVIIIe et XVIIIe siècles* (Paris, 1960), 49.

[59] E. Lewis Evans, 'Morgan Llwyd and Jacob Boehme', *Jacob Boehme Society Quarterly*, I, No. 4 (1953), 11–16.

[60] A. N. Palmer, *A History of the Older Non-conformity of Wrexham and its Neighbourhood* (Wrexham, 1888), 11–35.

[61] Serge Hutin, *Les Disciples Anglais*, 49–50.

[62] D. M. Lloyd-Jones, 'The manifold grace of God', *Westminster Conference Report*, (1968), 87.

[63] G. F. Nuttall, *The Holy Spirit in Puritan Faith and Experience* (Oxford, 1946), 140.

[64] Idem, 'Walter Cradock (1606–1659): the man and his message', *The Puritan Spirit* (London, 1967), 118–19.

Thomas Parry.[65] Ar y cyfan, rhyw ochri â dehongliad Evans a wna G. F. Nuttall.[66] Ond da yw dwyn i gof sylw adeiladol yr Athro Gwyn Thomas yn hyn o beth ynghylch perthynas annatod y gweddau gwrthrychol a goddrychol ar y ffydd ym meddwl Llwyd: 'a siarad am Llwyd, ni welaf fy hun fod y fewnfodaeth ynddo wedi mynd yn rhemp. 'Rydw i'n meddwl mai unoli dwy lefel – yr hanesyddol a'r ysbrydol – y mae o mewn llawer o'i ysgrifennu.'[67] Cydnebydd R. Geraint Gruffydd wedyn ei ddyled drom i ysgrifeniadau E. Lewis Evans.[68] Yn ei ddarlith ar Morgan Llwyd, ceir gan R. Geraint Gruffydd grynodeb meistraidd o gyfundrefn y Cymro (a adeiladwyd ar sail barod theosoffi Böhme, wrth gwrs).[69] Ac os yw Llwyd yn Femenydd fel yr haera Gruffydd, yna gellir cytuno ag ef mai heretig oedd Llwyd: credai mewn ewyllys rydd a phosibilrwydd perffeithrwydd Cristnogol. Yn wir, os dysgai Llwyd fod y Gair tragwyddol yn fewnfodol ym mhob dyn yr oedd hyn yn sicr yn gwanhau 'grym angau Crist a'i eiriolaeth', chwedl Powell, a'i fod ymhellach yn 'gwadu safle canolog yr Ymgnawdoliad a'r Iawn a Dawn yr Ysbryd i'r Eglwys'.[70] Mewn syniadaeth o'r fath pa angen oedd i Grist farw ar Galfaria os yw'n trigo ym mhob dyn yn y gydwybod, a pha angen sydd am ddatguddiad gwrthrychol ac am Feibl? Barn R. Geraint Gruffydd felly yw fod Llwyd yn euog o'r heresi hon ond ei fod wedi sylweddoli'r perygl o gael ei gyfrif yn heretig a'i fod wedi ymosod yn ddidrugaredd ar y Crynwyr a ddysgai'r heresi hon yn agored yn y 1650au.[71] Ond er gwaethaf protestiadau Llwyd, gwyro at safbwynt y Crynwyr a wna ym marn yr ysgolhaig hwn.[72] Dadleuwyd yn erbyn y safbwynt hwn yn ein pennod ar iachawdwriaeth, ond gellir cytuno'n frwd â Gruffydd pan ddywed fod Llwyd wedi adweithio yn erbyn y cydsynio deallol â dogma heb brofiad o ras yn cydredeg ag ef yn y galon a nodweddai lawer o'r Calfiniaid yn y cyfnod hwn.[73] Yr wyf o'r

---

65   Thomas Parry, *Hanes Llenyddiaeth Gymraeg hyd 1900* (Caerdydd, 1964), 194.
66   G. F. Nuttall, *The Welsh Saints* (Cardiff, 1957), 68.
67   Gwyn Thomas, 'Dau Lwyd o Gynfal', yn J. E. Caerwyn Williams (gol.), *Ysgrifau Beirniadol*, V (Dinbych, 1970), 97.
68   R. Geraint Gruffydd, 'Morgan Llwyd', yn E. Wyn James (gol.), *Cwmwl o Dystion* (Abertawe, 1977), 59; digwydd fersiwn Saesneg o'r ddarlith hon yn *A Goodly Heritage*, ed. J. I. Packer (Edinburgh, 1959).
69   R. Geraint Gruffydd, 'Morgan Llwyd', 56–7.
70   Ibid., 57–8.
71   Ibid., 58.
72   Ibid.
73   Ibid., 59.

farn felly nad oedd Llwyd yn euog o anwybyddu'r Groes hanes-
yddol a'r Ysgrythurau fel awdurdod gwrthrychol ac na fabwys-
iadodd yn llwyr ychwaith, fel unig sylfaen i'w ddysgeidiaeth,
gyfundrefn fetaffisegol ddyrys ac unigoliaethol Jakob Böhme.[74]

Pwysleisio anuniongrededd Llwyd drachefn a wna Noel
Gibbard.[75] Tynn gyferbyniad ffrwythlon rhwng Llwyd a Vavasor
Powell, yr Uchel-Galfinydd,[76] cyn troi at wrthdystiad R. M. Jones
yn 1977,[77] a thrafod ei wrthddadleuon ef a wna Gibbard yn
bennaf. Y mae'n pwysleisio i. R. M. Jones chwalu'r hen syniad
traddodiadol am Llwyd fel rhyddfrydwr diwinyddol.[78] Pwysleisia
hefyd i Llwyd osgoi hollti blew deallusol uwchben athrawiaethau
Calfinaidd fel a nodweddai unigolion ar aden dde'r mudiad
Piwritanaidd yn y cyfnod hwn.[79] Ond credai, serch hynny, y
gallai Llwyd 'lithro o'r uniongred i'r anuniongred' megis pan
bwysleisia fod y Gair tragwyddol yn bod ar wahân i'r Ysgrythur, a
hynny'n union fel y dysgai'r Crynwyr.[80] Ceisiais i ddangos yn y
bennod ar berthynas yr Ysbryd a'r Ysgrythur nad oedd yn fwriad
gan Llwyd wadu awdurdod yr Ysgrythur mewn iachawdwriaeth
na'i ddisodli gan oleuni cyffredinol y Gair, er ei fod yn gwneud
llawer o bwnc gras cyffredin. Pwysleisia Gibbard wedyn fod
Llwyd wedi gwadu Calfiniaeth ei gyfeillion Vavasor Powell a
Walter Cradoc, ac nad oedd yn derbyn etholedigaeth, iawn cyf-
yngedig na chaethiwed yr ewyllys. Credai Gibbard mai methiant
yw ymgais R. M. Jones i wneud Llwyd yn Galfinydd.[81] Ond, tra
gwrthodai Noel Gibbard Galfiniaeth Llwyd, da yw cofio fel yr
oedd y Parchedig R. S. Rogers, o'i flaen, wedi cydnabod yn llwyr
y modd yr oedd Llwyd wedi defnyddio 'iaith arferol y ddysg
Galfinaidd' yn *Llyfr y Tri Aderyn*.[82] Rhaid bod Rogers ar y trywydd
iawn ond ei fod wedyn wedi gwadu Calfiniaeth amlwg Morgan
Llwyd am iddo glymu'i hun yn y pen draw yn rhy dynn wrth
ddehongliadau W. J. Gruffydd ac E. Lewis Evans.

---

[74]   Ibid.

[75]   Noel Gibbard, *Elusen i'r Enaid: Arweiniad i Weithiau'r Piwritaniaid Cymreig 1630–1689*
(Pen-y-bont ar Ogwr, 1979), 19–23.

[76]   R. Tudur Jones, 'Yr Hen Ymneilltuwyr 1700–1740', yn Gomer M. Roberts (gol.),
Hanes Methodistiaeth Galfinaidd Cymru, I (Caernarfon, 1973), 29; cf. Gibbard, *Elusen i'r Enaid*,
19–20.

[77]   Noel Gibbard, *Elusen i'r Enaid*, 20.

[78]   Ibid.

[79]   Ibid.

[80]   Ibid., 20–1.

[81]   Ibid., 21.

[82]   R. S. Rogers, *Athrawiaeth y Diwedd* (Lerpwl, 1934), 185–91.

Ysgolhaig gofalus iawn ynghylch meddwl Morgan Llwyd oedd y diweddar R. Tudur Jones. Tueddai ar un cyfnod i ddilyn ysgol E. Lewis Evans. Cydnebydd yn y 1960au fod Llwyd yn gwybod ei Galfin a'i fod wedi'i drwytho yn ei Feibl fel y Piwritaniaid oll. Barnai mai'r 'cymodi rhwng duwdod a dyndod oedd thema ganolog ei ddiwinyddiaeth ef [MLl]'.[83] Cysylltai R. Tudur Jones Llwyd y pryd hynny yn fwy â William Erbery na Walter Cradoc.[84] Aeth mor bell â dal fod Llwyd yn gwyro 'at ffurf ar bantheistiaeth sy'n gweld dwyfoldeb mewn dyn'. Ac wrth gwrs nid oedd arno angen na Beibl na sacrament wrth gysylltu â Duw.[85] Yn wir, barnai fod Llwyd wedi colli golwg ar wrthrychedd Calfiniaeth.[86] Eithr erbyn 1977 gwelir R. Tudur Jones yn adolygu'n chwyrn ei safbwyntiau blaenorol ac yn eu cymedroli gryn dipyn. Yn bendant dywed nad oedd Llwyd yn bantheist.[87] Credai na cheisiasai Llwyd ddibrisio'r gair ysgrifenedig na disodli ei wrthrychedd gan oleuni'r Ysbryd oddi fewn.[88] Yr oedd gwaith gwrthrychol Crist ar y Groes yn bwysig gan Llwyd, fe haerir, ac ni cheisiai ei fewnoli na'i wadu fel datguddiad hanesyddol.[89] Ni chredai, fel Böhme, fod dyn yn ddwyfol; yn wir, 'there is no confusing of the divine and human nature in Llwyd's doctrine of man'.[90] Cymwynas bennaf R. Tudur Jones oedd iddo osod pwyslais ar y nodweddion Calfinaidd hyn a geir ym meddwl Llwyd, nodweddion a esgeuluswyd mor aml yn y gorffennol.[91] Serch hynny, ni chredai R. Tudur Jones fod Llwyd yn dysgu nac etholedigaeth nac iawn cyfyngedig fel y dadleuais i yn y llyfr hwn.

Yn yr un flwyddyn (1977) cafwyd ymdriniaeth arloesol ar Llwyd gan R. M. Jones.[92] Pwysleisiai ef wrthrychedd Llwyd,[93] a barnai nad oedd cyfriniaeth Llwyd yn dileu'r goruwchnaturiol nac yn anwybyddu dwyfoldeb Crist. Ni cheisiodd wadu

---

83   R. Tudur Jones, *Vavasor Powell* (Abertawe, 1971), 83; cf. pennod 4 o'r gyfrol hon.

84   Ibid., 86.

85   Ibid., 85.

86   Ibid., 88–9.

87   R. Tudur Jones, 'The healing herb and rose of love: the piety of two Welsh Puritans', yn R. Buick Knox (ed.), *Reformation, Conformity and Dissent* (London, 1977), 174–5.

88   Ibid., 171; gw. pennod 1 o'r gyfrol hon.

89   Ibid., 176; gw. pennod 6 o'r gyfrol hon.

90   Ibid., 177; cf. pennod 3 o'r gyfrol hon.

91   Ibid., 178.

92   R. M. Jones, *Llên Cymru a Chrefydd* (Abertawe, 1977), 313–17.

93   Ibid., 311.

'aruthredd arswydus pechod' ychwaith.[94] Y mae R. M. Jones
wedyn yn cynnig beirniadaeth gymodlon hollol ar gred E. Lewis
Evans mai Arminydd oedd Llwyd. Ond yn union fel R. Geraint
Gruffydd o'i flaen, ceir R. M. Jones yn pwysleisio ddarfod i
Llwyd adweithio yn erbyn y ffurf ddeallol noeth ar Biwritaniaeth
ar aden dde'r mudiad.[95]

Yn 1984 ymddangosodd monograff campus M. Wynn Thomas
ar Morgan Llwyd. Dyma ddehongliad craff, cywrain a digon
hydeiml o feddwl Llwyd. Gwelir bod yr ysgolhaig hwn, ymhlith
agweddau pwysfawr eraill yn ddiau, yn gogwyddo'n bendant
ddigon tuag at ystyried hanfodau meddwl Morgan Llwyd yn
anuniongred. Traethiad graenus a chaboledig yw llyfr 1984 ac
ynddo edrychir ar Llwyd o sawl ongl syniadol, ac un ohonynt, fel
y gellid disgwyl, yw'r dylanwad Bemenaidd ar Llwyd. Gellir
cytuno, i raddau, â'r farn parthed dylanwad Böhme ar Llwyd:

> it is in his distinctive, Behmenist understanding of the nature of the
> Godhead that all of Morgan Llwyd's theological thinking is grounded . . .
> Although he is far less interested than Boehme in explaining the
> metaphysical mechanics of this cosmogony, Llwyd's many stray remarks
> . . . suggest that he had read and assimilated Boehme's teachings on these
> matters.[96]

Gwelir fy mod i, yng nghwrs y gyfrol hon, wedi amodi'r ddyled y
sonnir amdani uchod, ond cytunaf gant y cant â'r sylw parthed
union ddyled Llwyd i Jakob Böhme: 'Morgan Llwyd is typical of
his time in ignoring many of the more outlandish aspects of
Boehme's teachings and concentrating on his insights into the
internal affairs of the soul.'[97] Â M. Wynn Thomas ati wedyn i
nodi tri phwynt lle y barnai fod Llwyd yn mynegi ei anunion-
grededd sylfaenol:

> Firstly, Llwyd is inevitably a disbeliever in predestination and the elect . . .
> Secondly, the doctrine of Christ's indwelling presence leads Morgan Llwyd
> to advance, with due caution, the idea of the perfectablity of the Saints . . .
> this theology necessitates the discarding of the traditional distinction

---

[94]   Ibid.
[95]   Ibid., 317.
[96]   M. Wynn Thomas, *Morgan Llwyd* (Cardiff, 1984), 43–4.
[97]   Ibid., 23.

between justification and sanctification, according to which God's grace, operative in Christ, works immediately to save the sinner by cancelling his debt of sin and then initiate the gradual lifelong process of spiritual amelioration . . . Thirdly, Morgan Llwyd appears to attack, in the name of the indwelling Christ, the Protestant's sovereign authority, the Bible . . .[98]

Trafodir y dystiolaeth dros honni fod Llwyd yn dysgu etholedigaeth, a'r iawn cyfyngedig a oedd yn ymhlyg yn yr athrawiaeth, ym mhennod 5 ar iachawdwriaeth. Eithr gwell cyfeirio'r darllenydd yn y fan hon at dystiolaeth I 173–4 (cymharer I 116–17, 123, 136, 149, 158, 169, 190, 191–3, 197, 198, 205, 227; a II 194). Y mae'n ddigon tebygol, wrth gwrs, fod Morgan Llwyd yn dysgu posibilrwydd perffeithrwydd, ond prin ei fod yn dysgu yn *Gair o'r Gair*, er enghraifft, nad oedd yn ddibechod (II. 95). Digon gwir hefyd fod Böhme wedyn yn cyfuno cyfiawnhad a santeiddhad, ond prin fod Llwyd wedi colli golwg ar y gwahaniaeth rhyngddynt i'r un graddau â'r Almaenwr (cymharer I 243, 258–9; cf. I 262 am y cyfiawnhad). Ymddengys hefyd fod Llwyd yn rhoi i'r Beibl ei awdurdod dyledus fel datguddiad arbennig (II 168, 173, 175, 199; cf. I 171, 183, 306; a phennod VIII ac IX o *Gair o'r Gair*).

Yn 1988 yr oedd M. Wynn Thomas yn barnu

> fod nifer o ddaliadau diwinyddol Morgan Llwyd, o edrych arnynt o safbwynt y ffyddloniaid Calfinaidd mwyaf cyndyn uniongred, ar y ffin rhwng y derbyniol a'r annerbyniol . . . fe ymglymai ei ansicrwydd meddwl a'i chwilfrydedd yn un, wedyn, i'w wthio i gyfeiriad dyfalwyr mentrus eraill, megis Boehme, a drigai ar y ffin. Buan y daeth Boehme yn gydymaith enaid iddo.[99]

Gwelir felly fod M. Wynn Thomas yn priodoli dyled Llwyd yn bennaf i syniadaeth astrus Jakob Böhme, a'i fod yn gwadu yr un pryd fod ar Llwyd ddyled o fath yn y byd i'r traddodiad Calfinaidd fel y gwyddid amdano y pryd hwnnw.

Yn 1991 ymddangosodd cyfrol ysblennydd M. Wynn Thomas, sef *Morgan Llwyd: Ei Gyfeillion a'i Gyfnod*. Y mae'r gyfrol hon heb amheuaeth yn gyfraniad o gryn bwys i'r astudiaethau

98 Ibid., 33–4.
99 M. Wynn Thomas, *Llyfr y Tri Aderyn Morgan Llwyd* (Caerdydd, 1988), xxii.

sydd gennym eisoes ar Llwyd. Yn ei bennod ar berthynas Morgan Llwyd a William Erbery y mae M. Wynn Thomas yn bwrw golwg ar ddaliadau diwinyddol heretigaidd Erbery er mwyn eu cymharu a'u cyferbynnu â dysgeidiaeth Llwyd. Ond tybed, at ei gilydd, nad rhy ysgubol yw gosod Llwyd gydag Erbery yn yr un cwch heresïol? Dywed amdanynt ill dau:

> 'Roeddynt ill dau'n anfodlon â dysgeidiaeth Galfinaidd y cymod, ac yn chwilio am esboniad amgenach, cyfoethocach o genadwri Crist, ac o natur y Tad. Ni allai'r naill na'r llall ohonynt ddygymod â'r athrawiaeth fod aberth y Mab yn angenrheidiol er mwyn lliniaru dicter y Tad, a'i fodloni.[100]

Cyfeirir ni ymhellach at farn y diweddar R. Tudur Jones yn ei lyfr *Vavasor Powell* ond dylid, o bosibl, fod wedi sylwi ar y ffordd yr oedd yr ysgolhaig gofalus hwn wedi adolygu'r farn honno yn ei ysgrif hydeiml ar Powell a Llwyd yn y *Festschrift* i G. F. Nuttall, *Reformation, Conformity and Dissent* a olygwyd gan R. Buick Knox. Y mae'r datganiad uchod o eiddo M. Wynn Thomas yn dweud y gwir plaen am ddaliadau Erbery ond tybed, at ei gilydd, a oedd Llwyd wedi cefnu mor drylwyr ag a dybir gan Thomas ar y Galfiniaeth gymedrol a drosglwyddwyd iddo'n dreftad gan ei athro cyntaf, sef Walter Cradoc? Yn ei ffordd drofaus ei hun dyma'r gwirionedd a bwysleisiwyd gan Böhme, sef fod aberth y Mab, yn ddelfrydol yn nhragwyddoldeb ac yn ddaearol ar y Groes, ac wedi hynny yn y galon ddynol, wedi lliniaru dicter y Tad a'i fodloni. A hynny drwy'r cariad anhunanol a ddangoswyd gan y Mab a agorodd ffordd i'r enaid i ymroi drachefn ar ôl y Tad drwy gyfrwng ufudd-dod y Mab, cariad a daenir o'r newydd mewn dyn gan yr Ysbryd Glân.

Cyhoeddwyd *Cyfriniaeth Gymraeg* R. M. Jones yn 1994. Neilltuir pennod yn y gyfrol gyffrous hon i drafod Morgan Llwyd 'Y Cyfrinydd Ysgrythurol', a gwêl R. M. Jones fod Llwyd yn perthyn, yn sylfaenol, i'r un ffydd Galfinaidd ag a nodweddai Ann Griffiths, Williams Pantycelyn ac Islwyn, er bod, wrth gwrs, nodweddion digon unigolyddol yn perthyn iddynt ill pedwar. Yn y bennod dan sylw y mae R. M. Jones yn 'ceisio ystyried ei feddwl ef [MLl] o fewn *prif* ffrydiau diwinyddol ei gyfnod ei hun,

---

[100] Idem, *Morgan Llwyd: Ei Gyfeillion a'i Gyfnod* (Caerdydd, 1991), 112; cf. R. M. Jones, *Cyfriniaeth Gymraeg*, 46–7.

y ffrydiau lle yr hwyliai'r dylanwadau dynol pennaf a fu arno yng nghyfnod ei ffurfiad, sef Walter Cradoc a'i gyfaill mawr Vavasor Powell'.[101]

I gychwyn, sefydla R. M. Jones gredo Morgan Llwyd yn nhermau fframwaith syniadol y Pum Pwnc Calfinaiddd, fel y'u gelwir, yn ddigon annigonol y mae'n wir, a barna fod gan Llwyd 'fframwaith Galfinaidd gyfoethog i'w holl genadwri'.[102] Deuir i'r casgliad, ar sail y dystiolaeth hon, nad 'rhyw fath o niwlogrwydd amwys a gwlanog oedd cyfriniaeth Llwyd. Roedd iddi gynnwys a siâp. Roedd iddi ystyr a sylwedd. Roedd ganddo ef oleuni; ac roedd yna ddeunydd ystyrlon ac aeddfed i'r goleuni hwnnw.'[103]

Dangosir, yn ddigon argyhoeddiadol i'm tyb i, nad aeth Llwyd erioed heibio i waith prynedigol Crist.[104] Dadleuir ei fod yn dysgu fod Duw wedi creu'r byd *ex nihilo*.[105] Profir ei fod yn dysgu caethiwed yr ewyllys; eto i gyd ceir yn ei waith y ddeuoliaeth Feiblaidd a bwysleisiai benarglwyddiaeth Duw mewn iachawdwriaeth ond ceir, yr un pryd, bwyslais iach ar gyfrifoldeb dyn.[106] Yr oedd angau Crist yn 'gwbl ganolog' i'w neges ac y mae'n rhybuddio rhag i'r pwyslais ar y cymhwyso mewnol leihau'r un iot ar yr hanes gwrthrychol.[107] Dangosa R. M. Jones hefyd, yn wahanol i M. Wynn Thomas, na chymysgodd Llwyd erioed gyfiawnhad a santeiddhad. Digwyddiad y gellid ei 'ddyddio' yw cyfiawnhad, tra bo santeiddhad yn broses, yn bererindod bywyd pryd y ceisir gwrthwynebu pechod a chyflawni ewyllys Duw mewn bywyd.[108]

Chwilir wedyn natur goddrychedd Llwyd a'r gynneddf fewnol sydd mewn dyn a ddefnyddir gan Dduw yn ei waith cadwedigol, sef y gydwybod, a honna R. M. Jones mai syniadau Llwyd am y gydwybod mewn dyn yw 'cyfraniad unigolyddol pwysicaf Morgan Llwyd mewn diwinyddiaeth Gymreig'.[109] Oherwydd pwyslais Calfinaidd Llwyd ar oleuni cyffredinol yn y gydwybod, uniaethiwyd ei genadwri 'â'r math o oddrychedd dechrau'r ganrif [yr ugeinfed] ac a barhaodd ymhlith eu holynwyr

101 R. M. Jones, *Cyfriniaeth Gymraeg*, 40.
102 Ibid., 41; cf. 41–6.
103 Ibid., 46.
104 Ibid., 46–7.
105 Ibid., 47–8.
106 Ibid., 48–50.
107 Ibid., 50–1.
108 Ibid., 51–3.
109 Ibid., 54; cf. 54–9.

seciwlaraidd. Ond dyma wneud cam dybryd yn ei fater â Morgan Llwyd.'[110]

Ceir ymdriniaeth gampus wedyn â chyfriniaeth Llwyd, ac fel yr oedd yn nodweddiadol o brofiad y Cristion efengylaidd yn gyffredinol.[111] Â R. M. Jones rhagddo i drafod yr agweddau gwahanol ar gyfriniaeth, sef y goleuo, y negyddu, a'r 'derbyn llawen a hyfrydol'.[112] Yn dilyn hyn fe ddaw at yr undeb â Duw, sef diwedd a dechrau profiad Llwyd.[113] Daw'r bennod ysgubol hon i glo drwy fwrw trem ar gymhlethdod meddwl Llwyd, a nodir ar y diwedd y maes milflwyddol lle y cydnebydd R. M. Jones anuniongrededd 'chwiwus' Llwyd.[114]

Gwelir wrth yr ymdriniaeth uchod fod M. Wynn Thomas am bwysleisio mai meddyliwr anuniongred drwodd a thro yw Morgan Llwyd, a dylid ychwanegu mai cytuno ag ef a wnâi beirniaid megis W. J. Gruffydd, E. Lewis Evans, R. S. Rogers, G. F. Nuttall (i raddau), R. Geraint Gruffydd a Noel Gibbard, ac enwi'r rhai amlycaf o'r beirniaid. Ar y llaw arall, gwelir bod R. M. Jones ac R. Tudur Jones (ond nid i'r un graddau o gyflawnder ychwaith) a minnau am bwysleisio uniongrededd canolog Llwyd. Ond y beirniaid cynrychioladol disgleiriaf o'r ddwy garfan yw R. M. Jones ac M. Wynn Thomas. Bwriais i fy nhipyn hatling i gasgliad R. M. Jones fel y dengys y gyfrol hon ar ei hyd.

Hwyrach mai wrth gloi fel hyn y dylid pwysleisio ffaith ganolog i'r holl drafodaeth uchod, sef mai athrylith grefyddol yw Morgan Llwyd. Mynydd ydyw, a dichon fod mwy nag un llwybr yn arwain at ei gopa. Y mae'r golygfeydd wrth ddringo yn ennyn ac yn cyffroi ymateb gwahanol iawn yn ei feirniaid, golygfeydd cyfoethog ryfeddol sy'n nodweddu'i feddwl cymhleth-gyfriniol a'i argyhoeddiadau crefyddol iasol. Wrth ymdrechu i ddirnad cwmpas ei feddwl yr ydys o hyd ac o hyd yn ceisio esbonio athrylith brin, a mesur o faintioli cawraidd honno yw ei bod yn gwrthod yn lân cymryd ei chwmpasu'n derfynol dwt gan ei dehonglwyr. Amlochredd trawiadol meddwl Llwyd yw'r her a erys i'w ddehonglwyr ei hesbonio yn y dyfodol hwyrach, a

[110] Ibid., 55.
[111] Ibid., 57, 61–2.
[112] Ibid., 62–9.
[113] Ibid.,70.
[114] Ibid., 71–4.

dichon yn wir y bydd 'mynd' ar ei weithiau am amser maith, gyhyd yn wir ag y pery'r iaith yn y cornelyn hwn o'r ddaear.

MYNEGAI